SICHUAN GONGYE

JIEGOU YOUHUA YU SHENGJI YANJIU

四川工业结构

优化与升级研究

主编○陈　钊

西南财经大学出版社
Southwestern University of Finance & Economics Press

图书在版编目(CIP)数据

四川工业结构优化与升级研究/陈钊主编.—成都:西南财经大学出版社,2014.8

(四川可持续发展研究丛书)

ISBN 978-7-5504-1539-3

Ⅰ.①四… Ⅱ.①陈… Ⅲ.①地方工业—工业结构调整—研究—四川省 Ⅳ.①F427.71

中国版本图书馆CIP数据核字(2014)第188322号

四川工业结构优化与升级研究

主编:陈 钊

责任编辑:向小英

封面设计:何东琳设计工作室

责任印制:封俊川

出版发行	西南财经大学出版社(四川省成都市光华村街55号)
网　　址	http://www.bookcj.com
电子邮件	bookcj@foxmail.com
邮政编码	610074
电　　话	028-87353785　87352368
照　　排	四川胜翔数码印务设计有限公司
印　　刷	成都时时印务有限责任公司
成品尺寸	185mm×260mm
印　　张	14
字　　数	300千字
版　　次	2014年8月第1版
印　　次	2014年8月第1次印刷
书　　号	ISBN 978-7-5504-1539-3
定　　价	58.00元

前　言

本书共分十章三大部分。第一部分为第一章，系统分析了工业结构优化升级理论。第二部分包括第二章、第三章和第四章。第二章分析四川工业结构优化升级的意义。第三章系统分析了四川工业结构优化升级的基础。第四章分析了四川工业结构优化升级的问题及思路。四川工业存在工业发展总体水平不高、结构性矛盾突出、工业企业创新能力弱、企业发展慢、节能减排压力增大、产业组织水平不高等问题，但四川工业结构优化升级存在一定优势，也有机遇。四川工业结构优化升级的重点是大力发展七大优势产业；加快培育和发展战略性新兴产业；大力发展支持工业优化升级的生产性服务业。第三部分包括第五章、第六章、第七章、第八章、第九章和第十章。第五章分析了产业集群与四川工业结构的优化升级，提出四川仍然要加大政策支持，促进集中、集约、集群发展，积极改善产业集群的外部环境，加强产业集群内部环境建设。第六章分析四川工业企业与四川工业结构的优化升级。促进大型工业企业发展与调整工业结构有机结合，积极发展大企业，推动大企业技术创新，支持重点领域大型企业的集聚；中小企业应注重企业结构的调整、科技型中小企业的孵化，建立中小企业孵化、集聚、建设、发展的良好环境和机制。第七章从工业布局角度分析工业的优化升级。四川工业布局应增强上下游产业关联，优化工业结构；政策诱导，培育区域工业经济多极增长；优化重点区域内部工业结构，提升工业经济的带动力。第八章从工业生态化角度分析四川工业的优化升级。应加强战略规划，调整和优化产业结构，发展具有低碳特征的产业，大力发展新能源产业体系，大力推进清洁生产，完善工业生态园建设等。第九章从技术创新角度分析工业的优化升级。第十章从工业外向化角度分析四川工业的优化升级。

本书具体编写分工如下：陈钊，负责规划写作提纲、统稿，并撰写第二章；许彦，负责撰写第四章；李慧，负责撰写第一章、第六章；杨志远，负责撰写第五章、第七章；尹宏祯，负责撰写第三章、第十章；严文杰，负责撰写第八章；李明良，负责撰写第九章。

目录

第一章　工业结构优化与升级理论

从近现代世界各国经济发展来看，工业化是一个国家或地区由以农业经济为主向以工业经济为主过渡的现代化进程中不可逾越的必需的发展过程。在这一过程中，产业结构必须不断适应社会经济状态的变化以实现自身合理化，并向深加工化、高附加值化的方向发展，由此推动经济持续发展。因此，产业结构的优化升级已成为现代经济发展的重要手段和必然途径。

工业结构是指生产要素在不同部门、不同区域配置的比例关系，它既是以往经济增长的结果，又是未来经济增长的基础和新起点。优化工业结构的目的主要有两个：一是消除结构性短缺或结构性过剩，实现市场供求均衡，保证工业以及国民经济协调发展，实现经济的持续稳定增长；二是促进生产要素向效率更高的部门转移，推进产业升级，提高资源配置效率和国际竞争力。一国工业结构调整、优化升级既要解决资源配置的平衡问题，又要解决资源配置的效率问题。

第一节　工业化发展阶段划分的一般依据

工业化是各国经济发展过程的一个重要阶段，也是产业结构迅速转变的一个重要时期。根据发展经济学的相关理论，反映工业化阶段演进的内容主要有以下几个方面：

一、从人均国内生产总值看

钱纳里等人从结构转变过程的角度将各国的人均收入水平划分为六个变动时期，其中的第二、三、四、五个时期为工业化时期。也就是说，工业化按人均收入水平可以分为四个阶段。从表 1-1 可以看出，人均国内生产总值（GDP）280~560 美元为工业化的第一阶段，2 100~3 360 美元为工业化的结束阶段。根据钱纳里等人的研究，准工业化国家的人均收入水平一般处于第二、三、四个阶段。

表 1-1　　增长阶段的划分①

人均收入水平（按 1970 年美元）	时期	阶段
140~280	1	初级产品生产

① H. 钱纳里，等. 工业化和经济增长的比较研究［M］. 吴奇，等，译. 上海：上海三联书店，1989.

表1-1(续)

人均收入水平（按1970年美元）	时期	阶段
280~560	2	工业化
560~1 120	3	工业化
1 120~2 100	4	工业化
2 100~3 360	5	工业化
3 360~5 040	6	发达经济

二、从产业结构看

工业化作为产业结构变动最迅速的时期，其演进阶段也通过产业结构的变动过程表现出来。一般来说，当第二产业的比重超过第一产业时，工业化进入中期的第一阶段；当第一产业的比重低于20%时，工业化进入中期的第二阶段；当第一产业的比重下降到10%时，工业化进入后期阶段或基本实现的阶段。第二产业的比重上升主要是因为工业的比重上升，在工业化的中期阶段（包括第一阶段和第二阶段），工业占第二产业的比重一般在85%~90%。

三、从工业内部结构看

根据其他国家的历史经验，工业内部结构的变动一般要经历三个阶段六个时期。第一个阶段是重工业化阶段，包括以原材料、基础工业为重心和以加工装配工业为重心两个时期；第二个阶段是高加工度化阶段，包括以一般加工工业（资源密集型加工工业）为重心和以技术密集型加工工业为重心两个时期；第三个阶段为技术集约化阶段，包括以一般技术密集型工业为重心和以高新技术密集型工业为重心两个时期。从新兴工业化国家的经验看，这三个阶段既存在着演进的先后顺序，又往往受国家工业发展战略的影响而交错在一起。一般来说，当工业结构处于重工业化阶段的第一个时期（以原材料、基础工业为重心）时，工业化处于初级阶段；当工业结构由重工业化阶段向高加工度化阶段迅速推进（以加工装配工业为重心）时，工业化进入中期阶段；当工业结构由高加工度化阶段向技术集约化阶段转变（以技术密集型加工工业为重心）、技术创新和技术进步对工业增长起主要推动作用时，工业化进入后期阶段。

四、从城乡结构看

发展经济学家按工农业及城乡发展情况将其划分为三个阶段。第一阶段，即农村、农业支援城市、工业发展阶段，大致相当于工业化初期阶段；第二阶段，即农业、农村与工业、城市平等发展阶段，大致相当于工业化中期阶段；第三阶段，即工业、城市支援农业、农村发展阶段，大致相当于工业化后期阶段。第一个阶段向第二阶段转折时，工农业的产值比例为 1.5∶1，城市化水平不低于 35%。第二阶段向第三阶段转折时，农业在 GDP 中的份额低于 15%，城市化水平在 50%以上。

五、从就业结构看

综合钱纳里、塞尔奎因、艾尔今顿和西姆斯等人的实证研究成果，工业化所处阶段与三次产业就业比重的关系如表 1-2 所示。

表 1-2　工业化所处阶段与就业结构的关系　单位：%

工业化所处阶段	第一产业就业比重	第二产业就业比重	第三产业就业比重
初期阶段	58.7	16.6	24.7
中期第一阶段	43.6	23.4	33.0
中期第二阶段	28.6	30.7	40.7
中期第三阶段	23.7	33.2	43.1
结束阶段	8.3	40.1	51.6

第二节　工业结构优化升级的一般趋势

一、三次产业之间的演变规律与工业的地位变化

产业经济学相关理论对产业结构演变规律进行了大量研究。英国经济学家克拉克在威廉·配第研究的基础上，分析了不同国家的劳动力在三次产业间转移的规律，提出配第—克拉克定理：随着人均国民收入水平的提高，劳动力首先从第一产业向第二产业转移，当人均国民收入水平进一步提高后，劳动力便向第三产业转移。

继配第、克拉克之后，许多学者承袭两位经济学家的开创性研究投入对世界各国产业结构变化的实证研究之中，发现随着人均收入增长，产业结构将出现规律性变迁：三次产业的产值结构中，第一产业趋于下降，第二产业趋于上升，第三产业缓慢上升；三次产业的就业结构中，第一产业趋于下降，第二产业缓慢变动，第三产业则急剧增长。

其中，最具代表性是钱纳里的研究。钱纳里系统地考察了多个国家工业化过程中各个发展阶段的经济结构变化过程，通过重点比较研究 9 个二战后处于工业化进程国家的经济发展历程，运用多国模型综合分析，提出了标准工业化结构转换模式。该模式根据工业化进程中结构转换过程与人均收入变化的特点将工业化

过程及其之前时期划分为五个阶段。①前工业化时期，第一产业占主导地位，第二产业有一定的发展，第三产业地位微乎其微。②工业化初期，工业重心从轻工业主导型逐渐转向基础工业主导型，第二产业占主导地位，第三产业也有一定的发展，但在国民经济中的比重还较小。③工业化中期，工业重心由基础工业向高加工度工业转变，第二产业仍居于首位，第三产业逐渐上升。④工业化后期，第二产业比重开始下降，第三产业继续快速发展，其中信息产业增长加快，第三产业比重在三次产业中占支配地位。⑤后工业化阶段，产业知识化成为主要特征。

在发达国家，第三产业的就业比重已占全社会的60%~80%，其产值占整个国民生产总值的70%~80%。已有研究表明：经济发展到一定阶段，产业结构开始适应性调整，并出现第三产业的产值比重和就业比重均不断增加。

二、工业化过程中的工业结构演变与升级规律

无论是国家还是地区，工业结构演进都有大致的规律性。这种规律性早在20世纪30年代、40年代、50年代就由德国经济学家霍夫曼、英国经济学家克拉克和美国经济学家库兹涅兹等分别给予了揭示，并且被二战后许多新兴工业化国家和部分发展中国家工业结构的演进过程所证明。

根据克拉克在20世纪40年代得出的结论，整个工业化过程一般可以分为三个阶段：第一阶段，工业从以轻工业为中心的发展向以重工业为中心的发展推进，称为“重工业化”。即重工业或重化学工业在工业所实现的国民生产总值中所占的比重逐渐增加。在这一阶段，石油工业、化学工业以及采掘、能源、原材料等基础工业占据主导地位。第二阶段，在重工业化进程中，工业结构又表现为以原材料工业为中心的发展向以加工机械工业、组装工业为中心的发展演进，称为“高加工度化”。在这一阶段，汽车工业、电器设备等是重要的主导产业。第三阶段，在工业结构“高加工度化”的过程中，工业结构将进一步表现出以技术密集为特征的“技术集约化”趋势。这种趋势不仅表现为工业各部门采用越来越先进的技术，加快实现自动化，而且表现为以技术密集为特征的尖端技术产业的快速发展。

（一）重工业化

对工业结构演变规律做开拓性研究的是德国经济学家霍夫曼（W. G. Hoffmam），他在1931年出版的《工业化的阶段和类型》一书中，对各国工业化过程中工业结构的变化趋势问题进行了深入的分析与研究。在书中，他把全部产业分为消费资料产业、资本资料产业和其他产业。消费资料产业包括食品工业、纺织工业、皮革工业、家具工业，资本资料产业包括冶金及金属材料工业、运输机械工业、一般机械工业、化学工业，其他产业包括橡胶、木材、造纸、印刷等工业。并根据20个国家的时间序列数据，分析消费资料工业的净产值与资本资料工业的净产值的比例，即所谓的霍夫曼比例。著名的霍夫曼定理实际上就是指在工业化的过程中霍夫曼比例的不断下降。

1. 霍夫曼定理

$$霍夫曼系数=\frac{消费资料工业的净产值}{资本资料工业的净产值}$$

根据霍夫曼系数值的不同，工业化进程分为四个阶段。

霍夫曼系数第一阶段：消费资料工业发展迅速，在制造业中占据统治地位；资本资料工业则不发达，在制造业中所占比重较小，其净产值平均为资本品工业净产值的5倍。

霍夫曼系数第二阶段：资本资料工业发展较快，消费资料工业虽也有发展，但速度减缓，而资本资料工业的规模仍远不及消费资料工业的规模，但前者的产值仍是后者的2.5倍的净产值。

霍夫曼系数第三阶段：消费资料工业与资本资料工业在规模上大致相当。

霍夫曼系数第四阶段：资本资料工业在制造业中的比重超过消费资料工业并继续上升。整个工业化过程，就是资本资料工业在制造业中所占比重不断上升的过程，后者的净产值将大于前者。

四个阶段的霍夫曼系数见表1-3。

表1-3　　　　霍夫曼工业化阶段系数

所处阶段	霍夫曼比例
第一阶段	5（±1）
第二阶段	2.5（±1）
第三阶段	1.0（±0.5）
第四阶段	1以下

在工业化初期，消费品部门占据绝对优势地位，霍夫曼系数约为5±1；随着新一轮产业结构调整的出现，劳动力和机械需求不断增加，资本品工业部门的扩张速度相对加快，霍夫曼系数下降为2.5±1；发展到第三阶段，资本品工业部门继续增长，规模迅速扩大，与消费品工业的生产处于平衡状态，霍夫曼系数达到1±0.5；在工业化的第四阶段，资本品工业生产占据主导地位，其规模大于消费品生产规模，基本上实现了工业化。也就是说，工业化进程中霍夫曼比例是不断下降的。这就是霍夫曼定理。

霍夫曼定理是通过总结多国制造业部门不同历史阶段的数据，对各国工业化过程中消费品和资本品工业部门的相对地位变化进行统计分析后提出来的。各国工业化无论开始于何时，一般具有相同的趋势，即随着一国工业化的进展，消费品部门与资本品部门的净产值之比是逐渐趋于下降的，霍夫曼比例呈现出不断下降的趋势，消费资料主要是轻纺工业部门生产的，资本资料主要是重化工部门生产的，因而，霍夫曼对工业结构的研究实际上是在分析工业结构的重工业化趋势。实际情况表明，霍夫曼关于工业化过程中工业结构演变规律的理论在工业化前期是基本符合现实的。

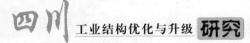

但是，由于历史阶段和分析技术的局限，霍夫曼定理只是对欧美发达国家工业化过程在事实层面上的描述和总结，而没有形成关于工业化的一般路径。因此，它还不具备普遍的指导意义。

2. 对霍夫曼定理的疑虑与修正

虽然霍夫曼的这一理论对工业结构，特别是对工业结构中重工业化规律的研究做出了重要贡献，但也遭到了梅泽尔斯、库兹涅茨和盐野谷右一等经济学家的批评。梅泽尔斯指出，霍夫曼系数仅从工业内部比例关系来分析工业化过程是不全面的，而且霍夫曼系数还忽略了各国工业在发展过程中必然会存在的产业之间的生产率的差异。库兹涅茨则对用霍夫曼系数来研究工业化持否定态度，因为根据库兹涅茨对于美国资料的研究，无法得到支持资本资料工业优先增长的证据。盐野谷右一认为霍夫曼的产业分类法是不科学的，他运用商品流动法的原则，重新计算了霍夫曼系数，得到了一些新的结论：从美国、瑞典等国经济的长期时间序列来看，制造业资本资料生产的比重大体处于稳定状态，但从轻重工业的比例关系来看，重工业比重增大却是一切国家都存在的普遍现象。盐野谷右一进而指出霍夫曼定理在工业化初期是成立的，对于工业化水平较高的国家，消费资料工业和资本资料工业实际上是稳定不变的。

盐野谷右一等几位经济学家对霍夫曼定理的修正主要揭示了工业化的第一阶段，即重工业化阶段的结构演化规律，至于第二阶段的“高加工度化”以及第三阶段的“技术集约化”则是后来的一些学者提出和总结的。随着一些发达国家工业进入更高阶段，有些学者又提出了一些新的概念，如丹尼尔·贝尔的“超工业社会”，以及“后工业社会”、“信息社会”等。

3. 列宁的生产资料优先增长理论

西方经济学家从实证的角度证明了工业结构的重工业化，列宁则从理论上进行了分析。列宁把技术进步而引起的资本有机构成提高的因素，纳入马克思扩大再生产的图式中，通过数学推导和计算，得出“那一定是生产资料比消费品增长得更快”的结论，并且“增长最快的是制造生产资料的生产资料的生产，其次是制造消费资料的生产资料的生产，最慢的是消费资料的生产”。他还进一步说，“生产资料增长最快这个规律的全部意义和作用就在于：机器劳动代替手工业劳动（一般指机器工业时代的技术进步）要求加紧发展煤、铁这种真正‘制造生产资料的生产资料’的生产”。

重工业化率的上升是永恒的么？重工业化的过程并不是无限的，达到一定程度后便会出现一个饱和点。其原因是耐用消费品工业的普及达到一定的程度，就可能使机械工业的增长缓慢下来，从而使重工业的增长也趋于停滞。

（二）高加工度化

重工业化的过程可以分为两个阶段：第一阶段是以原材料工业发展为重心的阶段，出现在重工业化初期；第二个阶段是以加工组装工业发展为重心的阶段，出现在重工业化过程的中后期。工业发展的重心由前者变为后者的过程就是工业结构的高加工度化。

所谓工业结构的高加工度化，是指轻、重工业从以原材料为重心的结构，向以加工、组装工业为重心的结构的发展趋势。

工业结构的高加工度化趋向表明，工业的增长对原材料的依赖程度到工业化一定时期会出现相对下降趋势，从而对能源、资源的依赖程度也将下降。

日本产业经济学家佐贯利雄在其著作《产业结构》一书中对二战后日本各工业部门依次领先增长的形象描述，深刻地揭示了日本重工业化过程中的工业结构高加工度化的演进过程。佐贯利雄认为，二战后日本工业的发展先后出现过三组带头的主导产业：第一组带头的产业是电力，尤其是火力发电；第二组带头的产业是石油、石油化工、钢铁和造船等；第三组带头的产业是汽车和家用电器。

（三）高技术化

工业结构的高技术化趋向，主要是从工业发展对资源结构依赖重心的转移这一角度来看的。所谓工业结构的高技术化，是指工业发展从依赖劳动力为主的阶段发展至依赖资金为主的阶段，进而再到依赖技术为主的阶段的过程。

在工业结构高技术化过程中，传统的劳动密集型产业和资金密集型产业依次趋于衰退，而凭借新兴技术的工业日益勃兴。

整个工业化的过程要过三关：一是从第一次产业中释放出劳动力，这是轻工业勃兴的重要条件；二是为向重工业化推进，特别是为原材料工业的发展积累足够的资金；三是为使工业结构向高加工度化发展，必须开发与获得相应的高技术。

目前，一些工业化发达国家或地区正在步入这一时期，即所谓的“后工业化社会”。微电子、激光、机器人、生物技术、航天技术、核能技术、新型材料等新兴的高技术工业获得迅速发展，也极大地改变了传统工业的面貌，逐步取得主导地位。以高科技工业为主导的第三时期，也称为知识密集型工业的发展阶段。高科技的迅猛发展，技术密集型产业也开始瞩目那些建立在微电子学、激光纤维学及遗传工程等崭新高科技成就之上的知识密集型产业群。

工业结构的这种知识集约化变动趋势具有如下几个特征：一是“材料革命”；二是使用“系统技术”；三是“知识集约化商品”的涌现；四是产业结构软化。产业结构软化具有两层含义：一是整个产业中软产业比重上升，硬产业比重下降；二是即使在所谓的硬产业中，其软化部分也日益扩大。

第三节　工业结构优化升级的内涵

一、工业结构优化升级的涵义

“升级”一词用于产业结构时间不长，从词的本义上讲是低一级状态向高一级状态的跃迁。具体到工业结构，由于其是一个多层次系统，组成系统的要素变化、环境条件的变化等，都会使该系统发生变化，甚至导致质的变化。工业结构变动是绝对的，工业结构的升级与工业发展阶段跃进密切相关，一个阶段向另一个阶段升级，必然引起工业结构大幅度变化。所谓工业结构优化，是指推动工业结构合理化和工业结构高级化发展的过程，是实现工业结构与资源供给结构、技术结构、需求结构相适应的状态。它遵循工业结构演化规律，通过技术进步，使工业结构整体素质和效率向更高层次不断演进的趋势和过程。通过政府的有关产业政策调整，影响工业结构变化的供给结构和需求结构，实现资源优化配置，推进工业结构的合理化和高级化发展。工业结构优化是一个动态过程，是工业结构逐步趋于合理，不断升级的过程；工业结构优化的原则是工业的协调发展和最高效率原则；工业结构优化的目标是资源配置最优化和宏观经济效益最大化。

也就是说，产业结构调整包括“升级”和“优化”两个基本方面，这是两个不同层面的问题。前者讲的主要是高度化问题，后者则主要指的是合理化问题。其中，“升级”是“优化”的前提，“优化”是“升级”的结果。高度化是指工业结构从低度水准向高度水准的发展。这种结构的发展是根据经济发展的历史和逻辑序列顺向演进的。它主要包括以下几个方面的内容：一是工业结构中劳动密集型工业比重占优势逐步向资金密集型、技术密集型工业比重占优势演进；二是工业结构由初级产品比重占优势逐步向中间产品、最终产品、高附加值产品比重占优势演进。

工业结构合理化和高级化是相互联系、相互影响的。工业结构合理化是工业结构高级化的前提条件，如果工业结构长期处于失衡状态，就不可能有工业结构高级化的发展。同时，工业结构合理化主要从静态状况或在一定阶段上要求优化工业结构，工业结构高级化主要从动态趋势要求优化工业结构，它是一个渐进的长期发展过程。工业结构高级化是工业结构从一种合理化状态上升到更高层次合理化状态的发展过程，因此，工业结构高级化是产业结构合理化的必然结果。

二、工业结构优化升级的主要内容

（一）供给结构的优化

供给结构是指在一定价格条件下作为生产要素的资本、劳动力、技术、自然资源等在国民经济各产业间可以供应的比例，以及这种供给关系为连接纽带的产业关联关系。

（二）需求结构的优化

需求结构是指在一定的收入水平条件下政府、企业、家庭或个人所能承担的对各种产品或服务的需求比例，以及以这种需求为连接纽带的工业关联关系。它包括政府（公共）需求结构、企业需求结构、家庭需求结构或个人需求结构，以及以上各种需求的比例。

（三）国际贸易结构的优化

国际贸易结构是指国民经济各产业产品或服务的进出口比例，以及以这种进出口关系为连接纽带的产业关联关系。国际贸易结构包括不同产业间的进口结构和出口结构，以及同一产业间的进出口结构（即进口和出口的比例）。

（四）工业结构调整和优化升级的任务

1. 提高工业创新能力

进一步加强技术创新工作，着重在技术创新体系建设、技术支撑、创新成果的规模化生产和应用等方面，帮助行业和企业突破技术创新的制约因素，加快提升产业技术创新能力，增强产业核心竞争力。

（1）大力推进以企业为主体、市场为导向、产学研相结合的技术创新体系建设。切实做好国家、省（市）级企业技术中心认定和建设工作，以企业技术中心为核心推进技术创新体系建设，整合社会创新资源，推动技术创新有效运行机制的建立；推进产学研合作，实现企业、高等院校和科研机构的有效结合，支持行业协会、产学研之间组建技术创新战略联盟，在非竞争关键共性技术联合研究、关键零部件研究开发、创新性人才培育方面发挥重要作用；鼓励以技术创新能力强的骨干企业为龙头，带动配套企业，促进相关产业链上各类企业技术创新能力的普遍提升；积极构建为中小企业服务的技术平台，建立面向中小企业的科技中介服务体系。

（2）促进新技术的推广应用，用高新技术和先进适用技术改造提升传统产业。以质量品种、综合利用、环境保护、节能减排、安全生产等为重点，实施产业技术示范工程，为加快推进技术改造提供技术支撑；围绕重点产业调整和振兴规划，以突破制约产业发展的核心关键技术瓶颈为目标，积极组织技术攻关，实施产业技术研发项目。

（3）推动创新成果的规模化生产和应用。把科技成果转化摆在突出位置，积极实施标准战略，推进拥有自主知识产权的技术成果转化；在市场需求方面为自主创新创造环境，形成在满足性能要求条件下使用国内自主创新产品的市场机制和氛围。

2. 深入推进工业化和信息化融合

深入推进“两化融合”，要把以信息技术改造传统产业、推动依托于电子信息技术的生产性服务业的发展、推进重点领域信息技术应用、加快新一代信息通信技术产业发展为工作重点，指导企业信息化，做好典型重大信息化项目的实施和推广工作，推进“两化融合”试验区工作，从企业、行业、区域三个层面全方位推进“两化融合”。

3. 优化行业结构

大力发展装备制造业、高技术产业以及节能环保低碳产业，通过提高这些产业在工业中的比重实现优化行业结构、带动工业持续稳定增长的目标。

4. 引导产业转移，推动区域布局合理化

产业转移是四川省工业化进程中的必然趋势，也是在发挥劳动力资源丰富的比较优势的同时，推进工业结构优化升级的重要途径。在以市场为导向、以企业为主体进行的跨区域产业转移中，应通过机制建立和政策引导，使产业转移向形成分工合理、特色鲜明、优势互补的区域产业布局方向发展。

（1）建立产业转移的协调机制。为协调市场行为与国家产业发展战略、不同地区发展目标之间的矛盾，要着手建立国家和省区间产业对接及转移协调机构，建立日常工作联系，定期和不定期就区域发展战略、产业合作发展、产业转移对接、共同投资开发、重大项目推进等加强协调与沟通，建立稳定和高效的操作协调机制，促进转出地区和承接地区的产业对接。

（2）引导产业转移的承接地从当地的主体功能区定位、资源禀赋条件、主导产业特征等实际情况出发，进行招商选资。使产业转移建立在资源节约、环境友好的可持续发展机制之上，即使是劳动密集型、低附加值、技术含量低的产业的转移也要坚持绿色发展，通过污染物排放、碳排放等方面规制措施，控制“三高”企业和项目的转移。

（3）以工业园区为主要载体，鼓励产业集群的形成。产业转移能否成功的关键在于能否形成一定规模的产业集群。引导产业承接地区在产业转移过程中以龙头行业和企业为重点，围绕优势产业集群的形成，积极引进关联度大、产业链长的投资项目，注重发展与其配套的相关企业，着力建设产业集群，提高工业化水平。

5. 促进产业组织结构优化

形成各类企业竞争合作基础上共同发展的产业组织格局。以行业准入和企业兼并重组为重要手段，抑制产能过剩行业的新增投资，提高产业集中度和资源配置效率，形成一批具有较强国际竞争力的大企业和企业集团；推动中小企业向“专、精、特”方向发展。

6. 推动工业节能降耗

“十二五”时期，资源瓶颈是工业发展中必须引起重视并着力解决的问题。与20世纪90年代的情况不同，当前的资源瓶颈问题不是因为运输能力和资源开发投资不足，而是源于高速发展的重工业对资源的巨大需求与中国资源蕴藏量相对不足的矛盾。因此，在积极探索保障资源稳定供给的方法和途径的同时，解决资源瓶颈问题更重要的是要坚持不懈地推进工业节能降耗。

7. 加强产品质量建设

加强产品质量建设是提高工业产品附加值率、提升国际分工地位的重要手段，也是推进工业结构调整升级、转变发展方式，走新型工业化道路的内在要求。通过加强行业质量管理、质量监督、技术改造和品牌建设等方面的工作，切实推动工业产品质量上一个新台阶。

一是要在制定和修订质量规划、产业政策、技术标准等的基础上，强化行业质量管理。制定加强工业产品质量的整体规划；积极引导企业采用国际标准和国内外先进标准；督促企业建立质量管理保障体系，落实产品质量责任，建立缺陷产品召回制度和责任追溯制度。二是支持以提高产品质量为目标的技术改造。鼓励企业通过技术改造提高产品的附加价值，加快产品升级换代；运用新技术、新工艺、新材料，对现有企业进行改造，促进品种创新、质量提升。三是实施品牌战略，在消费品行业率先推进自主品牌建设。鼓励企业加强品牌建设，引导市场消费；鼓励支持收购品牌，改进贴牌生产的落后状况。四是加强先进质量管理方法推广应用。依靠协会等中介组织，加强典型经验交流推广，推广先进的质量管理技术和方法；引进国际先进的管理方法，与中国企业的情况相结合；鼓励企业通过管理创新提高产品性能和加工精度，通过精细化制造实现产品质量的提高。

党的十六大根据世界经济科技发展新趋势和走新型工业化道路的要求，做出了推进产业结构优化升级的部署，即形成以高新技术产业为先导、基础产业和制造业为支撑、服务业全面发展的产业格局。为我省推进产业结构优化升级指明了方向。党的十六届五中全会通过的《中共中央关于制定国民经济和社会发展第十一个五年规划的建议》明确提出了我国在“十一五”期间推进产业结构优化升级的重要任务和关键。该建议指出：“发展先进制造业、提高服务业比重和加强基础产业基础设施建设，是产业结构调整的重要任务，关键是全面增强自主创新能力，努力掌握核心技术和关键技术，增强科技成果转化能力，提升产业整体技术水平。”在《中华人民共和国国民经济和社会发展第十二个五年规划纲要》中提出：“依靠科技创新推动产业升级。面向国内国际两个市场发挥科技创新对产业结构优化升级的驱动作用，加快国家创新体系建设，强化企业在技术创新中的主体地位，引导资金、人才、技术等创新资源向企业集聚，推进产学研战略联盟，提升产业核心竞争力，推进三次产业在更高水平上协同发展。”并提出：“坚持走中国特色的新型工业化道路，适应市场需求变化，根据科技进步新趋势，发挥我国产业在全球经济中的比较优势，发展结构优化、技术先进、清洁安全、附加值高、吸纳就业能力强的现代产业体系。”在传统产业领域提出“优化结构、改善品种质量、增强产业配套能力、淘汰落后产能，发展先进装备制造业，调整优化原材料工业，改造提升消费品工业，促进制造业由大变强。”这为我国“十二五”期间产业结构优化升级指明了方向。

三、工业结构优化升级与新型工业化之间的关系

工业结构的优化升级，一方面要形成以高新技术企业为主导、制造业为支撑的结构体系，提高工业的创新能力；另一方面要深入推进信息化与工业化的融合，促进产业组织结构、产品质量升级、推动工业节能降耗。

新型工业化则是要充分运用最新科学技术和依靠科技进步的工业化，是提高经济效益和竞争力的工业化，是走可持续发展道路的工业化，是能够充分发挥我国人力资源优势的工业化。即新型工业化是科技含量高、经济效益好、资源消耗低、环境污染少、人力资源优势得到充分发挥的工业化。与传统工业化相比，新型工业化的“新”体现在以下三个方面：一是“新”在充分发挥科学技术作为第一生产力的重要作用，注重依靠信息技术和科技进步提高经济效益；二是“新”在正确处理经济发展与人口控制和资源、环境保护的关系，实施可持续发展战略；三是“新”在人力资源优势得到充分发挥。

因此，从一定意义上来讲，新型工业化道路是促进工业结构升级的重要手段，工业结构优化升级反过来为新型工业化道路提供支撑。走新型工业化道路，

就是要大力发展信息产业和高新技术产业，形成以高新技术产业为先导、基础产业和制造业为支撑、服务业全面发展的产业格局，推进产业结构优化升级。

第四节　工业结构优化升级的测度

一、工业结构高度化的测度标准

（一）工业结构高级化的涵义

工业结构高级化是指遵循工业结构演化规律，通过技术进步，使工业结构整体素质和效率向更高层次不断演进的趋势和过程。工业结构高级化强调技术集约化程度的提高，如工业中由生产初、中级的消费品的产业结构转变为以生产资本品为主的产业结构，也意味着工业结构升级。一般来说，工业结构高级化包括以下基本内容：

1. 工业素质高级化

新技术在各部门得到广泛的运用，技术密集度不断提高；产业的劳动者素质和企业家的管理水平不断上升；各产业的产出能力、产出效率不断提高。

2. 结构效应高级化

在资源结构上，由劳动密集型占优势顺次向资金密集型、技术密集型占优势的方向发展；在加工工业中，由制造初级产品的产业占优势逐步向制造中间产品、最终产品占优势的方向发展。

3. 产业组织高级化

规模经济的利用程度大大提高，竞争从分散的、小规模的竞争转向以联合或集团式的集中性大规模竞争的方向发展；产业间关系趋向复杂化，大中小型企业联系越来越密切，专业化协作越来越细，企业多角化经营范围越来越广。

4. 工业协调高级化

开放度不断提高，通过国际投资、国际贸易、技术引进等国际交流方式，实现与工业系统外的物质能量的交换，在更高层次上实现结构均衡协调发展，建立国际协调型的工业结构。

（二）衡量工业结构高级化的测度

衡量工业结构高级化有两种基本方法：一种是截取不同的时点进行纵向比较，另一种是选取参照国际横向比较。下面介绍两种方法：

1. 相似性系数法

相似系数是联合国工发组织国际工业研究中心提出的度量方法。相似系数通常介于0和1之间。相似系数等于1，说明两个区域的产业结构完全相同；相似系数等于0，说明两个区域的产业结构完全不同。从动态来看，如果相似系数趋于上升则产业结构趋于相同；如果相似系数趋于下降，则产业结构趋异。

相似性系数法是指以某一国的产业结构为参照系，通过计算，将本国的产业结构与参照国产业结构进行比较，以确定本国产业结构高级化程度的一种方法。

设 A 是被比较的产业结构，B 是参照系。X_{Ai}、X_{Bi}分别是产业 I 在 A 和 B 中的比重，则产业结构 A 和参照系 B 之间的结构相似系数 S_{AB}为：

$$S_{AB}=(\sum_{i=1}^{n}X_{Ai}X_{Bi})/[(\sum_{i=1}^{n}X_{Ai}^{2})(\sum_{i=1}^{n}X_{Bi}^{2})]^{\frac{1}{2}}$$

我国学者曾利用相似性系数以日本为参照系，对中国产业结构的高级化进行过估计，认为中国产业结构中的劳动力结构（1992 年）与日本 1930 年的结构高度相似（相似性系数达到 0. 984 6）；而产值结构（1989 年）则与日本 1925 年的水平基本相等（相似性系数为 0. 926 8）。

2. 高新技术产业比重法

在工业内部，衡量产业结构高级化程度可以用高新技术产业比重法。因为产业结构高级化过程，也是传统产业比重不断降低和高新技术产业比重不断增大的过程。通过计算和比较不同年代高新技术产业、产值、销售收入等在全部工业中的比重，可以衡量产业结构高级化的程度。发展中国家可以以发达国家为参照对象，通过比较高新技术产业比重来发现发展中国家产业结构高级化的相对水平和与发达国家的差距。

二、工业结构合理化的测度标准

工业结构合理化的判断方法，通常采用“标准结构”进行比较。

所谓的“标准结构”，是在大量历史数据的基础上通过实证分析而得到的，它反映了结构演变的一般规律。因此，其作为参照系，与某一被判断的结构进行比较，从而检验被判断的工业结构是否合理。

库兹涅茨在研究产业结构的演进规律时，不仅通过时间序列的数据对产业结构的演进规律进行分析，而且还通过横截面的数据对经济发展阶段与产业结构的对应关系进行研究。这种从截面研究产业结构的方法，为我们了解一国产业结构发展到何种高度提供了比较的依据。利用这种方法，库兹涅茨提出了经济发展不同阶段的产业标准结构。根据“标准结构”就能了解一国经济发展到哪一个阶段以及工业结构合理化程度。库兹涅茨的“标准结构”如表 1-4 所示。

表 1-4　　产业的“标准结构”

	1964 年币值的人均国民生产总值的基准水平（美元）								
	<100	100	200	300	400	500	800	1 000	>1 000
产业部门构成（部门产值占国内生产总值的比例）（%）									
1. 第一次产业	52. 5	45. 2	32. 7	26. 6	22. 8	20. 2	15. 6	13. 8	12. 7
2. 制造业	12. 5	14. 9	21. 5	25. 1	27. 6	29. 4	33. 1	34. 7	37. 9
3. 基础设施	5. 3	6. 1	7. 2	7. 9	8. 5	8. 9	9. 8	10. 2	10. 9
4. 服务业	30. 0	33. 8	38. 5	40. 3	41. 1	41. 5	41. 6	41. 3	38. 6

表1-4(续)

	1964 年币值的人均国民生产总值的基准水平（美元）								
	<100	100	200	300	400	500	800	1 000	>1 000
劳动力部门构成（%）									
5. 初级产业	71.2	65.8	55.7	48.9	43.8	39.5	30.33	25.2	15.9
6. 制造业	7.8	9.1	16.4	20.6	23.5	25.8	30.3	32.5	36.8
7. 服务业	21.0	25.1	27.9	30.4	32.7	34.7	39.6	42.3	47.3

资料来源：根据周振华的《产业结构优化论》第 38 页的相关表格改编，上海：上海人民出版社，1992.

用与库兹涅茨相似的方法，其他学者也提出过类似的“标准结构”，如钱纳里的“产业结构标准模式”、钱纳里—塞尔昆模型等。

但由于各国具体国情的不同，导致了对产业结构的要求也不尽相同。如“大国”和“小国”、工业先行国和工业后发国对产业结构的要求都有所不同。因此，有的学者认为以“标准结构”为参照系，至多只能给我们提供一种判断产业结构是否合理的粗略线索，而不能成为其判断的根据。

此外，对工业结构的合理化程度的判断，也可以从工业结构合理化的涵义进行考察。

1. 工业素质是否协调，能否合理和有效地利用资源

产业结构作为资源转换器，其功能就是对输入的各种生产要素按市场的需求转换为不同的产出。因此，对资源进行合理而有效的利用，也就成为判断工业结构是否合理的重要标志。对资源的合理而有效的利用，主要是提高资源的使用效率，其关键就是技术进步。

2. 工业地位是否协调，与第一产业和第三产业的比例关系是否协调

比例协调的产业结构，应当不存在明显的长线产业和短线产业。因为无论是存在长线产业还是短线产业，都表明其对市场需求的不适应，也都是对资源的一种浪费。比例协调的产业结构，更不能存在瓶颈产业。因为瓶颈产业的存在，不但表明其对市场需求的严重不符，而且还极大地影响了整个产业结构系统的资源转换效率和产出能力。

3. 供给与需求是否适应市场需求的变化

在市场经济条件下，经济活动的目的是为了满足市场的需求。因此，工业作为一个资源转换系统，最基本的要求就是它的产出能满足市场的需求。从而对市场需求的适应程度，就成为判断一个工业结构是否合理的标准之一。

第五节　工业结构优化升级的动力机制

一、消费需求的拉动机制

历史发展表明，随着生产力及人均收入的变化，人类的需求也从生活必需品向耐用消费品、服务、精神、娱乐变动，从而产业结构也从农业向工业、服务业、信息产业或知识产业变动。因此，随着需求结构的变动，一些产业较为迅速地形成和发展，而另一些产业则相对发展缓慢、收缩、甚至停滞不前，即消费需求变动拉动产业结构的变动。

从工业内部看，工业比重先升后降的趋势主要由工业品的需求特征决定的。在经济发展的初级阶段，居民对工业消费品的需求满足程度低，随着收入水平的提高而迅速增长；在经济发展的高级阶段，这些需求满足程度比较高，不再随收入水平的提高而迅速增长，呈现出饱和、下降趋势。这就造成了工业消费品产值比重先升后降的态势。就工业提供的生产资料而言，生产量的增长和新的生产领域的开拓使社会对工业生产资料的需求增长。随着科学技术的发展，使生产资料的科技含量增大、实物含量减少，物耗水平下降，生产发展更多依靠科技投入而非实物投入，于是社会对工业生产资料的需求减少。这两个作用方向的动态平衡造成了生产资料产值比重的先升后降趋势。消费品和生产资料供求演变的合力决定了工业在国民经济中比重的先升后降趋势。

改革开放以来。我国出现了三轮以高增长行业推动经济高增长的周期过程。形成了以居民消费需求升级拉动工业结构变化从而推动经济增长的格局。第一轮增长周期是20世纪80年代中期以轻工纺织为主导的增长周期。以满足居民的吃、穿、用为主。第二轮增长周期始于20世纪90年代初期。起带动作用的高增长行业包括基础设施和基础产业、家电产品等。第三轮增长周期发生在2001年之后。住宅、汽车、城市基础设施建设、通信成为新的带动性产业，并由此带动了钢铁、机械、建材、化工等提供中间产品的行业快速增长。这三次结构转变都与居民的消费结构升级相关，形成了消费需求结构升级拉动产业结构升级的发展规律。

二、科技进步的带动机制

工业结构与技术结构之间存在着内在的必然联系。技术结构是导致工业结构向高度化演进的重要因素，技术结构合理化及高级化的程度直接关联工业结构合理化与高度化。合理的技术结构促进工业结构优化体现在两个方面：一是在生产要素不发生流动的情况下本身就带来工业结构的改进；二是能够促进生产要素在不同部门之间流动，在新的生产要素组合的基础上带来工业结构的提高。由于工业结构升级的核心是技术升级，因而就势必形成较大规模的设备更新，形成对先进技术的大量需求；要求提高技术自主创新能力，改变对引进技术的过度依赖；要求加快发展高新技术产业，并向传统产业渗透；要求创新需求和培育市场，增强技术供给对经济增长的支撑。因此，技术进步是带动工业结构升级的物质基础。

科技进步通过改变需求结构影响着工业发展前景。首先，产业间的生产技术关系决定了需求关系，并对生产性需求的量做出规定。在经济发展的各个阶段，新兴工业的发展和传统工业的改变，改变着对相关产业的需求。其次，技术进步改变着生活性需求，进而对产业结构也产生着影响。在科学技术发展到较高层次后，科技进步对需求结构的改变作用，通过产业结构的演变表现出来。科学技术的发展速度取决于生产的吸引力，当企业发现某项技术或产品的生产收益率高时，就会大力发展这项技术和产品，导致产出大量增加。

科技进步还通过提高劳动者素质来带动工业结构的优化升级。工业结构的演进离不开新技术的运用和推动，而新技术归根到底要靠具有理性和创造性的人去研究开发，并依赖于具备相应劳动素质的人去驾驭。只有拥有具有技术创新能力的人力资源和运用新技术的人力资源及高素质的企业工人，才有条件将高新科研成果转化为现实产业，才能推动工业结构不断向高级化方向演进。而高素质的人力资源培育、开发和运用又离不开科学技术，科技进步是提高劳动者素质的前提和基础。

三、体制政策的推动机制

现实中各国工业结构的演进升级过程，不但是其结构本身遵循一定规律自发演进的过程（即各种内在动力机制因素起作用的自然结果），而且是经济体制和产业政策等外在作用机制因素对其自觉调整的过程。从世界经济发展的历史经验来看，经济体制和产业政策对推动后起国家的工业结构升级具有非常重要的意义。

产业政策主要包括产业结构政策与产业组织政策。其基本特征是政府为实现其发展目标，推动产业结构的优化升级，规范国内垄断竞争秩序而实施的干预性、指导性措施。从产业政策的绩效来看，要实现工业结构的演进升级，产业政策作用于工业发展既要以市场机制为基础又要弥补市场机制的缺陷。产业政策作用于工业演进，从政策内容来看，主要包括三个层次：①宏观层次上，主要是改善一般的工业生存环境；②在产业部门层次上，主要是协调工业与农业和服务业之间的结构；③在微观层次上，主要是调整工业组织，指导企业实现规模经营和有效竞争等。但重点在于促进结构的合理化和升级。这种合理化和升级在不同历史条件下的侧重点不同，后起国家通常更强调在演进升级中实现协调，以实现后发效应和赶超任务。

产业政策有两种作用方式：一是财政的方式，即中央政府通过增加财政补贴的方法（如增加转移支付）扶持某些行业尽快发展。被扶持的行业由于享受到财政补贴可能增加产量，非扶持的行业由于税赋增加可能减少产量，从而使工业结构发生某些变化。二是信贷的方式，即中央银行要求商业银行对某些行业增加信贷，从而促进这些行业更快发展；同时，对某些行业压缩信贷，从而使这些行业的发展受到一定的限制。这样，就会使行业结构发生某些变化，从而推动工业结构的演进升级。

第二章 四川工业结构优化升级的现实意义

综观发达国家和地区的经济发展史，就是工业结构的优化升级史。同样，四川的经济发展，必须以工业结构的优化升级为基本动力，因此，四川工业结构的优化升级具有重要的意义。四川工业结构的优化升级是四川建设西部经济高地的需要，是四川落实深入实施西部大开发战略的需要，是四川产业结构调整的需要；同时，也是四川转变发展方式的必然选择。

第一节 工业结构优化升级是提高四川经济发展水平的必由之路

一、工业结构优化升级是四川建设西部经济高地的需要

在中共四川省委九届四次会议上，四川提出了到2020年，生产总值力争达到47 000亿元，人均生产总值达到55 000元左右，实现人均生产总值比2000年翻两番以上，接近或达到当年全国平均水平，建成西部经济高地，这是四川的宏伟目标。

2009年，四川GDP达到14 151亿元，居全国第9位，但人均GDP为17 339元，居全国第24位，低于全国人均GDP 25 575元的水平，仅为全国平均水平的67.80%；甚至低于西部人均18 286元的水平。与沿海发达地区相比，四川的差距更大，其人均GDP仅为沿海平均水平的42.50%，不到沿海的一半。从这里可以看出，四川要想赶上全国平均水平、成为西部经济高地，任重而道远。

为此，四川省委提出要坚持以工业强省为主导，推进新型工业化、新型城镇化、农业现代化，加强开放合作，加强科技教育，加强基础设施建设，大力改善民生，促进社会和谐，实现由经济大省向经济强省的跨越。由此可见，建设工业强省、走新型工业化道路成为四川实现战略目标的关键。而工业强省和新型工业化需要工业的优化升级来实现。因此，西部经济高地的建设，必须通过工业结构的优化升级来推动。只有通过四川工业的优化升级，扩大四川工业规模，以工业推动四川第一、三产业的发展，推进四川的城镇化，实现四川的跨越式发展，最终推进四川西部经济高地的形成。

二、工业结构优化升级是四川落实西部大开发战略的需要

2010年7月，中共中央提出深入实施西部大开发战略，战略提出了总体目标，即西部地区综合经济实力上一个大台阶，基础设施更加完善，现代产业体系基本形成，建成国家重要的能源基地、资源深加工基地、装备制造基地和战略性新兴产业基地；人民生活水平和质量上一个大台阶，基本公共服务与东部地区差距明显缩小；生态环境保护上一个大台阶，生态环境恶化趋势得到遏制。四川作为西部大开发的重点和核心地区，实现上述西部大开发战略的目标义不容辞，并且也是四川完成国家战略任务所必需的。而这些目标的实现，不仅本身就包含有工业结构优化升级的内容，而且其他目标的实现也需要工业结构的优化升级。通过工业结构的优化升级，可以提高四川经济发展水平，从而使四川综合经济实力上一个大台阶。并且只有通过工业结构的优化升级，才能建设完善的现代产业体系，建成国家重要的能源基地、资源深加工基地、装备制造基地和战略性新兴产业基地。同样，通过工业结构的优化升级，才能降低工业发展对环境的影响，才能保护生态环境，才能遏止西部地区生态环境恶化的趋势。

三、工业结构优化升级是四川产业结构调整的需要

近年来，四川三次结构调整取得了巨大进展，见表2-1。自2000年以来，四川第一产业比重下降明显，第二产业比重上升明显，第三产业比重略微下降。2010年四川第一、二、三产业增加值分别为2 483亿元、8 565.2亿元和5 850.4亿元，第一、二、三产业的比重分别为14.7%、50.7%、34.6%。近年来，四川第二产业比重的提升主要是因为工业的快速发展。2000年，四川工业增加值仅为1 154.46亿元，2010年四川工业增加值已上升到7 326.4亿元，按现值计算，增加了5倍多，占GDP的比重从29.4%上升到43.36%，10年上升了14个百分点。

表2-1　　2000年以来四川第一、二、三产业结构的演变

年份	第一产业		第二产业		第三产业	
	亿元	占GDP比重（%）	亿元	占GDP比重（%）	亿元	占GDP比重（%）
2000	945.58	24.1	1 433.11	36.5	1 549.51	39.4
2005	1 481.14	20.1	3 067.23	41.5	2 836.73	38.4
2010	2 483.0	14.7	8 565.2	50.7	5 850.4	34.6

尽管如此，四川第一、二、三产业结构仍然落后于全国平均水平，2010年全国第一、二、三产业比重分别为10.2%、46.8%和43.0%。四川第一、二产业比重明显高于全国平均水平，第三产业比重低于全国平均水平。与沿海发达省区

相比，四川的差距更明显。2010 年广东省第一、二、三产业比重分别为 5%、50.4%和 44.6%，江苏省第一、二、三产业比重分别为 6.2%、53.2%和 40.6%，浙江省第一、二、三产业比重分别为 5%、51.9%、和 43.1%。与这些省相比，四川第一产业比重大大高于上述三省，而第二产业比重与广东持平，略低于江苏和浙江，第三产业比重大大低于上述三省。由此可见，四川产业结构层次与上述三省存在较大差距。

由此可以看出，四川第三产业的差距与发达地区的差距较大，而第三产业的发展主要由工业推动，正是由于四川工业规模不大、工业结构层次较低，导致四川第三产业发展滞后。因此，四川通过工业结构的优化升级，提高工业规模、优化工业结构，带动第三产业发展，才能降低第一产业比重、提高非农产业比重，也才能优化四川第一、二、三产业结构、提高四川经济发展层次。

四、四川经济发展必须通过工业结构优化升级推动

“十一五”时期，四川提出了“7+3”工业发展战略，即重点发展电子信息、装备制造、能源电力、油气化工、钒钛钢铁、饮料食品和现代中药 7 个优势产业，积极培育航空航天、汽车制造、生物工程 3 个有潜力的产业。大力扶持优势产业，优势产业得到快速发展，见表 2-2。2009 年四川规模最大的 13 个工业部门，其规模以上工业企业工业总产值与 2005 年相比均实现了较大的增长，除了电力供应业和黑色金属冶炼业外，其余 11 个工业部门均实现了 1 倍以上的增长。农副食品加工业、非金属矿物制品业、通用设备制造业、通信设备计算机制造业、煤炭开采业、电气机械制造业、专用设备制造业 7 个部门实现了 2 倍以上的增长，13 个部门总产值由 2005 年的 4 679.8 亿元上升到 2009 年 13 130 亿元，按现值计算增长 1.81 倍，占全省规模以上工业企业总产值的 3/4，优势极为明显。除了黑色金属冶炼业、交通运输制造业外，其余 11 个工业部门占全国的比重上升，其中农副食品加工业、饮料制造业和医药制造业占全国同类产业的比重均超过 5%。13 个部门合计占全国的同类工业的比重由 2005 年的 2.89%上升到 2009 年的 3.61%。由此可以看出，四川优势工业在全国的地位上升。

表 2-2　2009 年与 2005 年四川主要工业部门规模以上工业企业总产值比较

	2005 年			2009 年		
	四川（亿元）	全国（亿元）	四川占全国比重（%）	四川（亿元）	全国（亿元）	四川占全国比重（%）
农副食品加工业	503.6	10 615	4.74	1 537.8	27 961	5.50
黑色金属冶炼	701.6	21 471	3.27	1 382.4	42 636.2	3.24
化学原料制造业	539.6	16 359.7	3.30	1 247.7	36 908.6	3.38
非金属矿物制品业	311.9	9 195.2	3.39	1 209.5	24 843.9	4.87

表2-2(续)

	2005 年			2009 年		
	四川(亿元)	全国(亿元)	四川占全国比重(%)	四川(亿元)	全国(亿元)	四川占全国比重(%)
通用设备制造业	310.5	10 610.4	2.93	1 151.2	27 361.5	4.21
电力供应业	541	17 785.9	3.04	1 054.7	33 435.1	3.15
饮料制造业	358.2	3 089.3	11.59	1 015.2	7 465	13.60
交通运输设备制造业	398.7	15 714.9	2.54	990.4	41 730.3	2.37
通信设备计算机制造业	314.8	26 994.4	1.17	972.8	44 562.6	2.18
煤炭开采业	158.3	5 722.8	2.77	765	16 404.3	4.66
电气机械制造业	210	13 901.3	1.51	652.5	33 758	1.93
专用设备制造业	152.3	6 085.4	2.50	649.7	16 784.4	3.87
医药制造业	179.3	4 250.5	4.22	501.1	9 443.3	5.31
合计	4 679.8	161 795.8	2.89	13 130	363 294.2	3.61

资料来源：四川统计局，国家统计局四川调查总队．四川统计年鉴 2006［M］．北京：中国统计出版社，2006；四川统计局，国家统计局四川调查总队．四川统计年鉴 2010［M］．北京：中国统计出版社，2010.

另外，四川省的工业结构也存在诸多问题。首先，主业并不突出，优势产业优势并不明显，或者优势并没有形成。从表 2-2 中可以看出，2009 年四川规模最大的三大制造业为农副食品加工业、黑色冶金及压研加工业、化学原料制造业，其规模以上企业总产值均超过 1 200 亿元，但三大产业占全国比重并不高，除农副食品加工业为 5.5%外，其余两大产业比重均未超过 3.4%，还不及四川主要工业部门产值占全国的平均比重，难说在全国有优势，只能说在四川规模较大。而饮料制造业，四川规模工业占全国比重达到 13.6%，是四川相对最有优势的产业，但该产业规模在四川工业中也仅排名第六。可见，四川优势产业并不明显。其次，四川优势产业技术水平不高。2009 年，前 7 大产业中，只有通用设备制造业技术含量相对较高，其余产业技术含量相对不高。2005 年，汽车制造业和通信设备计算机制造业分别列四川第 5 位和第 6 位，而 2009 年这两大产业分别列四川第 8 位和第 9 位。由此可以看出，四川工业正在资源化、低技术化，与传统的产业演进——优化升级呈现相反的道路。显然，这样的发展道路不能成为四川未来发展方向，四川一定要通过优化升级，实现工业的快速发展。

应该说，从世界的经验看，区域经济的发展是以工业的演进为动力的，特别以主导产业的演进为动力，不同发展阶段，以不同的主导产业为区域发展的动力。

四川目前经济发展水平不高，出口规模也不大，就是因为工业结构层次低、工业竞争力弱所致。要发展四川经济，就必须要通过工业结构的优化升级，增强工业竞争力，增加出口，才能带动四川工业的发展。这就要求要科学规划四川工业的优势产业，努力发展，扩大优势产业的出口能力和国际市场的占有能力，增强优势产业带动能力；同时，要不断提高四川工业的层次和技术水平，以四川工业的演进推进四川经济的发展。

五、工业结构优化升级是四川增加非农就业的需要

四川目前还没有实现工业化，其中一个重要原因就是四川还存在大量农村就业，也存在大量农村剩余劳动力。从表 2-3 可以看出，自 2000 年以来，四川就业结构发生了巨大变化，由第一产业为主演变为以非农产业就业为主。近九年来，第一产业就业比重下降明显，而第二产业和第三产业就业比重上升明显，均上升 6 个百分点左右。由此可见，第二产业就业成为四川增加非农就业的主要动力。

表 2-3　2000 年、2005 年与 2009 年四川三次产业就业结构比较　单位:%

	2000 年	2005 年	2009 年
第一产业	56.7	51.5	45.1
第二产业	18.7	19.7	24.0
第三产业	24.6	28.8	30.9

另外，四川就业结构与全国和沿海发达地区相比，还存在较大差距，如表 2-4所示。与全国相比，四川第一产业就业比重高 7 个百分点，而第二、三产业比重分别低 3.8 个百分点和 3.2 个百分点。而江苏、浙江等省农业就业比重已经低于 20%，第二产业就业比重高于 40%；广东省第一产业就业比重低于 30%，山东第一产业就业比重也仅为 36.6%。四川与江苏、浙江、广东和山东相比，第一产业就业比重分别高 25.3 个百分点、27.9 个百分点、14.9 个百分点和 8.5 个百分点，第二产业就业比重分别低 20.8 个百分点、22.9 个百分点、10.1 个百分点和 7.9 个百分点，第三产业分别低 4.6 个百分点、4.9 个百分点、7.8 个百分点和 0.6 个百分点。因此，通过四川工业结构的优化升级，有利于提高四川工业对就业的吸纳能力，进一步提高四川第三产业的就业水平，逐步消化四川的农村剩余劳动力，降低第一产业就业比重。

表 2-4　2009 年四川第一、二、三产业就业结构与全国部分地区比较　单位:%

	第一产业	第二产业	第三产业
四川	45.1	24.0	30.9
全国	38.1	27.8	34.1
江苏	19.8	44.8	35.5

表2-4(续)

	第一产业	第二产业	第三产业
浙江	17.2	46.9	35.8
广东	27.2	34.1	38.7
山东	36.6	31.9	31.5

第二节　工业结构优化升级是四川转变发展方式的重要手段

一、工业结构优化升级是提高四川资源利用效率的重要手段

四川省工业部门主要是原材料和技术含量不高的轻纺工业。由于产业科技水平不高、产业结构低下，导致生产方式较为粗放。2009 年，四川省工业能耗强度（即单位工业增加值能耗）为 2.249 吨标准煤/万元，居全国第 17 位（从低到高，排位越高说明消耗较多），工业能耗强度高于全国平均 1.55 吨标准煤/万元的水平，说明我省工业能耗较高、资源利用效率低。由于工业能耗强度高，导致我省单位地区生产总值能耗达到 1.338 吨标准煤/万元，居全国第 20 位（从低到高，排位越高说明消耗较多），大大高于全国平均 0.86 吨标准煤/万元的水平。同时，四川污染排放也较多，2009 年四川工业废水排放 10.59 亿吨、废气排放 13 410 亿标立方米，排放量分别居全国第 9 位、第 11 位[①]，名列全国前茅。

四川工业层次较低，高耗能、高污染、高排放产业比重大。从工业耗能看，在全国 39 个工业产业中，平均能耗高于全国平均水平的产业有 12 个，其中四川有 7 个。而四川低于全国平均水平的 5 个产业中，其中黑色金属冶炼及压延加工业、电力热力生产供应业，四川的比重仅略微低于全国平均水平，几乎与全国平均水平相当。在平均能耗低于全国工业平均水平的 27 个工业产业中，四川工业产业占比高于全国同类平均水平的产业只有 13 个，而占比低于全国平均水平的产业有 14 个，见表 2-5。由此可见，四川高能耗工业产业相对较强，而低能耗工业产业发展不足。2009 年，四川有 19 个工业产业的总产值占四川工业比重超过全国相应产业占全国工业总产值的比重，这些产业合计占全国工业部门的比重达到 37.18%，而能源消耗占全国的比重达到 40.10%，其占能源比重略微高于其占工业总产值所占比重，说明这些产业综合能耗相对较高。这进一步说明四川工业结构较为粗放，工业能耗相对较高。见表 2-5 和 2-6。

① 中华人民共和国国家统计局. 中国统计年鉴 2010 [M]. 北京：中国统计出版社，2010.

表 2-5　　2009 年四川与全国工业部门比较

工业产业	全国		四川		四川工业各产业总产值比重与全国各产业总产值比重的比值	全国工业各产业能源消耗比重与总产值比重的比值
	规模以上工业总产值（亿元）	各产业占总产值比重（%）	规模以上工业总产值（亿元）	各产业占总产值比重（%）		
全国总计	548 311.40	100.00	18 107.65	100.00	1.00	1.00
煤炭开采和洗选业	16 404.27	2.99	764.96	4.22	1.41	1.49
石油和天然气开采业	7 517.54	1.37	419.51	2.32	1.69	1.47
黑色金属矿采选业	3 802.45	0.69	190.88	1.05	1.52	0.97
有色金属矿采选业	2 814.67	0.51	106.96	0.59	1.15	0.80
非金属矿采选业	2 302.36	0.42	161.21	0.89	2.12	1.17
其他采矿业	13.90	0.00	1.43	0.01	3.12	34.83
农副食品加工业	27 961.03	5.10	1 537.81	8.49	1.67	0.26
食品制造业	9 219.24	1.68	323.46	1.79	1.06	0.44
饮料制造业	7 465.03	1.36	1 015.22	5.61	4.12	0.41
烟草制品业	4 924.97	0.90	217.09	1.20	1.33	0.12
纺织业	22 971.38	4.19	492.17	2.72	0.65	0.73
纺织服装、鞋、帽制造业	10 444.80	1.90	96.49	0.53	0.28	0.18
皮革、毛皮、羽毛（绒）及其制品业	6 425.57	1.17	264.48	1.46	1.25	0.16
木材加工及木、竹、藤、棕、	5 759.60	1.05	141.17	0.78	0.74	0.45
家具制造业	3 431.12	0.63	161.24	0.89	1.42	0.14
造纸及纸制品业	8 264.36	1.51	270.80	1.50	0.99	1.27
印刷业和记录媒介的复制业	2 972.90	0.54	113.98	0.63	1.16	0.31
文教体育用品制造业	2 630.16	0.48	4.56	0.03	0.05	0.22
石油加工、炼焦及核燃料加工业	21 492.59	3.92	283.63	1.57	0.40	1.68
化学原料及化学制品制造业	36 908.63	6.73	1 247.69	6.89	1.02	2.06
医药制造业	9 443.30	1.72	501.14	2.77	1.61	0.38
化学纤维制造业	3 828.32	0.70	72.67	0.40	0.57	0.99
橡胶制品业	4 767.86	0.87	85.47	0.47	0.54	0.73

表2-5(续)

工业产业	全国		四川		四川工业各产业总产值比重与全国各产业总产值比重的比值	全国工业各产业能源消耗比重与总产值比重的比值
	规模以上工业总产值（亿元）	各产业占总产值比重（%）	规模以上工业总产值（亿元）	各产业占总产值比重（%）		
塑料制品业	10 969.42	2.00	350.52	1.94	0.97	0.44
非金属矿物制品业	24 843.90	4.53	1 209.46	6.68	1.47	2.68
黑色金属冶炼及压延加工业	42 636.15	7.78	1 382.38	7.63	0.98	3.19
有色金属冶炼及压延加工业	20 567.21	3.75	467.15	2.58	0.69	1.44
金属制品业	16 082.95	2.93	459.57	2.54	0.87	0.49
通用设备制造业	27 361.52	4.99	1 151.15	6.36	1.27	0.26
专用设备制造业	16 784.40	3.06	649.73	3.59	1.17	0.25
交通运输设备制造业	41 730.32	7.61	990.64	5.47	0.72	0.17
电气机械及器材制造业	33 757.99	6.16	652.47	3.60	0.59	0.14
通信设备、计算机及其他	44 562.63	8.13	972.84	5.37	0.66	0.13
仪器仪表及文化、办公用机械制造业	5 083.31	0.93	76.94	0.42	0.46	0.15
工艺品及其他制造业	4 465.20	0.81	38.92	0.21	0.26	0.82
废弃资源和废旧材料回收加工业	1 443.86	0.26	17.44	0.10	0.37	0.10
电力、热力的生产和供应业	33 435.10	6.10	1 054.65	5.82	0.96	1.46
燃气生产和供应业	1 809.12	0.33	114.63	0.63	1.92	0.92
水的生产和供应业	1 012.28	0.18	45.17	0.25	1.35	2.16

表2-6　　　　四川工业部门根据能耗的分类

	能耗高于平均水平的产业	能耗低于平均水平的产业
四川工业总产值比重超过全国平均水平的产业	煤炭开采和洗选业，石油和天然气开采业，非金属矿采选业，其他采矿业，化学原料及化学制品制造业，非金属矿物制品业，水的生产和供应业。	黑色金属矿采选业，有色金属矿采选业，农副食品加工业，食品制造业，饮料制造业，皮革，毛皮，羽毛（绒）及其制品业，家具制造业，印刷业和记录媒介的复制，医药制造业，通用设备制造业，专用设备制造业，燃气生产和供应业。

表2-6(续)

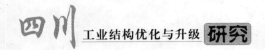

	能耗高于平均水平的产业	能耗低于平均水平的产业
四川工业总产值比重低于全国平均水平的产业	造纸及纸制品业，石油加工，炼焦及核燃料加工业，黑色金属冶炼及压延加工业，有色金属冶炼及压延加工业，电力、热力的生产和供应业。	纺织业，纺织服装、鞋、帽制造业，木材加工及木、竹、藤、棕，文教体育用品制造业，化学纤维制造业，橡胶制品业，塑料制品业，金属制品业，交通运输设备制造业，电气机械及器材制造业，通信设备、计算机及其他，仪器仪表及文化、办公用品业，废弃资源和废旧材料回收加工业。

通过工业结构的优化升级，可以改变现有较为粗放的产业结构。通过大力发展低能耗、低消耗、低排放产业，通过提高产业技术，降低产业的资源消耗，可以提高四川工业能源、资源利用效率，从而降低四川能源、资源消耗强度。

二、工业结构优化升级是保护四川生态环境的重要手段

随着经济的快速发展，我国的生态环境面临日益恶化的压力，而事实也是如此。近年来，虽然我国森林覆盖率从 2000 年的 16.55% 上升到 2009 年的 20.36%，但是我国的资源消耗和污染排放也在大幅度上升。如 2000 年我国的煤炭、电、钢、水泥生产量分别为 9.98 亿吨、1.36 万亿千瓦小时、1.29 亿吨和 5.97 亿吨，2009 年产量分别上升为 29.73 亿吨、3.71 万亿千万小时、5.72 亿吨和 16.44 亿吨，分别是 2000 年的 2.98 倍、2.73 倍、4.43 倍和 2.75 倍，均呈现快速的增长。这些资源产品的快速增长导致生态环境的恶化。2009 年工业废气排放达到 43.61 万亿立方米，是 2000 年的 3.16 倍。2009 年，我国工业废水和生活污水排放分别达到 234.39 亿吨和 354.70 亿吨；工业废水和生活污水化学需氧量排放分别为 439.68 万吨和 837.86 万吨。这些废弃物的排放对环境影响极为明显。

四川生态环境面临与全国相似的问题。近年来，四川森林覆盖率大幅度提升。但随着经济的快速发展，四川资源消耗产品的生产或消耗大幅度上升，而污染排放也在大幅度上升。

从表 2-7 可以看出，近年来，四川能源和原材料工业均呈现较大幅度的增长，这些增长是四川经济高速增长的重要基础。2000 年和 2010 年，四川 GDP 分别为 4 010.25 亿元和 16 898.6 亿元，按照现值计算，2010 年四川 GDP 为 2000 年的 4.21 倍；而按照可比价计算 2010 年为 2000 年的 3.23 倍。通过比较，四川主要能源和原材料产品产量增长超过 GDP 按可比价增长速度的有 6 种，而超过 GDP 按现价计算增长速度的有煤炭、化学纤维、水泥和纱四种。由此可见，四川经济增长很大程度是靠原材料生产等作为支撑的，是靠其生产规模扩大所致，也进一步说明了四川经济发展较为粗放。

表 2-7　　　　2000 年与 2010 年四川主要能源和原材料产量比较

资源	2000 年	2010 年	2010 年为 2000 年的倍数
煤炭（万吨）	2 100.0	10 836.2	5.2
天然气（亿立方米）	88.6	234.2	2.6
发电量（亿千瓦小时）	500.2	1 683.8	3.4
生铁（万吨）	555.6	1 593.8	2.9
钢（万吨）	602.4	1 581.0	2.6
成品钢材（万吨）	541.3	1 976.6	3.7
化肥（万吨）	263.5	510.1	1.9
化学纤维（万吨）	9.1	51.2	5.7
水泥（万吨）	2 766.4	13 227.6	4.8
纱（万吨）	15.4	70.8	4.6
布匹（亿米）	6.0	14.9	2.5

从表 2-8 中可以看出，近年来四川污染排放仍然在大幅度增长。特别是工业废气排放增加最为明显。这也是四川工业能源消耗增长明显的重要体现。

表 2-8　　　　2000 年和 2010 年四川排污状况比较

	2000 年	2010 年	2010 年为 2000 年的倍数
工业污水排放（万吨）	11.70	10.59	0.91
工业废气排放（亿立方米）	4 779	13 410	2.81
固体污染排放产生量（万吨）	4 714.0	8 596.9	1.82

综上所述，四川要进一步发展，必须改变原有的粗放式、外延式发展之路，走内涵式发展道路，转变发展方式，实现工业发展与资源环境的协调发展。因此，工业的优化升级成为必然。如果实施工业结构的优化升级，使四川工业沿着节约资源、低消耗、低排放、高技术的路径升级，可以使四川工业与资源环境更加协调，从而有利于保护四川生态环境。

三、工业结构优化升级是推进四川协调区域发展的重要手段

目前，四川工业存在诸多不协调的问题。一是各区域产业发展不协调，许多区域主导产业不明确。许多区域规划的主导产业或支柱产业太多，实际没有重点，导致主导产业、支柱产业在四川乃至全国没有竞争优势。同时，也造成多个区域争相发展同一个优势产业的现象，导致低水平竞争。二是许多区域内产业之间缺乏关联，导致产业之间没有形成合力。使区域内产业没有形成协调发展之势。一些区域规划了主导产业或支柱产业，但区域产业结构没有围绕主导产业或

支柱产业进行规划，也使主导产业或支柱产业发展缺乏支撑。三是四川地区之间工业发展差异巨大。从 GDP 看，四川各地区之间悬殊明显。2009 年，四川 GDP 规模最大的为成都市，达到 4 502.6 亿元，GDP 规模最小的地级市和地级行政区分别为巴中市和甘孜藏族自治州（以下简称甘孜州），分别为 238.3 亿元和 103.2 亿元，成都市的 GDP 分别为两个市、州的 18.9 倍和 43.6 倍。考虑到成都市是四川的省会城市，有许多不可比的因素，因此可以用 GDP 规模第二的城市与巴中和甘孜州比较。2009 年，四川 GDP 居第二位的城市是绵阳市，其 GDP 为 820.2 亿元，分别为巴中市和甘孜州的 3.4 倍和 7.9 倍。工业发展的差距更大。2009 年，四川工业增加值居第一位和第二位的城市分别为成都市和德阳市，分别为 1 664.8 亿元和 396.5 亿元，而最低的地级市和地级行政区分别为巴中市和甘孜州，分别为 43.8 亿元和 22.4 亿元，成都市工业增加值分别为巴中市和甘孜州的 38 倍和 74.3 倍，德阳市分别为巴中市和甘孜州的 9.1 倍和 17.7 倍，均超过 GDP 的差值。这说明工业发展差异是导致区域发展差异的主要原因。

四川地区工业发展存在诸多不协调，但可以通过四川工业结构的优化升级而得到一定的解决。通过工业结构的优化升级，可以调整四川工业的地区布局，优化工业布局，有利于地区主导产业或支柱产业的形成，有利于各地区形成以优势产业为核心的产业集群，从而缩小地区工业发展的差距，带动四川区域差距的缩小。

四、工业结构优化升级是推进四川工业转变发展方式的重要手段

总体来说，当前四川经济较为粗放，导致经济主要以外延生产为主，主要靠劳动力、资源的投入获得增长，科技投入较低，因此，四川工业劳动生产率较低。

从表 2-9 可以看出，四川第一、二、三产业的劳动生产率均低于全国平均水平，特别是四川第二产业劳动生产率仅为全国平均水平的 80.87%，这也是四川产业层次较低的重要表现。可见，四川工业技术水平低是四川经济发展水平低的重要原因。

表 2-9　　2009 年四川与全国劳动力生产力比较

产业	四川劳动生产率（万元/人）	全国劳动生产率（万元/人）	四川与全国之比（%）
第一产业	1.04	1.19	88.13
第二产业	5.88	7.27	80.87
第三产业	3.53	5.55	63.69
合计	2.98	4.37	68.15

同样，四川工业研究与开发投入不足。2009 年，四川工业增加值达到 578.24 亿元，占全国工业增加值的 4.20%，居全国第 8 位。而同年四川大中型

工业研究与开发经费为 73.30 亿元，仅占全国的 2.28%，居全国第 15 位；四川大中型工业企业开发新产品经费为 99.84 亿元，仅占全国的 2.73%，居全国第 13 位；两项经费占全国的比重和居全国的位次均低于四川工业增加值占全国的比重和在全国的位次，由此导致四川工业优化升级动力不足。2009 年，四川大中型工业企业新产品产值 1 934.25 亿元，占全国的 3.29%，居全国第 10 位；新产品出口 113.31 亿元，占全国的 1.06%，居全国第 13 位；大中型工业企业专利申请数 3 357 件，占全国的 1.99%，居全国第 15 位。各项指标占全国的比重和在全国的排位也均低于四川工业增加值占全国的比重和在全国的位次。

只有通过工业的优化与升级，增加四川工业的研究与开发投入，增加开发新产品的投入经费，不断改变四川工业结构，才能提高四川工业的劳动生产率，才能缩小四川与全国工业发展的差距。

第三节　工业结构优化升级是提升四川竞争力的必然选择

一、工业结构优化升级是四川提升企业竞争力的需要

“十一五”期间，四川实施了大企业大集团战略，大企业大集团得到良好发展。2005 年，四川最大 100 家企业销售收入为 2 435.6 亿元，平均每个企业为 24.36 亿元。而 2009 年，四川最大 100 户企业销售收入达到 7 419.5 亿元，平均每个企业为 74.20 亿元，短短 4 年，100 强企业平均规模增加了 2.05 倍。在平均规模提高的同时，而进入 100 强企业的门槛也不断提高。2005 年，第 100 位企业的销售收入为 3.09 亿元，2007 为 3.88 亿元，2008 年为 4.68 亿元，2009 年进一步上升到 5.53 亿元。同时，四川的大企业大集团也不断增加。2005 年，四川销售收入超过 100 亿元的企业仅有 5 户，2009 年增加到 20 户。2009 年超过 200 亿元的企业有 11 户，而 2005 年仅有 2 户；超过 400 亿元的企业有 5 户，而 2005 年没有。[①] 2010 年，全省营业收入超过 100 亿元的大集团上升到 32 户。

2009 年，四川销售最大企业为新希望集团，达到 460 亿元，与全国相比，四川大企业规模相对不足。2009 年，四川未能有一家企业进入全国 100 强，排位最靠前的为新希望集团，也仅居全国第 134 位。按照四川企业的销售收入，四川有 16 家企业可以进入全国 500 强，但其中有 6 家企业为中央企业在四川的分公司，实际总部在四川的企业只有 10 家进入全国 500 强，仅占全国比重的 2%。由此可以看出，四川的大企业大集团仍然偏少，而且与全国相比，规模不足。

目前，四川的工业企业平均规模不足，优势企业、名牌企业偏少。目前，四

① 张亦帆. 四川企业 100 强出炉　新希望集团首次问鼎冠军 [EB/OL]. [2010-11-19] http://www.newssc.net.

川在中央电视台打广告的企业主要是长虹和四川酒类“六朵金花”。在我国的名牌价值排行榜上，也主要是长虹和酒类品牌。这些说明，四川工业企业发展不足，许多企业没有品牌，或者品牌质量不高，导致企业难以获得高额利润。许多企业还主要靠原材料、低端产品维持生存。当前，许多发达国家的企业，对产品的设计、原材料采购、订单处理、批发零售牢牢掌握，而将制造端承包给低收入国家的有关企业，从而获得高利润。

四川要提升企业竞争力，就需要通过工业结构的优化升级。首先，鼓励企业创新、创造企业品牌，可以提高企业的知名度和品牌价值，提高企业的竞争力，可以获得更高的收益。其次，通过工业的优化升级，提升产业、企业协作水平，打造一些完善的产业链，发展产业集群，降低企业的交易成本，可以提升企业的竞争力。再次，通过工业结构的优化升级，鼓励企业打破区域、行业、体制障碍，实施兼并重组，提升企业的规模经营能力，降低企业运营成本，扩大企业规模，也可以提升四川企业的竞争力。最后，通过工业结构的优化升级，加快四川工业发展新兴产业的步伐，加速四川企业强占新兴产业的制高点，也可以增强四川企业的竞争力。同时，四川工业发展的过程，就是企业竞争力不断增长的过程。

二、工业结构优化升级是四川提升产业竞争力的需要

四川省虽然扶持了优势产业，但优势产业的带动力不强。2009 年，四川最大的工业部门为农副食品产业、黑色金属冶炼及压延加工业、化学原料及化学制品制造业，其规模以上工业企业总产值占四川规模以上工业企业总产值比重分别为 8.9%、7.63%和 6.89%。而这些产业中，虽然农副食品加工业在全国的位次靠前，位居全国第 3 位，但黑色金属冶炼及压延加工业和化学原料及化学制品制造业分别位居全国第 10 位和第 9 位，在全国的地位并不高。2009 年，广东省最大的产业为电子信息产业和电气机械及器材制造业，增加值分别为 3 429.16 亿元和 1 922.87 亿元，分别占广东省工业增加值的 18.81%和 10.54%，分别占广东省地区生产总值的 8.69%和 4.87%；总产值分别为 15 721.79 亿元和 7 365.4 亿元，分别占广东省工业总产值的 23.03%和 10.79%，两大产业不仅在广东省占的比例高，而且规模均居全国第一位，分别占全国同类产业比重的 35.28%和 21.82%，其对广东省经济的带动力明显。

因此，目前四川产业竞争力还不强，还缺乏真正意义的优势产业，这也是四川经济发展在全国不强的重要原因。根据国外和我国发达地区发展经验，区域的产业竞争力并不是体现在区域的全部产业上，而主要体现在区域少数产业上。发展区域少数优势产业，努力培育成具有国际竞争意义的优势产业，可以带动区域其他产业竞争力的提升。四川也只有通过工业的优化升级，才能提升四川产业的竞争力。根据四川现有资源、社会和经济条件，充分利用外部机遇，迎接挑战，规划四川的优势产业，围绕优势产业，重点发展，并以优势产业带动，方可提升

四川工业各产业的竞争力。

三、工业结构优化升级是增强四川产品出口能力的需要

一般来说，经济发达的国家或地区，均具有强大的出口能力，人均出口多；而经济落后地区，往往出口产品少，人均出口少。在国际上，目前出口大国主要是发达国家或地区，发达国家或地区的人均出口规模均较高。我国产品出口规模虽然已跃居世界第一位，但人均出口量与发达国家尚有较大差距。而出口主要是工业产品出口，即使农业产品也需要通过初加工才能出口。

近年来，四川出口发展较快，从 2000 年的 13.95 亿美元增加到 2005 年的 47.01 亿美元，2010 年进一步达到 188.5 亿美元，10 年增长了 12.5 倍，增长迅猛，已跃居全国第 11 位。

但与沿海发达省市相比，四川差距明显，更不用说与发达国家相比。如表 2-10所示，2009 年，四川出口 141.69 亿美元，而广东省、江苏省、上海市、浙江省出口均超过 1 000 亿美元，分别为四川的 25.3 倍、14.1 倍、10 倍和 9.4 倍，四川与这些省相比差距巨大。从人均出口看，2009 年，四川人均出口 173.11 美元，而广东省、江苏省、上海市、浙江省的人均出口均超过 2 500 美元，这些省人均出口分别为四川的 21.5 倍、14.9 倍、42.6 倍和 14.8 倍。而从出口占 GDP 的比重来看，四川仅为 6.84%，而广东、上海均超过 60%，江苏和浙江均接近 40%。

表 2-10　　2010 年四川与沿海主要省市出口比较

地区	出口（亿美元）	人均出口（美元）	出口占 GDP 比重（%）
四川	141.69	173.11	6.84
广东	3 589.55	3 724.37	62.09
江苏	1 991.99	2 578.63	39.48
上海	1 417.96	7 381.36	64.37
浙江	1 330.13	2 567.82	39.52
山东	790.91	835.17	15.94

因此，四川要建设西部经济强省，还需要大力发展出口，而出口就需要工业为支撑。四川出口能力低，一方面因四川工业生产能力低所致，另一方面与四川产业结构、产品结构不优、产品缺乏竞争力有关。并且，四川位于我国西部，不靠海、不靠边，与沿海地区相比，发展出口面临交通运输成本较高等因素制约。而四川要大力发展出口，就必须通过工业结构的优化升级来实现。通过工业结构的优化升级，改变四川产业结构、产品结构，提升产业、产品竞争力，从而提高四川的出口能力。同时，通过工业结构的优化升级，四川可以发展一些技术含量高、产品重量轻的产品，可以降低产品运输成本，一定程度克服因处于内陆而带

来的高运输成本的制约，更加有利于出口。另外，通过工业结构的优化升级，提高四川工业规模，增强四川的产品生产能力，实现规模经营，降低产品生产成本，也有利于扩大出口。

四、工业结构优化升级是四川招商引资和承接产业转移的需要

当前在我国特别是中西部地区，各地招商引资和承接产业转移的能力成为区域经济发展的关键。一个地区只要招商引资能力和承接产业转移能力强，发展就快。

“十一五”时期，为了加快产业发展，四川省不断改善投资环境，加大招商引资力度，使四川省招商引资取得了巨大的发展。特别是四川省委、省政府审时度势，于2008年召开了全省承接产业转移工作会议。会议指出：要抓住国际国内产业大规模转移的重大机遇，实施充分开放合作，创造和发挥比较优势，找准承接方向，打造承接载体，优化承接环境，把四川省建设成产业转移的重要承接地，培育壮大产业。会议提出：要依托水、电、气、土地、劳动力等综合成本优势，积极承接劳动密集型产业，变人口压力为人力资源优势；要依托水电、钒钛、天然气等战略资源优势，积极承接精深加工产业，变资源优势为产业优势，提高资源转化利用率和产品附加值；依托四川省粮油、生猪等农产品资源，要积极引进产业化龙头企业，大力发展资源精深加工产业，变种养业大省为农副产品深加工强省；依托四川省电子信息、装备制造、能源电力、油气化工、钒钛钢铁、饮料食品和现代中药等产业优势，以提升产业竞争力为核心，积极承接关联配套产业，形成专业化分工、社会化协作的产业格局，提升产业竞争力。① 由于思路正确、措施得当，“十一五”时期，四川省招商引资取得巨大进展，5年全省引进国内省外资金超过1.5万亿元，是“十五”期间的8倍以上，年均增速超过50%；外商投资实际到位金额超过150亿美元，年均增长达37%。招商引资到位金额居中西部地区第一，到位内资总额占西部地区的1/4。其中，2010年四川省引进到位国内省外资金突破5 000亿元，达到5 336.35亿元，同比增长31.3%，连续3年每年新增千亿元以上；实际到位外资61亿美元，同比增长69%。引进了富士康、戴尔、联想、仁宝、纬创、现代汽车、中国重汽、吉利沃尔沃等一批重大项目。② 招商引资的巨大发展推动了四川省产业的巨大发展，电子信息、汽车、油气化工等优势产业后劲十足，有力地推动了四川省产业结构的优化升级。

但由于四川经济还不发达，还需要大规模引进外来资金，还需要大力承接外来产业转移，支持四川经济发展。而产业结构的优化升级与招商引资和承接产业转移是相互影响的。一方面，产业结构的优化升级，需要通过招商引资和承接产

---

① 方晓晡，胡敏，曾小清．全省承接产业转移工作会议强调：抢抓机遇、发挥优势把四川建设成为产业转移的重要承接地［N］．四川日报，2008-04-02.

② 曾小清．2010年我省引进内资5 336.35亿元［N］．四川日报，2011-01-05.

业转移来实现；另一方面，合理的产业结构，也有利于招商引资和承接产业转移，这就需要通过产业结构的优化升级使区域产业结构达到更为合理的状态。因此，四川要大力发展招商引资、承接产业转移，就需要产业结构的优化升级。这就要求全省及各地区要根据本地特色经济和优势资源，重新规划产业，发展优势产业，完善产业配套，实现产业的优化升级；同时，通过产业环境、产业配套的改善，增强对外来投资的吸引力，大力发展招商引资和承接产业转移。

第三章　四川工业结构优化升级的基础条件分析

四川省当前的工业结构形成具有历史原因，是在原有的“三线”建设中形成的。工业各行业的发展参差不齐，有的“三线”企业随着改革开放而具有了比较优势，有的在激烈的竞争中被淘汰，同时又有许多新兴行业在四川省出现并具有一定优势，这就造就了四川省独特的工业基础条件。

第一节　四川省工业发展历史基础

一、改革开放前（1953—1977 年）

改革开放之前的四川省工业是在三线建设的大背景下建立的。《国民经济第一个五年计划》明确指出：在全国各地区适当地分布工业的生产力，使工业接近原料、燃料产区和消费地区，并适合于国防的需要，逐步改变我国产业布局不均衡状态，向内陆地区转移，提高落后地区的经济水平。在这种平衡经济发展思路下，中央于 1964 年 5 月做出集中力量、争取时间建设“三线”，防备外敌入侵，在西部建立战略后方基地的战略决策。从备战出发，将全国划分为一线、二线和三线地区，集中力量在“三线”地区建设一个打不烂、打不乱的战略大后方。四川被列入“三线”地区，成为投资强度最高的地区。依靠当时高度集中的计划经济体制，依靠党和政府强大的动员力量，从东部沿海和东北、华北内迁各种项目和投资，建立起了从常规到尖端的军事工业，从采矿、冶金到机械制造、电子、能源的基础工业，包括大中型骨干企业和科研单位，如在成都新建了航空、无缝钢管、量具刃具等企业。在这一阶段，四川省基本上形成了以水电为主的能源工业，以钢铁等金属矿藏的采选、冶炼、压延加工为主的原材料工业，以航空、航天、电子、核工业、机械、装备工业为主的国防高科技工业和重型机械制造业，基本形成了门类比较齐全的重工业体系，从而改变了四川省比较长的历史时期以农业为主的产业结构，奠定了四川地区工业进一步升级的基础。

二、改革开放后的快速发展时期（1978—1998 年）

这个时期按照中央“调整、改造、发挥作用”的总方针，将布局严重分散、生产条件恶劣、交通条件不好、缺乏周边产业配套和生产配套的“三线”单位采取整体搬迁或迁并的方式，迁至邻近的大中城市。总的来说，部分“三线”企业在这一阶段成功地实现了军转民的转型，通过搬迁带动了当地工业的发展。如长虹集团就是典型的军转民成功案例。搬迁的成功案例如中国东方电气集团公司，它是1984年由四川省原分散在德阳、自贡、乐山等地的电机厂、汽轮机厂和锅炉厂等几家企业共同组建的，是以发电设备制造和电站工程承包为主业的国有特大型企业，现已成为我国大型电站设备的三大重要研制与制造基地之一，产品及项目出口20多个国家。

但是，四川省工业化进程和产业结构升级与东部地区相比还是比较缓慢，除了中央投资建设项目外，四川省自己投资的项目以资源开发为主，大办“五小企业”，造成了环境污染。同时，部分企业的兼并重组也是因为政府的“拉郎配”，不仅没有救活困难企业，反而拖垮了一些优良企业。而且随着市场转轨，产品市场由卖方市场转为买方市场。由于自身原因，技术创新缓慢，设备老化，企业进入边际收益递减阶段。许多产品失去了竞争力，企业带动作用减弱，工业化发展缓慢，产业结构升级速度下降，使之与东部地区之间的差距越拉越大。

三、西部大开发后（1999年至今）的工业化结构调整时期

1999年6月17日，江泽民同志在西安发出西部大开发动员，随后国务院及各部委启动生态环境治理和保护、西气东输、西电东送、南水北调、青藏铁路五大工程。2000年国家安排在西部地区新开工10个重大项目，2001年在前期项目的基础上又开工了12项重点工程。这为四川省工业结构调整和工业发展提供了机遇。

在“十五”规划中四川省把电子信息、水电、机械冶金、医药化工、饮料食品作为工业发展和工业结构调整的重点产业和支柱产业。在传统产业方面，四川以中成药为重点发展医药制造和民族药材加工产业，同时以铁路运输设备为重点，发展交通运输制造产业，并且以大型电子企业为依托，发展电子科研和生产，进一步发展烟草、饮料、棉纺、麻纺、食品等农副产品深加工。逐步建设植物纤维生产和加工基地。在资源开发方面，建立四川攀西的钒钛、稀土等产品的生产、开发与加工基地，同时这一时期四川气田的探明储量和产量也大幅度提高，合理建设石油天然气生产及石油化工基地，带动了四川的经济结构调整。在高新技术产业方面，利用四川省的军工企业和大专院校、科研院所较为集中的有利条件，以重大项目为依托，发展生物工程、航空航天、新能源、新材料、电子信息以及先进制造、中药现代化等高新技术产业，建设了具有西部特色的高科技产业园区和高技术孵化体系。

总之，四川省在这一时期发展了农畜、瓜果、山货、土特产和中药材的加工与深加工工业，为快速实现农业工业化奠定基础。四川依托天然气、水能等多种能源，加强新兴产业的培育，形成天然气化工、精细化工等产业。发展这些工业

可以调整产业结构，提高工业增加值，加强有色金属和非金属的深加工，利用资源优势，依托科技人才，加快技术创新步伐，在电子及信息设备制造业、光机电一体化产品制造业、生物医药工程和航天航空业等领域抢占制高点，用高新技术改造与提升传统工业，提高产品技术含量，在西部地区逐步形成了高技术产业的优势。

第二节　当前四川省工业发展的经济环境基础

改革开放以来，四川省的经济迅速发展，工业发展的经济条件不断提高，这为四川省工业结构升级奠定了基础。

一、经济增长态势良好

经过“5·12”汶川特大地震和全球金融危机的考验，四川省经济逐步恢复，为工业发展提供了一个稳定的宏观经济环境。2009 年四川省生产总值为 14 151.3 亿元，比上年增长 14.5%，增速比上年回升 3.5 个百分点。其中，第一产业增加值为 2 240.6 亿元，增长 4%；第二产业增加值为 6 711.9 亿元，增长 19.5%；第三产业增加值为 5 198.8 亿元，增长 12.4%。三次产业对经济增长的贡献率分别为 4.2%、62.8%和 33.0%。人均生产总值为 17 339 元，增长 14%。三次产业结构由上年的 17.6∶46.2∶36.2 调整为 15.8∶47.4∶36.8。与此同时，企业家信心明显回升，企业生产状况持续好转。全年企业家信心指数为 118.7，比上年提高 7.1 个百分点；企业景气指数为 120.6，比上年提高 8.2 个百分点。

二、居民生活水平明显改善

四川省城镇居民收入稳步增加。在 2009 年城镇居民人均可支配收入13 904 元，增长 10.1%。其中，工薪性收入 10 132 元，增长 11.1%。人均消费性支出 10 857 元，增长 12.2%。其中，用于居住、家庭设备用品及服务、交通和通信等方面的费用增加较多。其中，居住支出增长 18.8%，家庭设备用品及服务支出增长 15%，交通和通信支出增长 26.1%。城镇居民恩格尔系数为 40.5%。另外，农村居民收入保持稳定增长。全年农民人均纯收入 4 462.1 元，增收 340.8 元，增长 8.3%，扣除物价上涨因素，实际增长 8.7%。其中，工资性收入 1 821.4 元，增收 201 元，增长 12.4%；家庭经营收入 2 087.9 元，增收 26.2 元，增长 1.3%；财产性收入 94.8 元，增收 23.4 元，增长 32.8%；转移性收入 458.1 元，增收 90.3 元，增长 24.6%。农村居民人均生活消费支出 3 841.4 元，增长 22.8%。其中，居住消费支出增长 78.6%，家庭设备用品消费支出增长 33.9%，交通和通信支出增长 26.5%，医疗保健消费支出增长 23.4%。

由于收入增加居民储蓄也逐步增加。2009 年年末城乡居民储蓄存款余额 11 575.2亿元，增长 20%。其中，活期储蓄存款余额 4 148.2 亿元，增长 36.2%；定期储蓄存款余额 7 427 亿元，增长 12.5%。在居民收入稳步增加的同时，居民消费价格相比较增长幅度不大，如表 3-1 所示，居民消费价格全省平均涨幅为 0.8%，城市平均涨幅为 0.7%，农村平均涨幅为 1%。

总体上讲，居民生活水平明显提高，这对四川省发展内需经济、促进工业结构优化升级从需求层面奠定了基础。

表 3-1　　**2009 年居民消费价格涨幅**　　单位:%

指标	全省	城市	农村
居民消费价格	0.8	0.7	1.0
食品	2.0	3.1	0.5
其中：粮食	4.9	5.3	4.3
油脂	-16.2	-17.2	-15.2
猪肉	-21.8	-22.0	-21.7
鲜蛋	3.6	2.9	5.7
水产品	3.9	3.0	5.4
鲜菜	33.0	34.4	28.3
烟酒及用品	1.8	1.9	1.7
衣着	-1.9	-3.2	0.0
家庭设备用品及服务	0.8	0.9	0.7
医疗保健及个人用品	1.1	0.7	1.7
交通和通信	-0.7	-1.6	0.7
娱乐教育文化用品及服务	1.2	1.1	1.2
居住	-0.3	-2.2	1.7

数据来源：2009 年四川省统计公报。

三、改革不断深化

①成都统筹城乡综合配套改革试验区总体方案获国务院正式批复并组织实施，德阳、自贡、广元 3 个省级试点和 20 个市级试点扎实推进。②扩权强县试点增加到 59 个，试点县的 GDP 增速比全省快 0.3 个百分点，县域经济活力增强。③国有企业改革不断深化，省属国有企业改制取得新进展，国有资产实现保值增值。民营经济快速发展，占 GDP 的比重达到 54.2%。④财税改革深入推进，支出结构不断优化，重点支出保障有力。⑤金融改革扎实推进，引进金融机构 7 家，通过企业上市、保险机构直投、资产证券化、发行债券等直接融资 640 亿

元。组建四川发展（控股）有限公司、四川铁路投资集团两个省级投融资平台。无论从制度上还是机制上都不断向着促进工业发展的方向改进，这为四川省工业结构优化提供了良好的软环境。

四、产业结构优化升级

从重点行业来看，特色旅游、能源、化工、装备、冶金、农产品加工等已发展成四川省的支柱产业，尤其是旅游业已经成为四川省部分市州的支柱产业或先导产业。同时，新能源、电子信息等高新技术特色产业发展迅速。2009 年，高新技术产业实现工业增加值 1 241.4 亿元，增长 18.7%。围绕电子信息、先进制造、生物工程、航空航天、新材料、核技术和新能源 6 大优势领域，重点打造 9 大战略产品和 80 个重点产品项目，建设与推进 7 个高新技术产业园区（基地）建设，增强高新技术产业对经济社会的辐射带动作用。产业结构随着新兴产业的建立和发展不断地调整优化，产业逐步升级。

五、不断巩固工业发展的科技基础

四川省从新中国成立后的三线企业建设到改革开放的产业结构调整，其在科技方面投入了大量资金，成为我国科技实力雄厚的省份之一。截至 2009 年年末，拥有在川国家级重点实验室 11 个、省部级重点实验室 51 个，国家级工程技术中心 13 家、国家级企业技术开发中心 27 家、省级工程技术中心 80 家。全省有两院院士 60 名、62 人次。与此同时，科技创新能力增强。2009 年认定授牌省高新技术创新产品 30 个，产、学、研创新联盟 46 个，新增创新型企业 195 家。2009 年共登记技术合同 7 654 项，成交金额 56.4 亿元，完成省级科技成果登记 526 项，有 242 项获得科技进步奖。其中，一等奖 32 项，二等奖 56 项，三等奖 154 项。有 26 项成果获国家科技奖励。在专利申请方面，2009 年共申请专利 33 047 件，专利授权 20 132 件。其中，新增专利实施项目 2 993 项、新增产值 507.6 亿元。这些为四川省工业结构优化提供了软件基础。

六、对外开放水平显著提高

在中国加入世界贸易组织后，人民币升值和东部地区产业结构调整为四川省深化改革开放提供了契机，对外开放程度不断提高。

在进出口方面，2009 年四川省外贸进出口总额为 242.3 亿美元，居全国第 11 位、西部首位，增长 9.6%，是全国唯一的进出口均保持正增长的省份。其中，进口额首次突破百亿美元大关，达到 100.8 亿美元，增长 12.3%；出口额 141.5 亿美元，增长 7.8%。一般贸易出口 77.3 亿美元，下降 11.3%；加工贸易出口 40.3 亿美元，增长 28.9%。国有企业出口 39.1 亿美元，下降 9.9%，占外贸出口的27.6%；私营企业出口57.2亿美元，增长18.7%，占全省出口总额的40.4%；外商投资企业出口41.9亿美元，增长18.0%。农产品出口5.6亿美元，下降14.2%；机电产品出口76亿美元，增长16.2%；高新技术产品出口37.9亿美元，增长36.2%。

在利用外资方面，2009年实际利用外资41.3亿美元，增长23.5%。新批外商直接投资企业286家，累计批准8 914家。外商投资实际到位资金36.1亿美元，增长15.7%。新引进世界500强企业9户，全球500强企业中已有151家来川投资或设立办事机构。驻川外国领事机构达到8家。

在对外承包工程和劳务合作方面，新签订合同金额45.2亿美元，完成营业额33.7亿美元，增长40.2%；外派劳务35 832人次，增长11.7%。新增境外投资企业40家，增长33.3%。全省招商引资总量快速增长，首次突破4 000亿元，积极探索建立资源开发新机制，成功举办第十届西博会，全省全年新签订国内省外合作项目6 742个，全省全年实际到位国内省外资金4 063.7亿元，比上年增长35.5%。

对外开放程度的加深为四川省工业与国际接轨、承接国际产业转移、吸引跨国公司投资创造了条件，为四川省工业结构升级提供了良好的外部环境。

七、以产业园区为依托促进工业经济发展

到2009年12月底，全省共有各类产业发展集中区（产业园区）191个，比2008年增加10个。从园区性质看，工业集中区个数最多，有137个，占71.7%；另外，经济技术开发区25个，占13.1%。其他高新技术开发区、农产品加工区、企业园区和出口加工区分别占4.7%、3.1%、6.3%和0.5%。规划到2012年，四川全省建成年销售收入超过1 000亿元产业园区1个，超过500亿元的产业园区5个，超过100亿元的产业园区25个。如表3-2所示，四川省政府和省经委对外公布了重点培育的成长型特色产业园区名单，其中包括成都高新技术产业开发区、五粮液工业集中区等50个特色产业园区。2009年上半年已专门拨款5亿元用于建设上述特色产业园区，今后还将在全省产业园区引导资金上重点倾斜，被纳入“1525”工程的园区公共服务平台建设项目，将获得超过80%的补助资金。

表3-2　　四川省培育成长型特色产业园区（“1525”工程）名单

<table>
<tr><td colspan="7">一、1 000亿元产业园区（2个）</td></tr>
<tr><td colspan="4">成都高新技术产业开发区</td><td colspan="3">成都经济技术开发区</td></tr>
<tr><td colspan="7">二、500亿元产业园区（7个）</td></tr>
<tr><td>1. 成都台商投资工业园区</td><td>2. 绵阳高新技术产业开发区</td><td>3. 德阳经济开发区</td><td>4. 双流经济开发区</td><td>5. 成都青白江工业集中发展区</td><td>6. 威远县连界工业园区</td><td>7. 五粮液工业集中区</td></tr>
</table>

表3-2(续)

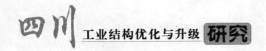

三、超过100亿元产业园区（41个）						
1. 成都新都工业园区	2. 成都现代工业港	3. 新津工业集中发展区	4. 成都金牛高新技术产业园区	5. 成都武侯工业园区	6. 成都青羊工业集中发展区	7. 绵阳市经济开发区
8. 江油工业园区	9. 广汉经济开发区	10. 旌阳区工业集中发展区	11. 什邡经济开发区	12. 自贡高新技术产业园区	13. 晨光科技园区	14. 遂宁经济开发区
15. 大英县工业集中发展区	16. 纳溪化工园区	17. 泸州酒业集中发展区	18. 合江临港工业园区	19. 南充经济开发区	20. 蓬安工业园区	21. 隆昌经济开发区
22. 内江经济开发区城西工业园	23. 乐山高新技术开发区	24. 乐山（五通桥）盐磷化工循环产业园区	25. 峨眉山市工业集中区	26. 眉山铝硅产业园区	27. 眉山金象化工产业园区	28. 江安阳春工业集中区
29. 攀枝花钒钛产业园区	30. 米易白马工业集中区	31. 南骏汽车产业园	32. 资阳机车产业园	33. 安岳工业集中发展区	34. 成都·资阳工业发展区	35. 达州市天然气能源化工产业区
36. 大竹县苎麻工业园区	37. 西昌钒钛产业园区（西昌经久工业园区）	38. 广元经济开发区	39. 广安经济开发区	40. 雅安工业园区	41. 成都·阿坝工业集中发展区	

第三节 四川省工业结构优化升级的现实基础

四川省工业结构升级优化的现实基础就是四川省当前的工业发展水平。四川省当前的工业发展方式仍然是粗放的，但是发展水平与改革开放前相比具有根本性的提高，当前的工业发展水平是四川省走新型工业化道路的现实基础。

一、工业发展水平不断增强

首先，工业经济是四川省经济经历地震和危机后稳步回升的主要动力。2009年实现全部工业增加值5 678.3亿元，增长19%，比2008年回升3.4个百分点，对经济增长的贡献率为53.3%。新增规模以上工业企业2 622户，规模以上工业企业户数达13 111户；规模以上工业增加值增长21.2%。全年规模以上工业企业实现出口交货值551.8亿元，增长0.4%；完成新产品产值3 505.6亿元，增长28.6%。

政府重点扶持的行业增长势头良好。在纳入统计的87种重点产品中，有77种产品生产增长，支农产品、食品和日用轻纺产品生产增势良好。其中，发电量增长25.9%，铁合金产量增长31.4%，成品钢材增长14.6%，水泥增长46.3%，布增长27.9%，纱增长30.1%，化学农药增长55.1%、食用植物油增长68.8%，白酒增长40.7%，家用电冰箱增长46.9%。“7+3”产业增加值占规模以上工业的73.4%，增长16.4%。其中，电子信息产业增长21.6%；装备制造产业增长17.6%；能源电力产业增长14.1%；油气化工产业增长16.8%；钒钛钢铁产业增长6.9%；饮料产品产业增长20.4%；现代中药产业增长26.6%。具体如表3-3所示。

表3-3　　2009年主要工业产品产量及其增长速度

产品名称	单位	绝对数	比上年增长（%）
原煤	万吨	8 997.3	4.6
汽油	万吨	69.4	34.5
天然气	亿立方米	190.6	1.4
发电量	亿千瓦小时	1 468.5	25.9
生铁	万吨	1 532.6	10.1
十种有色金属	万吨	70.7	8.9
钢	万吨	1 509.1	10.2
成品钢材	万吨	1 830.6	14.6
农用氮磷钾化学肥料	万吨	464.4	27.4
配混合饲料	万吨	616.6	27.4
食用植物油	万千升	102.2	68.8
卷烟	亿支	874	5.1
啤酒	万千升	159.1	3.3
白酒	万千升	156	40.7
布	亿米	10.9	27.9
纱	万吨	48.3	30.1
化学纤维	万吨	43.2	28.6
彩色电视机	万台	743.2	-7.0
家用电冰箱	万台	51.9	46.9
房间空气调节器	万台	72.2	-4.8
水泥	万吨	8 887	46.3
内燃机	万千瓦时	1 091	113.2
汽车	辆	76 863	25.4

数据来源：2009年四川省统计公报。

其次，工业投入产出率提高，经济效益改善。一方面投入成本降低。四川省全部工业品出厂价格下跌3.5%，其中生产资料价格下跌4.3%，生活资料价格下跌1.2%。全部原燃材料购进价格下跌4.7%。另一方面利润增加。四川省2009年规模以上实现盈利的工业企业11 643户，占全部规模以上企业总数的88.8%。规模以上工业企业实现主营业务收入17 184.7亿元，增长25.1%。实现利税1 742.5亿元，增长25.2%。实现净利润908.8亿元，增长33.7%。其中，国有及国有控股工业企业实现净利润306.8亿元，增长88%；股份制企业625.4亿元，增长22.4%；外商及港澳台投资企业115亿元，增长22.3%。工业经济效益综合指数为236.9，比2008年提高20.8个百分点。2009年1~11月，在工业39个行业大类中，有27个行业利润同比增长；12个行业利润同比下降，其中5个行业利润降幅比1~10月收窄。以白酒制造为主的饮料制造业实现利润103.4亿元，这是四川省工业分行业利润首次突破百亿元大关。见表3-4和表3-5。

表3-4　　2009年1~11月利润同比增长的部分行业

	1~8月		1~9月		1~10月		1~11月	
	利润（亿元）	同比增幅（%）	利润（亿元）	同比增幅（%）	利润（亿元）	同比增幅（%）	利润（亿元）	同比增幅（%）
总计	530.59	20.34	617.85	16.13	707.89	17.4	794.36	25.69
农副食品加工业	29.4	23.41	36.35	32.81	40.32	26.92	45.07	32.53
食品制造业	7.22	40.59	8.71	36.76	10.85	32.61	12.96	47.41
饮料制造业	74.44	24.69	86.25	27.78	94.1	28.43	103.35	33.91
纺织业	7.72	74.47	8.91	68.59	10.27	60.6	11.92	59.31
医药制造业	23.05	24.93	27.7	29.65	31.79	36.58	36.61	44.02
塑料制品业	9.88	46.38	11.39	42.33	12.89	47.34	14.09	60.03
非金属矿物制品业	47.63	49.11	55.15	42.7	64.29	46.19	73.29	44.94
非金属矿采选业	5.83	72.89	6.99	68.47	7.86	82.46	9.06	99.47
金属制品业	10.57	52.91	11.37	24.15	13.2	20.95	15.79	22.53
通用设备制造业	30.45	47.56	35.07	37.51	39.58	27.42	41.51	92.75
专用设备制造业	25.89	30.78	29.27	28.52	32.86	24.58	39.08	25.55
通信设备、计算机及其他电子设备制造业	28.39	30.13	33.29	32.78	38.05	30.81	43.58	38.73

数据来源：《统计分析》2009年第137期。

表 3-5　　2009 年 1~11 月利润同比降幅收窄的 5 个行业

	1~8 月		1~9 月		1~10 月		1~11 月	
	利润（亿元）	同比增幅（%）	利润（亿元）	同比增幅（%）	利润（亿元）	同比增幅（%）	利润（亿元）	同比增幅（%）
总计	530. 59	20. 34	617. 85	16. 13	707. 89	17. 4	794. 36	25. 69
有色金属矿采选业	2. 33	-78. 26	3. 45	-70. 82	5. 08	-59. 76	7. 12	-47. 91
石油加工、炼焦及核燃料加工业	4. 58	-57. 95	5. 02	-57. 71	7. 34	-49. 96	9. 92	-38. 11
化学原料及化学制品制造业	32. 18	-41. 77	35. 97	-43. 64	40. 38	-40. 08	49. 01	-27. 5
化学纤维制造业	0. 73	-27. 13	0. 8	-34. 37	1. 08	-23. 87	1. 45	-1. 9
黑色金属矿采选业	7. 15	-62. 36	8. 17	-54. 13	10. 1	-55. 79	11. 49	-50. 89

数据来源：《统计分析》2009 年第 137 期。

二、从行业上看工业仍以资源消耗型为主

规模以上工业中，2009 年重工业实现增加值增长 20. 9%，轻工业实现增加值增长 21. 8%，重、轻工业的比为 67. 8 ∶ 32. 2，轻工业占全部工业的比重较 2008 年提高 0. 5 个百分点。在四川省规模以上工业 39 个行业大类中，除石油和天然气开采业下降 4. 2%，其他行业均增长。其中，煤炭开采和洗选业增长 27. 1%，黑色金属冶炼及压延加工业增长 23. 9%，化学原料及化学制品制造业增长 26. 5%，通用设备制造业增长 21. 5%，专用设备制造业增长 17. 8%，交通运输设备制造业增长 18. 6%，电气机械及器材制造业增长 30. 1%，通信设备、计算机及其他电子设备制造业增长 27. 6%，电力热力的生产和供应业增长 19%。

三、工业产业化进程加快

2009 年高新技术产业实现工业增加值 1 241. 4 亿元，增长 18. 7%。围绕电子信息、先进制造、生物工程、航空航天、新材料、核技术和新能源 6 大优势领域，重点打造 9 大战略产品和 80 个重点产品项目，建设与推进 7 个高新技术产业园区（基地）建设，增强了高新技术产业对经济社会的辐射带动作用。另外，2009 年 1~11 月四川省“7+3”产业共实现利润 609. 5 亿元，同比增长 24. 5%，占全部规模以上工业利润的 76. 7%。见表 3-6。

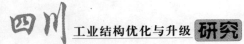

表 3-6　　2009 年 1~11 月份四川省“7+3”产业发展情况

名称	企业个数（个）		利润总额（亿元）	
	2009 年 1~11 月	同比增减个数	2009 年 1~11 月	同比增长（%）
总计（规模以上企业）	13 111	1 165	794.4	25.7
总计（“7+3”产业）	9 045	715	609.5	24.5
一、电子信息产业	304	4	43.6	38.7
二、装备制造业	2 499	236	150.4	25.4
三、能源电力业	1 578	135	124	138.5
四、油气化工业	1 597	134	75.7	-20.3
五、钒钛钢铁业	530	28	15.7	-61.6
六、饮料食品业	1 932	152	175.9	30.1
七、现代中药业	172	7	20	64.5
八、航空航天业	19	0	2.8	23.3
九、汽车制造业	370	17	30	8.9
十、生物工程业	44	2	4.1	37.1

数据来源：《统计分析》2009 年第 137 期。

四、四川省单位工业增加值能耗不断下降

经国家初步核算，2009 年四川单位工业增加值能耗下降 9.18%，比全年目标任务多下降 0.93 个百分点。分市州看，攀枝花、德阳、绵阳、内江、资阳、阿坝和凉山七个市州的单位工业增加值能耗降幅低于全省平均水平。具体情况见表 3-7。

表 3-7　　2009 年度四川省及市州单位工业增加值能耗降幅　　单位：%

	2009 年单位工业增加值能耗降幅
全省	-9.18
成都市	-10.21
自贡市	-10.30
攀枝花市	-7.80
泸州市	-14.08
德阳市	-8.26
绵阳市	-8.25
广元市	-14.58

表3-7(续)

	2009 年单位工业增加值能耗降幅
遂宁市	-15.13
内江市	-8.72
乐山市	-9.53
南充市	-12.93
眉山市	-13.36
宜宾市	-10.17
广安市	-11.66
达州市	-14.52
雅安市	-9.23
巴中市	-10.64
资阳市	-8.85
阿坝州	-8.42
甘孜州	-15.80
凉山州	-8.27

数据来源：四川省统计局网站。

五、工业投资不断增加

2009 年，四川城镇固定资产投资在灾后恢复重建项目投资带动下，保持快速增长，累计完成投资 9 061.4 亿元（不含跨区项目），同比增长 42.4%，增速跃居全国第一，总量居全国第七位，创历史最高水平。其中，完成工业投资 4 482.7亿元，增长 45.6%，比上年增长 17.8 个百分点。其中，500 万元以上项目完成工业投资 4 424.0 亿元，增长 46%，“7+3”优势产业完成投资 3 365.5 亿元，增长 41.8%，比 2008 年增长 16.3 个百分点。装备制造业完成投资 731.7 亿元，增长 47.9%；能源工业完成投资 1 251 亿元，增长 32.6%；现代中药业完成投资 35.7 亿元，增长 26.8%；油气化工、钒钛钢铁、饮料食品、生物工程等增速均在 40%以上。

第四节　四川省工业结构优化升级的政策基础

一、西部大开发战略下的宏观政策

早在20世纪50年代，毛泽东同志就强调要处理好沿海工业和内地工业的关系。在1956年4月25日，毛泽东在《论十大关系》一书中指出："我国全部轻工业和重工业的70%在沿海，只有30%在内地。这是历史上形成的一种不合理的状况。沿海的工业基地必须充分利用，但是，为了平衡工业发展的布局，内地工业必须大力发展。新的工业大部分应当摆在内地，使工业布局逐步平衡，并且有利于备战。但是沿海也可以建立一些新的厂矿，一些也可以是大型的。好好利用和发展沿海的工业老底子，可以使我们更有力量来发展和支持内地工业。"

20世纪80年代，在我国改革开放和现代化建设全面展开以后，邓小平同志提出了"要顾全两个大局"的地区发展战略构想。一个大局是沿海地区加快对外开放，较快地先发展起来，内地要顾全这个大局；另一个大局是当发展到一定时期，即到20世纪末全国达到小康水平时，全国就要拿出更多力量帮助中西部发展，东部沿海地区也要服从这个大局。

1999年6月17日，江泽民在西北五省区国有企业改革发展座谈会上强调，要"抓住世纪之交历史机遇，加快西部地区开发步伐"。这标志西部大开发战略的提出。

西部大开发战略确定后，相应地针对西部大开发的具体政策法规也陆续出台：

2000年，国务院批准颁发《国务院关于实施西部大开发若干政策措施的通知》。其内容主要包括：制定政策的原则和支持的重点，增加资金投入的政策、改善投资环境的政策、扩大对外对内开放的政策、吸引人才和发展科技教育的政策。这个文件初步制定了西部大开发的政策框架。

2001年3月，第九届全国人大四次会议通过的《中华人民共和国国民经济和社会发展第十个五年计划纲要》对实施西部大开发战略再次进行了具体部署。西部地区特指陕西、甘肃、宁夏、青海、新疆、四川、重庆、云南、贵州、西藏、广西、内蒙古12个省、自治区和直辖市。实施西部大开发，就是要依托亚欧大陆桥、长江水道、西南出海通道等交通干线，发挥中心城市的作用，以线串点，以点带面，逐步形成我国西部有特色的西陇海兰新线、长江上游、南（宁）贵、成昆（明）等跨行政区域的经济带，带动其他地区发展，有步骤、有重点地推进西部大开发。

2001年8月28日，国务院颁布了《关于西部大开发若干政策措施实施意见的通知》，对政策措施的适用范围、优先安排建设项目进行了界定，并指出要加大建设资金投入力度、加大财政转移支付力度、加大金融信贷支持、大力改善投资软环境、实行税收优惠政策、实行土地使用优惠政策、实行矿产资源优惠政策、运用价格和收费机制进行调节、扩大外商投资领域、拓宽利用外资渠道、放宽利用外资有关条件、大力发展对外经济贸易、推进地区协作与对口支援、吸引和用好人才、发挥科技主导作用、增加教育投入、加强文化卫生等社会事业建设。这个文件为西部大开发提供了政策支持，并成为西部大开发优惠政策的框架。

2004 年 3 月 21 日，国务院颁布了《国务院关于进一步推进西部大开发的若干意见》。该意见提出：要扎实推进生态建设和环境保护，实现生态改善和农民增收；继续加快基础设施重点工程建设，为西部地区加快发展打好基础；进一步加强农业和农村基础设施建设，加快改善农民生产生活条件；大力调整产业结构，积极发展有特色的优势产业；积极推进重点地带开发，加快培育区域经济增长极；大力加强科技教育卫生文化等社会事业，促进经济和社会协调发展；深化经济体制改革，为西部地区发展创造良好环境；拓宽资金渠道，为西部大开发提供资金保障；加强西部地区人才队伍建设，为西部大开发提供有力的人才保障；加快法制建设步伐，加强对西部开发工作的组织领导。这个文件为西部大开发指引了方向，引导西部向更科学更高效的方向发展。

2006 年 12 月 8 日，国务院常务会议审议并原则通过了《西部大开发“十一五”规划》。其目标是努力实现西部地区经济又好又快发展，人民生活水平持续稳定提高，基础设施和生态环境建设取得新突破，重点区域和重点产业的发展达到新水平，教育、卫生等基本公共服务均等化取得新成效，构建社会主义和谐社会迈出扎实步伐。

2000—2008 年，国家有关部门多次发布了《中西部地区外商投资优势产业指导目录》，国家对外商投资中西部地区优势产业给予相应的优惠。该目录体现了对西部地区利用外资的倾斜政策。西部地区除能享受全国的外资产业指导政策以外，对于许多采矿业，外商可以以独资方式进行投资。

2007 年 9 月 24 日，教育部和国家发展和改革委员会发布的关于印发《“十一五”期间中西部地区特殊教育学校建设规划》（2008—2010 年）的通知指出，要坚持以邓小平理论和“三个代表”重要思想为指导，全面落实科学发展观和构建社会主义和谐社会的要求，按照《国家教育事业发展“十一五”规划纲要》、《中国残疾人事业“十一五”发展纲要》（2006—2010 年），以改善特殊教育学校基本办学条件、提高教育质量为重点，有计划、有步骤地推进中西部地区特殊教育学校建设，努力普及和巩固有学习能力的残疾儿童少年九年义务教育，加快实现区域内义务教育的均衡发展，促进教育公平。

2007 年，国家发展和改革委员会等六部门发布的关于印发《加强东西互动深入推进西部大开发意见》的通知指出，用科学发展观统领东西部地区的各项工作，坚持互利共赢、市场运作、机制创新、政府推动，实现东西部地区优势互补，共同发展；坚持互利共赢，根据东西部地区生产要素的差异性、互补性，促进东部地区的资金、技术、管理、人才等优势与西部地区的资源、市场、劳动力等优势相结合，扬长避短，互利共赢，实现全社会资源的有效配置和生产力的合理布局；坚持市场运作，充分发挥企业的市场主体作用，按照市场经济规律，着眼企业长远发展，由企业依据国家规划和政策法规自主决定合作领域、合作方式；坚持机制创新，完善东西部地区政府合作、企业合作机制，积极推进互动平台、互动环境建设，扩大对内对外开放，消除阻碍市场配置资源的行政性垄断和地区封锁，促进生产要素在东西部地区之间自由流动；坚持政府推动，政府要科学引导、改善服务、加强沟通、搞好协调，推动东西部地区开展有重点、宽领域、多层次、高效益的互动合作。同时就东西部地区合作的具体重点领域提供导向性意见。

2007 年，国务院颁布关于编制全国主体功能区规划的意见。根据不同区域的资源环境承载能力、现有开发密度和发展潜力，统筹谋划未来人口分布、经济布局、国土利用和城镇化格局，将国土空间划分为优化开发、重点开发、限制开发和禁止开发四类，确定主体功能定位，明确开发方向，控制开发强度，规范开发秩序，完善开发政策，逐步形成人口、经济、资源环境相协调的空间开发格局。

2007 年 6 月国家发展和改革委员会发出通知，批准重庆市和成都市设立全国统筹城乡综合配套改革试验区。国家发展和改革委员会要求重庆市和成都市要从两市实际出发，根据统筹城乡综合配套改革实验的要求，全面推进各个领域的体制改革，并在重点领域和关键环节率先突破，大胆创新，尽快形成统筹城乡发展的体制机制，促进两市城乡经济社会协调发展，也为推动全国深化改革、实现科学发展与和谐发展发挥示范和带动作用。

2008 年 1 月 16 日，国家批准实施《广西北部湾经济区发展规划》。国家发展和改革委员会通知强调指出：广西北部湾经济区是我国西部大开发和面向东盟开放合作的重点地区，对于国家实施区域发展总体战略和互利共赢的开放战略具有重要意义。要把广西北部湾经济区建设成中国—东盟开放合作的物流基地、商贸基地、加工制造基地和信息交流中心，成为带动、支撑西部大开发的战略高地和开放度高、辐射力强、经济繁荣、社会和谐、生态良好的重要国际区域经济合作区。

2009 年国务院办公厅发布了《关于应对国际金融危机保持西部地区经济平稳较快发展的意见》。该意见指出，要加强基础设施建设，打牢长远发展基础；加大环境保护和生态建设力度，促进建设资源节约型和环境友好型社会；调整产业结构，转变经济发展方式；加强民生工程建设，促进社会和谐；加快社会事业发展，提高基本公共服务水平；统筹区域发展，积极培育经济增长极；深化改革开放，构建对内对外开放新格局；加快地震灾区灾后重建，全面完成规划任务；加大投入力度，落实组织保障。

上述国家政策为四川省的工业发展提供了良好的宏观政策环境，为四川省工业结构优化升级提供了空间。

二、西部地区与工业相关的产业政策

（一）西部大开发的指导思路

党的十六大和党的十六届三中全会明确指出：积极推进西部大开发，支持中西部地区加快改革发展，促进区域经济协调发展，是全面建设小康社会和完善社会主义市场经济体制的重大举措。这为西部大开发提供了总的指导思路。2004年《国务院关于进一步推进西部大开发的若干意见》又进一步指出了具体的指导思路：继续推进西部大开发，要以邓小平理论和“三个代表”重要思想为指导，全面贯彻党的十六大和党的十六届三中全会精神，认真落实党中央、国务院关于实施西部大开发的战略部署、方针政策和重点任务；坚持解放思想，实事求是，与时俱进，按照完善社会主义市场经济的改革方向，不断探索西部大开发的新路子；坚持以人为本，树立全面、协调、可持续的发展观，按照“五个统筹”的要求，使经济发展与环境保护、社会进步协调推进，促进西部地区经济社会和人的全面发展；坚持一切从实际出发，积极进取，量力而行，有重点、有步骤地解决关系西部开发全局的重大问题；坚持把西部地区自力更生、艰苦奋斗与国家政策支持结合起来，更大程度地发挥市场配置资源的基础性作用，不断增强西部地区的自我发展能力。

（二）西部地区产业发展的指导思路

依据国务院西部开发办等六部门印发的《关于促进西部地区特色优势产业发展的意见》，西部产业发展的指导思路是用科学发展观统领西部地区特色优势产业发展，坚持以邓小平理论和“三个代表”重要思想为指导，全面贯彻落实科学发展观，紧紧抓住发展这个党执政兴国的第一要务，立足比较优势，促进结构调整，完善体制机制，优化发展环境，着力自主创新，提升竞争能力，突出重点区域，保护生态环境，走具有西部地区特色的产业发展道路。发展西部地区特色优势产业的指导原则：一是坚持市场导向。进一步完善市场机制，充分发挥市场配置资源的基础性作用，以市场为导向，以资本为纽带，以企业为主体，通过外引内联，推进强强结合，发展一批有实力的大型企业和企业集团，有效地提高市场竞争力。二是发挥比较优势。从实际出发，因地制宜，扬长避短，根据支撑条件，考虑约束因素，合理确定产业发展方向，大力发展有资源、有市场、有效益的企业。三是促进合理布局。着力支持重点地带、重点城市和重点产业加快发展，依托基础较好的中心城市和资源富集区，促进产业集中布局、土地集约利用、资源节约使用和环境综合治理，推进产业集群化发展，培育增长极。四是转变增长方式。坚持依靠科技创新，实现科学发展，大力发展循环经济，促进资源综合利用，不断提高产业发展的质量和效益。

（三）西部地区特色优势产业的发展目标

在国务院西部开发办等六部门印发的《关于促进西部地区特色优势产业发展的意见》中明确指出，西部要“通过‘十一五’乃至更长一段时间的努力，西部地区能源及化工、重要矿产开发及加工、特色农牧业及加工、重大装备制造、高技术产业和旅游产业6类特色优势产业得到较快发展。长江上游和关中地区等重点经济带、省会城市及周边地区、资源富集地区和重要口岸城镇4类增长极初步形成。拥有自主知识产权和自主品牌、核心竞争力强、带动作用明显的大型企业和企业集团超过百家”。

（四）国家的具体宏观产业政策

西部大开发依赖国家从宏观层面上对工业各行业发展提供了导向性的意见，包括对某些具体行业的发展意见。例如，2002年，国家工商行政管理总局印发了《关于执行新的外资产业政策有关问题的通知》；2006年，国务院关于振兴装备制造业的若干意见；2007年，国务院关于促进畜牧业持续健康发展的意见；2007年，国家发展和改革委员会印发天然气利用政策的通知；2007年，国家发展和改革委员会颁布了《煤炭产业政策》；2007年，国家发展和改革委员会关于印发了关于促进玉米深加工业健康发展的指导意见的通知等，这为四川省的工业发展提供了方向性意见。

（五）针对西部的与工业相关的具体产业政策

西部大开发战略是和一系列的优惠政策联系在一起的，除了国家针对所有省市的宏观政策外，还有针对西部特殊发展情况实施的具体有关工业的产业政策。例如，1999年，国家税务总局关于实施对设在中西部地区的外商投资企业给予三年减按15%的税率征收企业所得税的优惠的通知；2000年，科学技术部关于加强西部大开发科技工作的若干意见；2001年，国家环境保护总局关于西部大开发中加强建设项目环境保护管理的若干意见；2006年，国务院西部开发办等六部门印发了《关于促进西部地区特色优势产业发展的意见》等。

总的来说，国家针对西部大开发除了2001年和2004年国务院推进西部大开发的若干意见外，其他政策之间没有具体的联系，没有形成一套非常系统的政策体系，相关政策都是根据经济发展情况和实际遇到的问题而制定的相应具体政策，凸显了我国在政策制定中“摸着石头过河”的特点。这些政策为四川省制定与工业相关的规章制度提供了依据。

三、四川省与工业相关的产业政策

（一）总的思路

四川省委九届四次全会提出了四川省工业发展总的思路，指出坚持“一主、三化、三加强”，即以工业强省为主导，推进新型工业化、新型城镇化、农业现代化，加强开放合作、加强科技教育、加强基础设施建设。“一枢纽、三中心、四基地”，就是建设贯通南北、连接东西、通江达海的西部综合交通枢纽，建设西部物流中心、商贸中心和金融中心，建设重要战略资源开发基地、现代加工制造业基地、科技创新产业化基地和农产品深加工基地。为了全面实现上述目标，必须着力把握好以下原则：

——坚持科学重建，注重长远。灾后恢复重建关系灾区广大群众生产生活，关系经济社会发展大局。要继续把灾后恢复重建作为全省中心工作，坚持民生优先，在确保质量的前提下加快重建进度，基本完成灾后恢复重建任务。着眼长远发展，将工作着力点转向促进灾区发展提高上来，不断增强灾区可持续发展能力。

——坚持投资拉动产业支撑。保持投资持续增长、不断强化产业支撑，是改善四川发展条件、巩固良好发展势头的必然选择。要坚持大抓项目抓大项目，优化投资结构，加大投资力度。转变经济发展方式，调整优化产业结构，大力实施工业强省战略，加快发展现代农业，积极发展现代服务业。支持企业技术改造和技术创新，推进兼并重组，推动转型升级；加强自主创新，促进重大科技成果产业化，培育一批战略性新兴产品，提高产业综合竞争力。

——坚持城乡统筹区域协调。破解城乡二元结构、促进区域合作与发展，可以催生更大需求，也是构建和谐社会的必然要求。要加快统筹城乡综合配套改革，协调推进新型城镇化、新型工业化与农业农村现代化。推进五大经济区协调发展，把成渝经济区四川部分“一极一轴一区块”的建设作为突破口和重要抓手，带动川东北革命老区、川西北民族地区和攀西地区加快发展。

——坚持民生为重共建共享。改善民生既是发展的目的也是发展的动力。要大力推动全民创业，调动全社会干事创业的热情，共同创造更多的社会财富。从人民群众最关心、最直接、最现实的利益问题入手，把公共资源更多地向民生倾斜，努力促进基本公共服务均等化，让人民群众得到更多实惠。

（二）具体政策

四川省有关工业的具体政策体现在规划导向上。如2009年的《四川省工业“7+3”产业发展规划》(2008—2020年)和《四川省工业八大产业调整和振兴行动计划(2009—2011年)》。《四川省工业“7+3”产业发展规划》(2008—2020年)提出，到2020年，全省“7+3”产业要力争实现工业增加值23 800亿元，占规模以上工业增加值的90%以上，支撑四川建成西部经济发展高地。该产业规划为四川省发展成为工业强省明确了重点产业方向。

在电子信息产业方面，加快建设成绵乐广遂电子信息产业带，重点发展数字家电、集成电路、软件、网络通信设备4条产业链；在装备制造产业方面，继续实施“1+8”工程，加快建设德阳重大技术装备制造业基地；在能源电力产业方面，重点建设“三江”水电基地，在资源相对集中的大中型流域建设7个水电集群，在通航河流嘉陵江、岷江中下游建设2个电航通道，加快骨干电网建设；在油气化工产业方面，突出错位发展和互补发展，成都加快建设四川石化产业基地，德阳重点打造硫磷钛及精细化工产业基地，泸州市加快建设泸州西部化工城，自贡市加快建设以盐化工为基础的硅氟新材料产业基地，宜宾市加快建设氯碱化工生产基地，乐山市加快建设盐磷化工生产基地，川东北地区加快建设天然气化工产业集群；在钒钛钢铁产业方面，围绕攀西钒钛资源的综合开发利用，重点发展钒钛产业链、优质钢铁产业链；在饮料食品产业方面，依托四川省丰富的农产品资源，重点发展优质白酒、肉食品、粮油制品、烟草、软饮料、果蔬、茶叶、乳制品等，着力打造中国白酒“金三角”；在现代中药产业方面，重点发展中药材种（养）植、中药饮片和中药标准提取物生产，中成药、中药保健品和中药功能性食品研发生产；在航空航天产业方面，重点推进民用飞机总体设计、系统集成、总装制造、零部件制造、宇航产品研制生产和航天特种技术应用；在汽车制造产业方面，重点发展轿车及SUV、中轻型、重型载货车、公交车及客车、汽车发动机及关键零部件，支持发展有自主品牌的天然气和电动等新能源汽车；在生物工程产业方面，围绕生物医药、生物医学工程产品、生物能源等优势领域，着力建设“一城”（成都生物医药科技产业城）、“四基地”（创新中药科技产业基地、生物农业产业基地、生物能源产业基地、传统产业生物技术改造提升产业基地）、“三中心”（研发创新中心、产业孵化中心和配套服务中心）；在新材料产业方面，突出钒钛新材料、硅材料、化学新材料、稀土新材料、超硬材料、生物医学材料六个领域新材料的发展。

四川省通过积极推进“7+3”产业规划和八个产业调整和振兴行动计划的年度重大项目建设，进行技术改造、技术创新、节能降耗、重大装备等专项，支持项目加快建设；同时，抓好大企业、大项目的煤、电、油、气、运等各类生产要素的调度和保障，做好资金的协调和落实等工作。

上述的产业政策导向为四川省工业结构优化升级提供了具体的方向，同时为传统产业升级提供了政策保障。

第四章 四川工业结构优化升级的问题和对策

当前，四川正处于从工业大省向工业强省迈进的关键时期，正确认识、理解和应对四川工业化进程中存在的一系列问题，厘清发展思路、创新路径和对策，对于优化工业结构、促进工业转型升级，实现四川经济跨越式发展具有非常重要的意义。

第一节 四川工业结构优化升级的难点和问题

坚持走中国特色的新型工业化道路，是全面建设小康社会的必然要求，也是四川经济持续健康发展的重要支撑。西部大开发以来，四川工业发展迅速，装备制造、饮料食品、能源电力、油气化工、钒钛钢铁、现代中药等产业优势正在凸显，在全国工业发展格局中的重要作用不断提升。随着国内外的经济环境的变化，加快促进四川工业结构优化升级，提升工业发展的“量”和“质”的要求日益紧迫，这也要求我们正确分析调整四川工业结构优化升级的难点和问题。

一、工业发展总体水平不高

2012 年，四川的经济总量已超过 23 000 亿元，产业发展已进入了“快车道”。但是，四川人口基数大、发展基础薄弱、经济欠发达。从经济总量来看，四川是当之无愧的经济大省，但从人均来看，四川经济发展水平还很落后。2012 年，四川人均 GDP 为 29 579 元，仅是全国平均水平的 76.9%，分别是广东、山东、江苏、山东等东部省份的 54.7%、43.3%、57.1%，低于西部地区的重庆、内蒙古、陕西。我们知道，工业发展水平直接决定了经济发展水平，四川经济总体发展滞后也正是源于工业发展水平的整体滞后。

1980 年，四川省（包括重庆市）的生产总值还是全国第 1 位，工业总值居全国第 5 位，仅次于上海、江苏、辽宁和山东，国防科技工业居全国第 1 位。2012 年，虽然四川省的工业经济总量也突破了万亿元（达到了 10 800.5 亿元），进入全国经济大省行列，但与东部发达省份相比，差距却拉大了。如四川的工业总产值仅是广东的 42%、江苏的 40%、山东的 47%（见表 4-1）。

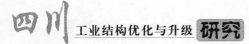

表 4-1　　2012 年四川与广东、江苏、山东的工业发展水平比较

指标	广东	江苏	山东	四川
GDP（亿元）	57 067.9	54 058.2	50 013.2	23 849.8
工业增加值（亿元）	25 937.20	27 121.9	22 789.3	10 800.5
万元 GDP 能耗（吨标准煤）	0.56	0.6	0.855	0.995

数据来源：2012 年各地统计公报。

四川经济欠发达，工业发展总体水平不高，保持较快的增长速度是其必然选择。我们知道，在推进工业结构优化升级的同时，通常会降低工业发展速度，无疑加大了调整工业结构的难度。

二、结构性矛盾突出

近年来，国内外经济环境都发生了深刻的变化。从国际来看，世界经济开始了大调整、大变革，科技进步推动着产业发展，发达国家开始重新审视传统工业，新兴工业体也在大力推进工业化进程。我国在工业结构升级过程中，在高端产业直接面对着发达国家的产品市场竞争和技术开发竞争；在低端产业，我国又面临着发展中国家的价格竞争和产业转移竞争。从国内来看，我国绝大多数工业都面临着产能过剩问题，都需要调整工业结构。为此，全国各省、市都在大力推进工业结构优化升级。①

四川的工业结构优化调整可以追溯到 20 世纪 80 年代。四川提出调整轻重工业结构、加快对外开放，以“市场换技术”，推进国有企业改革，发展高新技术产业等措施。西部大开发以来，四川又从资源特点和产业基础出发，充分发挥了比较优势，“7+3”② 产业得到了快速发展；重要战略资源开发、现代加工制造业、科技创新产业化和农产品深加工“四大基地”建设也初具规模，形成了具有四川特色的现代产业体系，但结构性矛盾仍然较突出。这主要表现在以下几个方面：

（一）三次产业结构不合理

2007—2012 年，从四川与广东的三次产业比例来看，四川第二产业的比重从 43.7%上升为 52.8%，广东第二产业的比重却从 52%下降为 48.8%；四川第三产业的比重从 36.3%下降为 33.4%，而同期广东却从 42.3%上升为 46.2%。一般认为，当某区域的经济发展水平进入工业化中期后，第二产业的比重会相对稳定，第三产业的比重会逐渐上升。两者比重的变化，说明了区域内产业结构调整的效果。近年来，四川经济发展水平总体上已进入工业化发展中期。但从 2007 以来，特别在灾后恢复重建过程中，大量的投资仍然持续进入第二产业，这使第

① 部分观点和数据来源于王怀臣、刘捷等的《加快建设工业强省研究报告》，2013。

② “7+3”产业：电子信息、装备制造、能源电力、油气化工、钒钛钢铁、饮料食品、现代中药等优势产业和航空航天、汽车制造、生物工程以及新材料等潜力产业。

二产业规模迅速扩张，所占比重持续增加；而第三产业发展相对滞后，其比重不是上升，反而在下降。这说明四川产业转型速度和效果远远落后于广东等东部发达省份。

（二）产业初级化、低端化特征比较突出

四川工业产品的生产能力大都形成于20世纪八九十年代经济体制转轨时期，是在供给严重短缺的情况下，通过数量型高速度扩张而形成的。“十一五”期间全省规模以上工业增加值总量连跨4个千亿元台阶，年均增速一直名列全国前4位（除2008年外），规模工业总量在全国由第10位上升到第8位。与之同时，工业结构初级化、低端化特征却日益突出。这表现为：四川第一产业仍以传统农业为主，现代农业规模较小；第二产业的工业仍以劳动密集型和资源加工型为主，且大多数产业处于产业链中低端；第三产业中的传统的生活性服务业仍占主导地位，以生产性服务业为重点的现代服务业滞后。工业产品较多地集中于产业链中低端，技术含量、加工程度和附加值均偏低，产品在市场上的竞争力弱。工业品国内市场占有率仅为3.6%，新产品产值率不足20%。全省原材料工业比重达到38.9%，比全国平均水平高6.7%；高耗能产业增加值占规模以上工业的比重达35.6%，超过全国平均水平3.5个百分点；以装备制造和高新技术产业为代表的先进制造业占规模以上工业增加值的比重为22%，比全国平均水平低3.9%。

三、工业企业创新能力弱，企业发展慢

工业结构优化升级对技术创新能力有较大的依赖性。四川工业结构调整难的一个重要原因是多数工业企业的科技创新驱动力不足。四川以大中型企业为主体的产、学、研体制还远未形成。一方面是开发投入严重不足，另一方面开发出来的新技术成果商品转化率和产业化率又很低。2012年，四川大中型企业研发投入占营业收入的比重仅为0.7%，比全国低0.3个百分点；有研发机构的仅占17.4%，比全国低10.2个百分点。企业创新人才普遍缺乏，拥有自主知识产权的核心技术偏少，大量科技成果留在高等学校、科研机构等，成果转化应用和产业化水平不高。2012年，四川有效发明专利为13 003件，专利密度为161.5件/百万人，仅为山东的71%、浙江的25%、江苏的28%、广东的22%。[①] 与之相对应的是四川特色优势产业发展不足，战略性新兴产业发展滞后，高技术产业、高附加值制造业比重低。

同时，四川的企业发展慢，大企业大集团发展滞后，营业收入超百亿元的工业大企业大集团仅有34户，比江苏、山东分别少68户和46户，且至今没有超过千亿元企业。大型企业数量和质量远低于经济强省。

① 数据来源于李登菊、王宁主持的《加快推动四川经济大省向经济强省跨越研究》的研究报告，2013。

四、节能减排压力增大

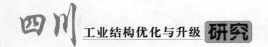

全省“十一五”期间技术改造投资总额连续五年居中西部地区第1位，技改投资年均增速30%以上，投资总量超过9 000亿元，是“十五”期间的4.5倍；2010年技改投入超过3 000亿元，是2005年的4.2倍，但工业发展方式仍然较为粗放。2009年全省单位工业增加值能耗为2.82吨标煤/万元，比全国平均水平2.53吨标煤/万元高11.5%。冶金、化工、建材、能源四大重化产业能源消耗占全省工业能耗总量的75%以上。2009年，二氧化硫排放量、化学需氧量排放量分别占全国份额的5%和5.6%，全省工业节能减排形势严峻，结构调整任务十分紧迫和艰巨。

五、产业组织水平不高，产业规模偏小

集群化发展是促进工业结构优化升级的主要路径之一。从四川各地的工业发展情况来看，集群化程度仍然较低。全省规模以上工业的社会协作度比全国平均水平要低7个百分点。区域间主导产业相似度较高，低水平重复建设和同构化现象较为严重，产业布局不合理。主导产业培育不足、产业链延伸不够，产业集中度仅为65%，远远低于东部沿海发达地区水平。

目前，虽然各地产业园区发展较快，但问题也较多。如产业园区小且散，营业收入超过50亿元的产业园区不到1/3；龙头企业与中小企业的协作程度不高，合作关系不紧密；中小企业配套能力不强，更多的是从事简单重复的一般加工配套，专业化技术水平较低。同时，多数工业产业规模偏小，缺乏巨型工业航母集团。如四川省装备制造业虽然发展较好，但是与江苏、广东、山东、浙江等装备产业产值过万亿元的先进省区相比，产业规模偏小、创新力不够、发展不足，也尚未形成在国际上有较强竞争优势的核心企业或企业集团。

六、瓶颈制约仍然存在

“十一五”期间及灾后恢复重建时，全省着力加快了西部综合交通枢纽的建设，交通运输对经济社会的瓶颈制约作用有所缓解，“蜀道难”初步得到了解决，但仍然存在一些急需解决的问题。如交通基础设施的技术标准偏低，对外通道仍不顺畅，内部网络覆盖广度和深度不足；综合交通系统结构性矛盾突出，现代物流发展不够，物流成本高、效率低。

七、体制机制改革滞后

四川相对于东部沿海省份来讲，市场化的体制机制改革仍然滞后。这表现

为：①四川企业现代公司制改革滞后，企业法人治理结构有待完善；②国有企业改制重组、垄断行业企业营运管理体制改革还不够明晰，吸引民间资金和社会资本参与现代产业发展的体制性障碍和政策性障碍还未彻底消除；③四川省科技管理体制改革滞后，科技创新体制和科技成果转化机制尚未健全；④政府部门职能转变还有待加强，尤其是省内区域间产业合理布局与专业分工的利益协调机制尚未建立，政绩考核评价体系有待进一步完善。

第二节 四川工业结构优化升级的优势和机遇

“十二五”期间，四川明确了工业发展的指导思想，即深入贯彻落实科学发展观，以科学发展为主题，以加快转变经济发展方式为主线，以产业结构调整为主攻方向，继续坚持以工业强省为主导，大力实施“5785”发展战略①，统筹新型工业化和新型城镇化互动发展，不断增强自主创新能力，推动产业转型升级，全面提高工业发展水平和质量，走出一条创新驱动、绿色低碳、高端切入、开放合作、加速推进的新型工业化路子，构建具有竞争力的现代产业体系，为建设西部经济发展高地提供强力支撑。由此可以看出，四川未来的工业发展依赖于工业结构的优化升级。虽然四川工业结构优化升级存着一系列问题，但我们也应正确认识当前四川具有的优势和机遇，从而为破解难题提供思路和对策。

一、四川工业结构优化升级的优势

工业发展离不开比较优势，四川的比较优势可以总结为以下七个方面：

（一）自然资源富集

四川自然资源富集。全省水能资源技术可开发量 1.1 亿千瓦，占全国可开发量的 27%。矿产资源种类齐全，已找到矿产 130 种，占全国总数的 70%，已探明有工业储量的矿种 89 种。有 28 种矿产储量居全国前 3 位，其中钒、钛、锂、银、硫铁矿、天然气等 11 种矿产储量居全国第 1 位（钒、钛居世界之冠）；铁、镉、溴、石棉、岩盐、熔剂石灰石、白云母等 10 种矿产储量列全国第 2 位；锌、铍、锶、钾长石、硅藻土、铂等 7 种矿产储量居全国第 3 位。优良的资源禀赋，为推进优势资源和优势产业结合发展提供了现实可能。

（二）科教优势较突出

从中外发展的实践来看，科技进步、人才素质的提高，可以创造出新的比较优势，是实现工业结构优化升级的必备要素。四川的科技、人才资源丰富，拥有雄厚的科技开发实力，先进的技术装备和大批高级科研人才，是继北京、上海之

---

① 2011 年四川省启动实施“5785”战略工程，即打造 5 条万亿元产业带、7 个千亿元产业、8 个千亿元园区（基地）、50 个百亿元企业，确保规模以上工业增加值增长 17%，推动全省经济“高位求进、加快发展”。

后，中国又一个重要的科研基地，是西部第一个国家技术创新工程试点省。全省有中国工程物理研究院、中科院成都分院等中央在川科研机构188个，拥有在川国家级重点实验室12个、省部级重点实验室77个，国家级工程技术中心14家、国家级企业技术开发中心39家、省级工程技术中心80家，全省建成省级以上创新型企业1 154户，国家级创新型企业26户。① 全省有各级各类科研开发机构数百家，各类专业技术人员234万人，研发人员13万，有两院院士60名，核工业、航空航天、电子信息、生物工程、农业科技、口腔医学等学科在全国居于优势地位。研发人员、研发机构和创新型企业总数均居西部第一位。特别是四川军工技术优势明显，在电子信息、重大装备、航空航天、核技术、新材料等方面具有较强实力，军工电子装备与系统研发的生产规模居全国第一位。

（三）市场潜力大

四川全省辖区面积48.5万平方千米，人口8 900万，居全国第三位，社会消费品零售总额占西部地区的1/4，居西部首位，具有巨大的潜在消费市场；随着城镇化加快推进，公路、铁路、水运、港口、信息、物流等基础设施建设快速增长，创造了巨大的工业品投资和消费需求，为产业发展提供了广阔空间。

（四）发展条件明显改善

当前，四川交通条件的改善已取得了历史性的突破，主体骨架正在形成，交通物流设施正逐步改善。四川基本形成了干支结合、四通八达的公路网络，全省公路总里程位居全国第二，农村公路里程位居全国第一，实现了乡乡通公路，建成高速公路出川大通道7个；176条河流通航，长江、嘉陵江、岷江水运主通道日益通畅，长江川境段通航条件大为改善；作为进出川大动脉的铁路，目前已有7条，更大规模的建设正在火热进行中。成都双流机场已成为全国第四大航空枢纽，宜宾、乐山等港口建设取得了新成效。

未来十年内，四川将斥巨资进一步打通出川通道。到2020年，逐步建成18条铁路、21条高速公路、两条水运航道，形成成都至省内各市（州）1小时、2小时和半日交通圈，基本建成以进出川大通道为纽带，安全、方便、快捷的西部综合交通枢纽。届时，四川的综合运输网总里程将达到37万千米，其中铁路运营里程8 000千米，高速公路通车里程8 200千米，港口集装箱吞吐能力300万标准箱，水运四级以上航道2 300多千米；形成41进出川通道，全省通航机场17个、直接通航城市121个、航线185条。一批国家级、省级开发区和工业集中区基础设施和公共服务平台不断完善，要素集聚和扩散能力、产业吸纳和承载能力显著增强，为工业结构优化升级提供了良好的硬件条件。

（五）对外开放水平大幅上升

四川工业发展离不开对外开放。近5年来，全省利用外资360.5亿美元，实现外贸进出口总额1 859.3亿美元，年均增长30%以上，引进国内省外资金2万多亿元，年均增长25%左右。截至2012年年底，落户四川的世界500强企业数

① 赵明仁，周治滨．解读西部大开发［M］．成都：西南财经大学出版社，2012：50-52.

量已达247户，居中西部榜首。随着高端产业的不断引进，促进了全省电子信息、汽车制造、油气化工、新能源等产业结构加快优化升级，为四川工业结构优化升级注入了新的动力和活力。

（六）产业基础好

四川优势资源产业、装备制造业、战略性新兴产业、农业产品加工业、现代服务业、旅游业等产业在国内都具有较大影响，产业集聚程度相对较高。如成都是国家科技部、国家发展和改革委员会批准的国家新能源装备高新技术产业化基地、新能源产业国家高新技术产业基地；德阳是全国三大重装基地之一；乐山是中国多晶硅研究开发生产发源地，是国内硅材料生产、研发城市中迄今唯一的国家级基地。

二、四川工业结构优化升级的机遇

目前，全国已进入了经济中速增长时期，但四川正处于工业化、城镇化双加速阶段，具备在较长时间内保持快速增长的潜力和动力，且具有诸多前所未遇的重大历史性机遇。

（一）国家深入实施西部大开发的战略机遇

国家实施新一轮的西部大开发，把西部作为未来较长时期的开放开发重点，着力培育新的经济增长极，给四川工业发展带来了更多的发展契机，有利于四川承接国际国内产业转移，进一步发挥比较优势和后发优势。如在新一轮西部大开发战略中，西部将建成国家重要的能源基地、资源深加工基地、装备制造业基地和战略性新兴产业基地，这对四川进一步突出产业优势，推进结构优化升级具有较强的政策优势。

（二）国内外产业结构调整的战略机遇

当前，国际国内正在进行新一轮产业结构调整。从总体上说，四川地域辽阔、人口众多所形成的市场优势和“人口红利”仍然较突出，这使四川在产业结构调整的洪流中处于非常有利的地位。可以预期的是，在相当长的时间内，我国经济宏观调控将追求稳中求进的政策取向，企业大规模内迁会成为必然选择，这将为四川工业结构的优化升级、发展现代产业、构建具有较强竞争力的现代产业体系提供非常有利的条件。

（三）持续扩大内需的长期机遇

我国将扩大内需作为未来拉动经济增长的重要动力源，在这种发展战略的支持下，我国将加快推进消费结构的调整、加快建立扩大消费需求的长效机制，这必然为四川的工业发展带来巨大机遇。四川的基础设施、城镇化、特色产业、社会事业、生态建设等方面相对于东部发达省份来说，还相差甚远；同时，人口较多、市场较大，具有巨大的投资需求和内需发展空间，消费潜力也较大。四川已进入工业化中期阶段，按照经济学的一般规律，人口和资源要素会加快集聚，扩大内需的效应较大，这都为工业发展创造了良好环境。

（四）政策叠加效应显现

近年来国家出台了一系列推动四川经济发展的政策，如加快推动成渝经济区规划实施，支持城乡统筹改革发展，批复建设攀西战略资源创新开发试验区，着力打造绵阳科技城，促进民族地区、贫困地区、革命老区跨越发展等。这些政策相互叠加，蕴含着许多政策机遇和新的工业发展选择，必将有力促进区域协调发展和加快发展，从而促进四川工业结构的优化升级。

第三节　促进四川工业结构优化升级的思路和对策

要实现四川经济持续健康发展，实现四川从经济大省向经济强省跨越，实现四川从总体小康向全面小康跨越，工业结构优化升级刻不容缓。这需要我们厘清思路、明确重点和路径，构建合理、高效、可持续发展的工业体系。

一、厘清认识，解放思想

思路决定出路，破解四川工业结构的优化升级之难，首先应厘清两个认识误区：一是对自然资源优势的认识，二是对承接产业转移的认识。

（一）转变思路，推动自然资源优势转变为竞争优势①

经济学理论认为，资源禀赋对区域经济的发展具有非常重要的意义。四川多数地区，最主要的资源禀赋就是丰富的自然资源，如四川的水电可开发量居全国第一，钛的储量占全国的一半以上，天然气产量已占全国总产量的30%，钒的储量更达全国的2/3等，丰富的自然资源优势理所当然地成为各地制定经济发展战略的基础和市场取胜的法宝。毋庸置疑的是，四川的产业选择离不开丰富的自然资源，但丰富的自然资源能否决定当地经济发展状况和前景是一个值得研讨的课题。

近年来，发展经济学家在研究欠发达国家和地区经济发展问题时，发现拥有丰富自然资源的国家和地区往往会出现经济增长相对较慢的现象，甚至部分地区的多数人仍然生活于贫困中，经济发展陷入了“贫困性陷阱”。为此，Auty（1993）在研究产矿国经济发展问题时第一次提出“自然资源诅咒”这一发展经济学的重要命题。此后，Sachs 和 Warner（1997、2001）、Papyrakis 和 Gerlagh（2004）等大量的实证研究都支持了“自然资源诅咒”这一假说。“自然资源诅咒”的涵义是指自然资源对经济增长产生了限制作用，自然资源丰富的经济体的经济增长的量和质常常低于自然资源贫乏的经济体。自然资源对许多国家或区域来说，非但没有对经济发展起到积极的推动作用，反而成了一种经济发展中的陷

① 许彦. 四川经济发展的“自然资源优势”与“自然资源诅咒”［J］. 四川行政学院学报，2008（3）.

阱，自然资源在经济发展中的角色仿佛由“天使”变为了“魔鬼”。

由此可以看出，四川的自然资源虽然丰富，但其经济发展水平、工业发展的量和质远远落后于自然资源贫乏的东部沿海省份。在四川的一些地区，随着资源的开采，环境越来越差、经济相对越来越穷，资源优势没有转化成经济优势，没有避开“自然资源诅咒”，形成了“富饶中的贫困”。

很明显，出现“富饶中的贫困”与当地的工业结构不合理是密切相关的，而丰富的自然资源反而阻碍了四川工业结构的优化升级。其原因可以归纳以下几点：

1. 自然资源开发的“挤出效应”

资本的合理配置对区域经济发展具有重要作用，对于资本稀缺的区域，其作用更为明显。四川经济发展相对落后，自身资本较少，且引资能力也较弱，如果让有限的资本过多地投入自然资源的开发，就会出现自然资源的开发及相关产业对其他产业的“挤出效应”，出现“荷兰病”。①

长期以来，四川的资本稀缺度都较高，资本的引入长期依靠的是自然资源的优势。四川大量投资涌入对矿产、水力、天然气等自然资源的开发，产品以自然资源初级产品为主，其技术含量低，利润率也低，弱小的制造业以初级产品和半制成品为主，对具有战略意义的产业存在较大的“挤出”效应，导致产业结构的不合理和经济基础的薄弱。一旦我国制造业出现衰退，西部自然资源丰富的地区实际上就会大势已去、危机凸显。而在转变经济发展方式、优化升级工业结构的过程中，长期依赖于开发自然资源，必然导致四川多数地区的技术创新、组织变革和企业家培养的严重滞后，进而又阻碍了现代制造业和第三产业的发展，“荷兰病”问题突出。

2. 产品结构所导致的贸易劣势

发展经济学认为，贸易是推动当地经济增长的重要因素，而其重要性随着产业链的延伸及经济全球化而不断提高。从各国经济发展的历史可以看出，随着贸易的不断发展，多数依赖于自然资源推动经济发展的地区，其经济价值会不断外溢，且不可避免。这是因为，地区经济如果主要信赖于自然资源的开发，其出口产品多数为自然资源和初级加工品，而这些产品随着全球经济特别是全球技术的进步，其价格与进口的较高附加值的工业制成品相比，差距呈现递增的趋势，这必然会导致该地区的经济价值大量外溢。同时，对于大多数资源类产品特别是农矿产品，都是缺乏收入需求弹性的。这也意味着发达地区的收入增加，并不表现为对这些初级产品的需求的迅速增加，甚至可能对产品质量提出更高要求。如果这种状况长期持续，就会对资源丰富型地区希望通过出口初级产品积累资本的期望制造较大困难，限制其推动其他产业发展的能力，从而在全国或全球范围内使其经济地位不断下降。这也是四川工业结构优化升级困难的重要原因之一。

① 20世纪70年代北海发现了石油，荷兰大量资本拥入石油及相关产业的开发，使荷兰石油、天然气开采工业迅速膨胀，而其他产业如制造业和服务业等由于投资减少，致其发展缓慢，从而导致荷兰整个经济增长落入“陷阱”，出现不景气的现象。这种“因福得祸”的经济现象就是人们熟知的“荷兰病”。

3. 人才外流

人力资本的投入与人力资本回报成正比，不能持续给予人才合理的人力资本回报，会导致大量人才外流。多数自然资源丰富的地区，开采自然资源具有比较优势，而知识的收益很低。现代经济结构中，人力资本是推进经济增长的主要动力，而自然资源产业扩张把人力资本的积累效应给“挤出”了。较高的人力资本投入可能因为在当地没有合适的就业机会而得不到补偿，大量人才不得不流向产业层次较高的国家和地区。这一方面会导致当地的人力资源趋向较低的人力资本的投入，从而使本地有意或无意地忽视教育的公共支出；另一方面会导致当地的人才结构失衡。而现代制造业和现代服务业要求较高的人力资本投入，自然资源资本挤出了人力资本，将对当地工业结构升级换代产生较大的阻碍作用，拖慢经济发展方式转变的步伐。

4. 制度弱化

一些经济学家推断，“自然资源诅咒”可能是通过“诅咒”制度间接影响了经济增长。制度的作用是重要的，如果缺少一个好的制度，就一定会阻碍经济发展和社会福利的提高。

在产权制度不清晰、法律制度不完善、市场规则不健全的情况下，丰富的自然资源还会诱使资源使用的“机会主义”行为及寻租活动的产生，造成大量的资源浪费和掠夺性开采。我国现行资源开发管理的制度安排存在的缺陷不仅使得资源的所有权与行政权、经营权相混淆，而且所有权在经济上没有得到充分的体现，资源使用权缺乏约束，造成一些地区资源权属纠纷频繁，资源消耗过度、规模利用率低，资源重开采、重使用而轻保护、轻管理，从而破坏了资源产业发展的良性循环和宏观经济的正常运行。

同时，借助于丰富自然资源而形成的产业群，其自身的竞争力主要来源于自然资源本身，而对制度完善的信赖度较小，从而掩盖了制度在当地经济发展中的重要作用，减缓现代市场经济制度的完善进程。从长期看，会使当地产业结构调整缺乏可持续增长的内生动力。

5. 生态环境恶化

自然资源开采具有外部不经济性，也给资源丰富地区造成巨大经济损失。脆弱的自然环境状况不仅阻碍了地区潜在优势的发挥，而且成为经济发展的主要障碍。

西部地区经济发展长期实行的基本上是大量消耗资源的粗放型经济发展方式，这已使众多地区面临着资源相对短缺、原有经济发展模式难以实现可持续发展的问题，生态环境总体恶化，投资增长给环境保护带来的压力正在空前加大。特别是随着“投资西进”和产业转移步伐的加快，西部生态脆弱地区的资源、能源开发强度明显增大，生态压力还在加剧。资源的开发加大了生态环境的压力，直接威胁到人的生活与生存；同时也会因为环境恶化促使资本外流，不利于吸引外资。

可见，转变思路，将自然资源优势转变为竞争优势对于四川工业结构优化升级具有非常重要的作用。

（二）辩证认识承接产业转移，增强四川工业可持续发展能力

1. 承接产业转移是工业结构优化升级的重要路径

产业转移的效应很多，对于工业产业来说，主要包括优势升级效应和结构优化效应。一方面，先进产业的移入，会使移入区产业结构中采用先进技术的部门在数量上和比例上增加，从而使区域产业结构体现出高级化的趋势；另一方面，先进产业的移入，意味着新的生产函数的导入，这种蕴含新技术的新的生产组织方式会作为“扩散源”，对原有的相对处于较低层次各等级的产业发生升级转型的动力，对其增长产生直接或间接影响，从而逐步提高整个产业的集约化程度，促进产业结构向高级化方向演进。另外，产业转移打破了参与地区原有产业之间的关联模式与合作路径，引起区域合作互动关系的演化和升级，为产业结构升级提供了发展和拓展的空间。

2. 承接产业转移的风险与弊端

任何事物都是一分为二的，低梯度地区在承接高梯度地区产业转移过程中机遇与挑战并存，利好与风险同在。因此，客观、冷静地揭示承接产业转移的风险和可能的弊端是必需的。

（1）单纯地依赖承接转移容易使承接地陷入“滞后循环”。毋庸置疑，欠发达地区承接产业转移能够在一定时期内、一定程度上推进本地区产业升级，这种模式对处于低级阶段、技术创新能力不足的经济体而言，无疑是一条加速产业升级的捷径，但这种模式又存在使本区域陷入产业和技术方面“滞后循环”的风险。因为如果没有自身的创新能力的提升，那么承接过来的产业的调整和升级会对外来技术和产业产生严重的依赖性。如果没有外来技术和产业的持续引进，承接过来的产业将永远是“落后”产业，那么凭借承接产业转移造成的区域经济繁荣也仅仅是表面的繁荣，区域经济发展的前景仍然堪忧。

（2）盲目地承接转移产业可能会丧失产业升级的可持续性，即出现产业升级中断的风险。实行产业升级时，不但要考虑产业间的技术距离而且要考虑后续产业的升级机会。如果企业升级到一个新产业后，新产业具备的升级机会越多，产业就更具有发展的可持续性；反之，如果企业升级到一个新产业后，新产业具备的升级机会越少，则被锁定的风险即产业升级中断的风险就越大。那么，对于依靠承接产业转移完成产业升级的地区而言，如果没有产业进一步升级的长远考虑，则很容易引入一些短期效益明显但缺乏进一步升级潜力的产业，这对承接地的长远发展而言，弊端是不言自明的。

（3）不加审视地承接产业转移可能会付出生态环境破坏的代价。理论和现实都表明，一个地方的环境污染状况与该地经济发展所处的阶段、不同的能源使用方式和产业结构的状况密切相关。不同的产业结构对环境、资源的影响程度不同，对能源的依赖程度也不同。东部地区需要转移的产业中，有很大一部分是受当地能源资源和环境约束而被迫转移的，承接这些产业虽然可以带动本地经济的发展，但也会造成承接地的资源浪费和环境污染，这也是四川诸多地方陷入“自

然资源陷阱”的重要原因。

3. 四川承接产业转移的原则

四川省地处西部，在全国的经济发展格局中，处于明显的低梯度区域。尽管经过多年的发展，四川在工业结构优化升级方面取得了很大的成绩，但总体而言，工业结构优化升级的速度和质量仍然与东部先进省份相距甚远。因此，积极、主动地承接东部产业转移对促进四川工业结构优化升级无疑也是一种捷径。从四川经济持续健康发展的视角出发，基于工业结构优化升级的需要，四川承接产业转移应坚持以下原则：

（1）与承接地原有产业相契合的原则

承接地原有产业结构是经过长时间多次调整优化的结果，进一步的优化升级实际上是根据经济发展的客观规律和区域发展规划的要求，对现有产业结构进行更高层面和更高级别的调整和提升，所以，本地区现有产业结构的状况就成为进一步优化升级的客观基础。

一般认为，一个国家（或地区）的产业升级路径选择需解决三大问题，即产业升级的方向、产业升级的幅度和产业升级中断风险的规避。其中，产业升级的方向和产业升级的幅度都是指的与原有产业基础的契合关系，因为一个国家（或地区）的产业升级路径由其比较优势演化路径所决定，不同的国家（或地区）因其当前的产业结构不同，其未来的演化路径就会有所差异。一个国家或地区产业升级必须要建立在原有产业的基础上，即在升级方向上符合既有轨道和趋势，在升级幅度上不脱离原有的根基，否则产业升级将因为缺乏要素配套、产业配套以及基础设施配套而陷入僵局。政府不能搞“拔苗助长”，不能强行提出过高的产业升级目标。

因此，四川在承接产业转移以推动产业升级或工业结构优化升级时，同样也要考虑承接产业与原有产业的契合度和适应性，衡量二者在发展方向、技术水平以及要素禀赋上融合的可行性。四川区域经济发展差距较大，既有已进入工业化后期的成都，也有刚刚开始工业化的一些地区，各地应根据各自的经济发展阶段、原有产业基础，结合要素资源禀赋、生产技术水平和经济社会发展目标，引进切合本省实际的相关产业，促进产业优化升级。

（2）比较优势战略和赶超战略相结合的原则

欠发达地区在追求跨越式发展时，最关注的就是比较优势战略和赶超战略。实际上，这两大战略是存在较大争议的。北京大学林毅夫曾指出，赶超战略是以牺牲经济整体进步为代价的少数产业的赶超，不足以支持资源结构的升级或总体经济实力的提高。在赶超战略下，违背比较优势所形成的畸形产业结构与劳动力丰富的资源结构形成矛盾，使大规模的人口不能分享经济发展的好处而陷入贫困。因此，作为一种替代性选择，遵循比较优势是一种更有效的发展战略。这一战略就是使一个经济的产业和技术结构充分利用其资源禀赋的比较优势，从而使资源禀赋结构随之不断提高。

一些学者并不认同林毅夫的观点，如南京大学洪银兴认为，完全按照比较优势原则进行产业安排，后发国家和地区容易陷入“比较利益陷阱”，也就是上文所提到的“滞后循环”。因此，他认为要摆脱这种不利局面，就应当将比较优势转化为竞争优势，转换的关键是将高新技术，包括引进的高技术与丰富的劳动力资源结合。左大培则从技术进步的另一角度表述了对遵循外生比较优势理论的怀疑和否定，他强调通过扶植处于幼稚期的高技术产业来获取内生比较优势。

事实上，在实践中这两大战略通常是同时起作用的。在我国许多欠发达地区包括四川来说，其制定的区域发展战略都是将比较优势战略和赶超战略融入其中的。

四川在承接东部产业转移时也同样需要坚持比较优势战略和赶超战略相结合的原则。一方面，由于全省原有产业结构不够合理，梯度较低，加之人口众多，就业压力较大，从经济平稳发展的角度讲必须采取比较优势战略，承接一些在东部地区已经失去发展潜力而在四川仍有比较优势的产业，如一些传统的初级加工产业、劳动密集型产业等，同时注重本地传统产业升级改造，遵循从低端向高端逐步进化的进程；另一方面，必须腾出足够的资源发展新的主导产业，实施跨越式发展战略。在当前经济全球化、区域经济一体化的形势下，区域产业结构越来越深刻地受到国内外分工的影响，新的主导产业一旦纳入到外部区域产业结构体系中，构成外向结构关联，其增长速度和升级速度往往快于常态趋势下的传统产业。因此，必须坚持发挥比较优势与实施跨越发展相结合，找准比较优势和在国内外产业体系中定位的结合点，合理配置各方资源，积极参与相关区域的分工、互补和联动，才能有效地推进产业结构或工业结构的优化升级。

（3）自主创新与承接转移相结合的原则

如前文所述，承接产业转移很容易导致当地产业对外来技术和产业产生严重的依赖性，从而导致产业持续优化升级的能力下降。因此，从长远发展来看，必须要加强自主创新，改变依附性的产业升级模式，即通过自主研究与开发投资来创新，使技术“内生化”，从而摆脱对外来技术和承接产业的依赖，力争从产业转移的承接者转变为转移者。可见，四川应该坚持承接转移、引进技术与自主创新相结合，双管齐下，同时发力。在自主创新中，加强企业与科研单位的合作，不断理顺和创新产、学、研融合机制，充分利用四川的科教优势，积极发展特色优势产业和战略性新兴产业，不断推进工业结构的调整和升级。

（4）保护生态原则

在被转移的诸多产业中，有相当一部分对生态环境都有较大的危害性。四川作为欠发达地区，在追求经济发展的同时，保障良好的生态环境是必须认真对待的。因此，在承接产业转移过程中，四川必须摒弃传统的粗放型发展模式，避免在承接转移产业中继续走以牺牲资源、环境为代价的老路，审慎选择承接产业，限制高污染、高消耗、高排放的产业，大力引进能耗低、污染小的能源节约型、资源集约型、环境友好型的生态化产业，保证产业发展和生态环境之间形成良性循环，从而在更长远的时期内实现可持续发展。

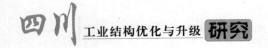

二、四川工业结构优化升级的重点[①]

四川在加快建设工业强省的进程中，明确提出要在2020年基本建成全国工业强省。从战略目标来讲，这要求产业结构更趋优化、工业规模扩量升位、产业核心竞争力明显提高、科技创新成为主要驱动力、资源要素集聚能力显著增强。为此，四川的工业结构优化升级更需明确重点、创新路径。

四川工业发展水平不高，质量低，大多数工业产业都处于国际分工和产业链的中低端，调整优化工业结构，加快转型升级是当前四川工业发展的中心任务，也是四川转变经济发展方式的根本出路。

从四川的优势和机遇出发，四川产业结构调整的主要目标是促进第一、二、三产业健康协调发展，逐步形成以现代农业为基础、工业为主导、战略性新兴产业为先导，基础产业为支撑，服务业全面发展的现代产业新体系，全面提升产业发展层次和水平，增强产业发展竞争力。为此，四川工业结构调整的目标集中于加快传统工业产业的改造提升，大力发展先进制造业，培育和推动战略性新兴产业的发展，并为现代服务业的发展创造条件，其重点在于发展壮大七大优势产业、加快发展战略性新兴产业和现代服务业。

（一）大力发展七大优势产业

做大做强主导产业，是推进工业结构优化升级的关键。四川装备制造、饮料食品产业销售收入均超过了5 000亿元，电子信息产业超过了4 000亿元，油气化工、钒钛钢铁稀土产业均超过了3 000亿元，能源电力、汽车制造产业均超过了1 000亿元。这七大优势产业中产量占全国份额超过5%以上的工业产品有102种，占全国份额超过20%的有19种，产量居全国首位的有26种。这些产业都具有较大的发展空间，推动它们的发展，会从根本上优化四川的工业结构。

1. 电子信息业

从电子信息产业来看，应重点发展数字化设计、智能制造、智慧服务、数字园区等。要建设大规模和超大规模数据中心。应支持智能电视产业联盟的发展，在应用软件开发上取得突破，实现家庭数字应用终端一体化、家电功能一体化。应开展北斗卫星导航应用系统、芯片等研制和产业化，推进北斗综合应用示范工程。围绕计算机整机，发展核心元器件和高端通用芯片，完善产业链。

2. 汽车制造业

从汽车制造产业来看，应继续引进具有自主知识产权、品牌知名的龙头企业，推进高能效、低排放节能汽车发展，推进气电混合动力汽车、纯电动汽车等新能源汽车研发、产业化及示范推广应用，推进集群式发展。

---

① 部分对策参考了王怀臣、刘捷主持研究的《加快建设工业强省研究报告》的成果，2013。

3. 装备制造业

从装备制造业来看，应重点打造三大基地（成都、德阳和自贡）和七条产品链（高效清洁发电及输变设备、重型机械及容器、轨道交通装备、石油天然气钻采输送及矿山装备、节能环保装备、航空航天装备、智能制造装备），推动龙头重点企业加快产品结构调整，提升自主研发能力，推进制造业与服务业改造，提高产品附加值。大力发展中小装备制造企业。

4. 油气化工业

要打造高分子化工材料、天然气深加工、高效蓄电池、化工资源综合利用四大产业集群，力争在聚苯硫醚、芳纶、石墨烯、氟硅材料、三聚氰胺树脂、大容量动力锂电池、钒电池以及化工资源循环综合利用等领域取得突破。打造油气化工产业链，巩固传统化工产业优势。加快建设成都石化基地彭州园区 1 000 万吨炼油、100 万吨芳烃、80 万吨乙烯大型炼化一体化项目，以及石化下游产品配套生产基地。依托川东北、川南等地常规天然气和页岩气资源，重点发展天然气化工产业，提高产品精深加工度，推进资源综合利用和节能降耗减排。抓好合成氨、烧碱、纯碱、黄磷、电石 5 个重点耗能产业的技术改造，大力推广节能技术、实施重点节能工程。

5. 钒钛钢铁及稀土业

努力提升钒钛钢铁产业，加快发展特色冶炼产业。依托四川钒钛磁铁矿资源优势，突出特色发展，提升发展水平。通过大规模的技术改造，开发高档次、高技术含量的钒钛钢铁产品；重点支持低品位矿、表外矿、尾矿的综合开发利用，力争达到钒回收利用率50%以上，钛回收利用率25%以上，钢铁企业吨钢综合能耗0.73 吨标煤以下，主要污染物排放全面达标。同时，充分发挥水电资源优势，以技改创新和节能减排为抓手，加快发展常用有色金属冶炼及深加工产品，大力发展高性能有色金属新材料，实现产业升级。

6. 饮料食品业

巩固扩大全国第二的领先优势，重点抓好产品质量和安全，强化饮料产业竞争力，延伸食品加工产业链。继续做强做大中国名酒和地方名酒，发展千亿元白酒产业。整合发展肉食品产业链，实施烟草行业信息化发展战略。力争在软饮料产业、果蔬产业、茶叶产业、乳制品产业的品牌建设和连锁经营上有重大突破。

7. 能源电力业

大力推进页岩气、煤层气开发，提升风能、太阳能、发电装置转化效率，降低发电成本，开发高效率、高储能风光储一体机。加快智能电网建设。抓好资源的就地转化，发挥四川独特的水电、天然气资源禀赋和风电、太阳能光伏发电装备制造业的雄厚基础及开发条件，积极打造以水电为主、太阳能风能发电为辅的清洁能源基地。

（二）加快培育和发展战略性新兴产业

国际国内正处于新兴产业方兴未艾、高新技术攻坚创新的阶段，四川应加大力度着力培育和发展六大战略性新兴产业。[①]

四川六大战略性新兴产业的总产值占全省规模以上工业的比重达11.9%。新一代信息技术业要发挥已有的产业基础和技术领先优势，推进物联网、云计算、集成电路、新型显示、高端软件、高端服务器等核心基础产业发展，加快成都软件名城建设，重点支持一批关键技术的研发和产业化，建设国家重要的新一代信息技术产业基地。高端装备业要突出在装备制造业研发、制造方面的基础优势，重点发展航空航天、卫星导航装备等，建设国家重要的高端装备制造产业基地。新能源产业既要突出新能源开发转化，也要大力发展装备制造，从而推动国家重要的新能源产业基地的建设。新材料产业要着力在稀土功能材料、化工新材料等方面，加强共性基础材料研发和产业化，建成国家重要的新材料高技术产业基地。生物产业要突出在资源多样性、生物研发、生物育种方面的整体优势，加快现代中药业的发展，建成国家重要的生物产业基地。节能环保业应重点发展高效节能环保技术装备及产品，打造国家节能环保技术装备研发制造基地。

（三）大力发展生产性服务业

工业结构的优化升级离不开现代服务业，要努力形成工业与现代服务业（特别是生产性服务业）的互动，进而强化产业链的竞争力。

1. 物流业

要重点培育区域中心城市成为物流节点，大力发展现代物流业。如将南充、遂宁建设成川东北物流中心城市和成渝经济区重要物流节点城市。要高起点高标准规划各区域物流港，构筑物流基础性平台，大力发展第三方物流，引导、促进跨国公司和国内大型零售企业在物流园区建设物流城、配送中心或二级配送基站。制定物流项目准入办法，整合物流资源，加快推进核心区重点项目建设。要加快建立完善物流公共信息平台。重点建设以电子身份认证、条形码技术、电子支付和电子数据交换等为基础的物流信息系统。鼓励物流企业积极利用信息技术，大力发展电子商务，实现企业经营网络化；鼓励专业市场、各类生产企业利用网络及其他媒体发布物流信息，降低物流交易成本。加强物流信息规范化管理。开发智能运输系统，运用信息技术改造和提升交通运输业。努力培育壮大现代物流企业。引导有竞争力的工业企业改造业务流程，开展第二、三产业分离试点，发展物流外包，促进制造业与物流服务业良性互动；打破行业分割，整合现有资源，推动传统运输、仓储、流通等企业加快存量资产重组，延伸服务功能，尽快向新型、高效的现代物流企业转型。积极承接服务业转移，强力招引一批规模化、品牌化、现代化的第三方物流企业入驻。

2. 金融服务业

要发挥商业银行资产扩张和寻求新利润增长点的内在积极性，创新金融产

---

① 六大战略性新兴产业：新一代信息技术、新能源、高端装备制造、新材料、生物、节能环保。

品，搞好银企对接，建立新的信用关系，保障信贷资产安全，拓展新的业务空间，增强银行盈利能力，促进商业银行金融总量不断放大。稳步发展公司业务和机构业务，加快发展个人银行业务、中间业务和电子银行业务，拓展国际业务，提供更多的金融产品，满足经济发展需求。促进商业银行的金融信息化进程，打造现代化、网络化的金融企业。

稳步推进农村信用社改革和新型农村银行业金融机构建设。积极支持农业银行、农业发展银行和邮政储蓄银行的改革，最大限度地保留已有分支机构，积极引进机构投资者和社会资本，鼓励、引导和扶持农民创办资金合作组织，启动村镇银行建设。形成以自有金融机构为主、地方农村信用社和村镇银行为辅的农村金融体系。

积极引进区域外金融机构和战略投资者。积极吸引招商银行、中信银行、民生银行、兴业银行等国内股份制商业银行和国外金融机构来四川各城市设立分支机构，鼓励民间资本和外资参与现有银行、证券、保险等金融机构的重组改造。

努力实现商业保险快速发展。积极创造条件，吸引区域外保险公司来四川各城市设立分支机构，加快保险产品的升级改造，巩固和完善传统保险品种，积极参与社会保险体系建设，发展企业责任保险和服务“三农”的农业保险，创新农业保险组织形式和品种，推动出口信用保险与出口物资业务相结合，支持发展对外贸易。

3. 信息服务业

要以专业化、精品化、规模化为方向，大力发展网络服务业，积极开拓信息查询、移动短信、视频会议、视频监控、远程教育、互动娱乐、多媒体服务业等网络增值服务。加强网络资源的整合和共享，提高网络的安全保障能力。

推进电子商务发展，引导企业特别是中小企业进行信息化改造，加快电子商务支撑平台和对外贸易、现代综合物流、专业市场等信息服务平台建设。加快建设电子政务，构建完善的政务信息系统，推进政府上网和办公自动化工程，实现政府部门之间的联网与信息共享。按照国际和国家标准，推进城市基础设施数字化、城市信息和交换共享化、城市生活和管理网络化。加快农村信息化建设，推进信息基础设施向农村延伸，以信息化推动新农村建设。

加快四川区域信息基础设施建设。推进以“信息港”为重点的基础设施建设，高标准建设互联互通、资源共享的宽带信息网络，推进电信、数字电视和计算机的三网融合，积极发展建设3G移动电话和高速无线移动互联网。加快建设电信宽带接入网和IP骨干网扩容工程。发展以IP技术为平台的宽带多媒体通信网，建设能提供综合业务能力的光纤用户干线网。建立完善综合广播信息网，扩大广播电视的覆盖率。发展多种接入方式，推动和改进宽带接入建设，扩大利用互联网，实现信息资源的网络互联互通，建设区域网络公共交换中心、数据中心、电子商务支付网关和电子商务交换平台。

4. 商务服务业

以培育服务川东北及省内外市场的商务服务产业集群为目标，大力发展商务服务业。

大力发展资讯服务业。重点发展会计、审计、资产评估、法律事务等专业服务。推进公共关系、商业咨询、市场调查和包装策划等领域加快发展。引进和培育人力资源咨询、市场开拓与销售咨询、公司与组织发展咨询、产品和营运管理咨询等服务机构。

积极发展科技服务业。充分发挥和调动四川各城市科研机构及高等院校的积极性，大力扶持创业服务中心，探索建立包含科技企业孵化器、科技咨询机构、科技风险中心、科技评估机构、技术转移中心等层次和结构合理的科技服务体系，建设四川科技服务中心。

培育发展会展业。在整合现有会展资源、提高利用效率的同时，规划建设专业会展中心，搭建会展发展平台；推动各产业园区、专业市场、大企业集团和个人投资组建会展公司，招引域外知名会展公司入四川设立办事处及分公司，逐步形成以会展中心为核心，大型会展企业为龙头，会展及相关服务企业相配套的会展市场主体体系。积极引导会展业与优势产业、新兴产业、特色产业融合互动，加快会展专业化发展步伐，培育区域品牌会展。

5. 建立节能减排新机制，探索低碳绿色发展模式

四川工业结构调整中，节能减排压力大。应大力推行合同能源管理（EPC）、节能自愿协议（VA）、清洁发展机制（CDM）等在国际上普遍采用的节能机制。支持建立一批节能服务企业，采取为企业和用户提供诊断、融资、设计、改造、运行、管理“一条龙”的服务方式，以节能效益分享等方式回收投资和取得合理利润。为应对国家从“十二五”开始下达二氧化碳减排的约束性指标的新形势，应研究提出控制碳排放的目标、任务和举措，探索碳汇资源对碳源排放的抵偿途径，争取国家支持，建立区域性碳交易市场，逐步建立具有四川特点的低碳绿色发展模式。

三、四川工业结构优化升级的路径思考

（一）积极承接产业转移，深入推进区域产业开放合作

承接产业转移是四川推进工业结构优化升级的重要路径。四川在承接产业转移时，应紧扣工业结构优化升级的三大重点，结合七大优势产业、六大战略性新兴产业来引进和承接国内外的产业转移。要引进资本实力强、技术先进和管理现代的知名企业和重大产业化项目，要吸引更多的世界500强企业落户四川，从而在更大规模、更高水平的基础上，形成更大的产业集聚效应，拓展四川工业更大的发展空间。

四川的工业不仅要引进来还要走出去，要进一步深入推进区域产业开放合作，搭配四川工业更高的发展平台。四川地处内陆，市场意识、改革意识和发展理念与先进地区尚有较大差距。四川应通过深化与泛珠三角、长三角、环渤海等区域及西方发达国家的合作，共同研发产品，共建产业园区和科技园区，充分利

用国内、国际两个市场和两种资源，实现在更大区域内的价值链的重新整合，加快工业结构的优化升级。

同时，应充分利用四川的优势产业，积极推进国际并购，获取核心技术。在消化引进吸收再创新的基础上，充分利用国际金融危机所带来的机遇，针对重点发展产业必须引进的关键核心技术，采取并构、入股、合作等形式，从国内外市场中购进核心技术产权，引进掌握核心技术的高级人才，从而尽快形成自主创新与国际并构相结合的自有知识产权。

（二）着力推进创新驱动发展

形成自主创新能力，是工业结构持续优化升级的重要保证。经合组织评价一个区域创新能力时，用了4个指标，即一流的教育机构、成熟的风险投资、有利于商业的行政环境和宽容失败鼓励创新的创新文化。四川的教育水平和资源在国内名列前茅，但体制机制还存在明显问题，应着力推进五个方面的工作：

（1）深化科技体制改革。要真正形成以企业为核心、市场为导向、产学研相结合的技术创新体系，积极推进企业的国际国内技术合作与交流，集中研制一批重大关键技术项目，为产业化和技术改造提供技术支撑，尽快提升装备制造企业自主创新能力。进一步建立和完善鼓励自主创新的政策体制，推动企业加强自主创新能力建设。如在税收上、政府采购上给予创新型企业更多地激励。创新本身是具有较大风险的，一方面政府应通过成立风险投资基金帮助企业回避危险，支持、引导和带动企业加大对研发和技术创新的投入，提高企业自主研发能力；另一方面，政府应积极支持成立创新联盟，建设重点实验室、工程实验室、工程研究中心、企业技术中心等。

（2）积极推动成果转化。目前，绝大多数科技成果都沉淀于科研院所中，这部分成果如果能够转化为生产力，将对四川工业结构优化升级起到非常大的作用。要建立和完善区域技术转移网络体系和服务体系，完善信息平台，促进创新成果商业化应用。

（3）加大力度支持企业技术改造。政府应积极组织资金支持传统工业企业进行技术改造。通过不断采用和推广新技术、新装备、新工艺等，对现有企业进行改造。通过兼并重组和技术升级，淘汰落后产能，推进品牌建设，提升企业市场竞争力。要集中资源支持装备制造业国家级和省级工程中心以及大型骨干企业技术开发中心的建设，全面落实国家鼓励企业技术创新的配套政策。

（4）推动军民融合创新发展。四川军工技术优势明显，应创新军工技术的转化机制，加快军民结合产业集聚区的发展，使军工技术能服务于提升企业创新能力。

（5）加大人力资本投入。创新能力的提高离不开人力资本的投入。四川应完善人才引进培育机制，创造新的人力资本配置机会和空间；以新的机制和制度安排，促进人力资本的市场化流动；进一步加大科教兴省的力度，鼓励人力资本投资；建立健全人力资本的激励和保障制度；提升职工技能水平，培育科技领军人才，壮大创新人才队伍，为全省的科技创新提供人才支撑。

（三）优化发展产业园区，推进工业企业集聚发展

产业园区是工业发展的重要载体。目前，全省已建成各类产业园区 204 个，基本上实现了每个县都有一个产业园区，集中集聚集约发展的态势已经形成，但产业园区发展状况的差异较大。为此，四川在推进工业结构优化升级过程中，应着力优化发展产业园区。

要加强园区规划，推进特色发展。根据全省优势产业布局规划，指导各类工业园区实施“一园一主业”，以产业定位、空间布局、功能分区和循环经济为重点，制定并完善工业园区主导产业发展规划，明确发展目标、路径和举措。要重点建设一批特色产业园区，推进成都、绵阳、自贡和乐山 4 个国家级高新技术产业园区加快发展。要依托本地区域资源优势，并结合国际、国内市场现状，了解自身的优势与劣势，发展适合自己的产业集群，充分利用其特有的历史、文化资源，抑制过度竞争，努力创造出自己的品牌优势。要进一步提升产业园区的综合承载能力，营造良好发展环境。要积极打造国家级、省级高新技术特色产业化基地、新型工业化产业示范基地和现代制造业基地，大力支持创建国家级工程技术研究中心、高新技术企业和科技企业孵化器。要支持资源富集地和有条件的市（州）共建“飞地”园区，实现资源互补。要积极争取国家政策支持，为园区发展创造良好政策环境。

（四）优化区域布局，增强四川工业结构的区域合理性

根据各区域的资源禀赋，四川五大经济区应因地制宜地发展工业经济，推动区域间产业的差异化、特色化和集群化协调发展。按照四川多点多极发展支撑战略，在推进成都经济区加快发展的同时，要重点打造川南经济区、川东北经济区和攀西经济区。

成都经济区应重点发展装备制造、电子信息、生物医药、航空航天、新材料产业等先进制造业及生产性服务业。成都经济区应作为成渝经济区规划的重点地区，着力建设“天府新区”，再造一个“高端产业成都”。进一步打破行政区划界限，制定和实施要素全面开放的政策，规划建立以大企业为龙头、中小企业配套的优势产业链。

川南经济区要加快传统产业的改造提升，以高端装备制造、新能源、新材料、节能环保装备为重点发展战略性新兴产业。发挥临港工业优势，打造川南沿江重化工产业带，加快老工业基地改造转型，支持和保护名优白酒产业健康持续发展。

川东北经济区依托天然气资源，积极发展以天然气为主要原料的化工产业，打造天然气化工产业集群。加快食品饮料、建材等传统产业的改造升级，建设特色农产品深加工基地。

攀西经济区应加快建设攀西国家战略资源创新开发试验区，着力发展水电能源产业、钒钛钢铁产业和化工产业等。并应积极给予政策支持，加快攀西与相邻省市开展能源产业和现代制造业的全方位合作，建成四川工业经济发展的又一重要增长极。

另外，还应积极扶持老区藏区发展，培育绿色产业经济带。应进一步加大交通等基础设施建设力度，全面改善产业投资环境。

（五）做大做强企业，实现大中小企业协调发展

四川工业结构中的一个重要问题就是企业不大不强，必须加大力度培育发展具有行业龙头地位和引领带动作用的大企业大集团，加快中小企业的发展，实现大中小企业协调发展的新局面。

要做大做强企业，就要深化企业改革，完善现代企业制度。要充分发挥企业的主体作用，支持企业采用兼并、联合、重组等方式进行跨地区、跨行业、跨所有制的资源整合，支持企业对产业链上下游的整合，促进优势资源与优势产业结合发展，推进优势资源向大企业大集团集中，做大做强一批在国内外有较强影响力的大企业大集团。国有企业要积极推进改革，实现产权多元化，构建科学的管理体制和灵活的发展机制，增强对重要产业的控制力，强化企业技术创新能力，扩大对重点发展区域的影响力，在整合发展产业链和产业集群中发挥骨干作用。

要促进民营企业加快发展。要指导中小企业向“专、精、特、新”发展，激发中小企业的活力，切实解决中小企业生产经营中的困难，如融资难、企业负担重等问题。要构建和完善中小企业技术交易平台，推动中小企业创新发展。要消除民营经济发展的制度性障碍，扩大民间资本进入的领域和范围。应完善配套政策，保证民营经济公平地参与市场竞争。在重点产业发展中，要保证民营企业的国民待遇，充分发挥民营骨干企业的作用，与国有龙头企业共同组建优势产业链，形成国有企业和民营企业合作发展的新机制。

（六）要充分发挥政府在工业结构优化升级中的保障作用

在促进四川工业结构优化升级中，政府应充分发挥其保障作用。

在规划工业结构优化升级过程中，视角要广、眼光要长远，政府应以当“保姆”的思路来培育和发展产业，要以发展特色优势产业来保持适度的经济增长速度，要以发展战略性新兴产业来保持经济发展的持续性。所谓政府当“保姆”，有三层意思：一是在西部地区市场发育仍然滞后的条件下，政府在培育市场的同时，还应积极有效地发挥推动经济转型的作用；二是政府对新产业的培育要着眼于未来，不能要求短时间做大做强，而应着力于增强其创新能力、着眼于未来抢占产业链形成的“微笑曲线”的两端；三是政府这个“保姆”的作用在于促使企业将自然资源构成的禀赋优势最终转变为竞争优势。具体来讲，政府在设计当地产业发展蓝图时，应注重避免单纯以资源开采为导向，而要把资源开发同发展高附加值的制造业结合起来，大力发展先进的制造业、高新技术产业和现代服务业，同时把旅游业、生态农业、环保产业等新兴产业作为重要的战略产业和支柱产业，积极推进区域合作，在积极“引进来”（承接产业转移）的同时，大力推动西部企业“走出去”，努力拓展国内、国际市场，实施可持续发展战略。

在公共服务中，政府应着力转变政府职能，深化行政审批制度改革，真正实现政企分开、政资分开、政事分开、政社分开，充分发挥市场机制在资源配置中的基础性作用。应进一步加大基础设施建设，降低工业企业的物流成本，提升工

业企业的市场竞争力。

在政策支持上，政府应加大对特色优势产业和战略性新兴产业的资金支持。[①] 同时，还应通过政府采购等方式支持本地产品拓展市场，对本地具有自主知识产权的技术、产品、设备等实行首购或订购制度，帮助其塑造名牌。

在资源税制改革上，应积极推动制度创新，在资源的开发利用方面，应优化资源产权结构，合理配置资源的所有权、开采权和保护权，使体现于资源上的权、责、利尽可能对应，实现参与式发展。同时，要建立科学民主的决策机制、规范有序的执行机制、公正透明的监督机制，用经济和法律的手段进行与监控资源开采权利的交易，进一步完善资源领域市场经济秩序。

---

① 根据四川省政府办公厅发布的《四川省战略性新兴产业发展专项资金使用和管理办法》，对四川省六大战略性新兴产业实施了专项资金支持政策。支持方式采取贷款贴息、资本金注入和专项补助 3 种方式，原则上贷款贴息 40%，资本金注入 40%，专项补助 20%。项目所在市（州）或县（市、区）对省级财政支持的项目资金按不少于 20% 配套。单个项目的支持金额和方式专门制定细则实施，单个项目支持金额不高于 5 000 万元（含 5 000 万元）。

第五章　产业集群发展与四川工业结构优化升级

《四川省国民经济和社会发展“十二五”规划基本思路》明确提出，“按照集中集约集群发展的要求，加快产业园区发展，努力培育壮大一批省级和国家级开发区。继续实施大企业、大集团发展战略，积极推动企业兼并重组，提高产业集中度，打造一批具有核心竞争力的优势产业集群。”“十二五”期间，在大企业大集团战略、“两个带动工程”战略①和“1525”工程的支持下，工业园区将成为我省工业经济的主要载体，产业集群将成为我省工业结构优化升级的重要平台，从而促进工业经济又好又快发展。本章从发展产业集群的理论及现实意义出发，以我省产业集群发展的现状描述与问题分析为基础，探讨我省加快产业集群发展、促进工业结构优化升级的具体对策。

第一节　四川产业集群发展的现状

产业集群并不是一个具有严格定义的概念，在不同研究背景下，这一概念的运用具有不同的含义。目前理论界对产业集群的概念表述尚未有统一定论，从不同角度来研究产业集群，有不同的概念界定。本章对四川产业集群的研究，着眼于促进工业结构优化升级，重点在于产业集群促进政策的改进。一是一定数量的企业在地理上的集聚，至于集聚原因，可以是硬件条件（如外部规模经济），也可以是软件条件（如制度环境或者社会资本等）②。二是以价值链为基础的专业化分工（Specialisation），不仅仅是同类企业的大量集聚。三是企业、政府、学术科研机构、金融组织和中介组织的多重参与，以及各个参与方之间的动态竞争与协作机制。四是作为具有前面 3 个特征的集群应该具有长期存在的基础和发展前景。五是技术、市场和组织的创新。其驱动力来源于三个方面：第一，新企业的

---

①　在 2008 年 6 月 6 日，《四川省经济委员会关于实施大企业大集团“两个带动工程”的意见》提出。概言之，四川省工业产业集群的基本发展思路是“以大带小，以集团促集群”，即以大企业大集团精干主体、分离辅助、扩张重组、产业（产品）升级、技术扩散为重点，建立以大企业大集团为骨干、大中小企业上下游产业（产品）延伸、关联相配套、成链集聚发展、区域协作专业化分工的新机制。加快提升大企业大集团的带动力，通过大企业大集团的影响力、辐射力，带动中小企业聚集、快速成长，促进产业基地建设成片、成带，推动区域经济形成特色，加快发展。

②　社会资本的来源和形成过程是多样的，就集群而言，社会资本可以被视为：一是一种与物质资本和人力资本相对应的生产要素；二是交易成本的决定因素；三是监督成本的决定因素。

不断涌现和技术多样化；第二，集群内部创新网络的形成；第三，创新与生产、市场的密切联系。六是集群发展风险。风险也是集群在发展过程中必须要注重的问题，主要包括：第一，技术性风险，即专业化分工可能导致技术的不连续性，并进而引致集群的脆弱性；第二，结构性风险，即过度依赖集群内部的协作和本地市场可能导致的“锁定”效应；第三，组织性风险，即集群结构过于稳定可能导致的创造力僵化；第四，网络性风险，即合作可能导致自我封闭、竞争压力减弱和创新能力下降。

一、四川产业集群研究综述

2007年11月，四川省经济委员会与国务院发展研究中心就四川产业集群的发展状况，做了一个专题研究报告《四川产业集群项目研究技术报告》（以下简称报告）。报告由三个部分组成：一是《关于产业集群的基本认识及项目研究方法》，二是《四川省产业集群发展战略研究》，三是《四川产业集群案例研究报告》。这是迄今为止对四川产业集群发展进行研讨的综合性成果。报告以实证方式阐明了四川产业集群发展现状及主要特征、作用、存在的主要问题，分析了四川产业集群发展面临的机遇、挑战、优势及劣势，提出了四川产业集群发展的总体思路、主要任务、保障措施，为四川产业集群发展提供了一个比较完整的框架，为进一步研究解决四川产业集群发展问题提供了基础。

在报告中，并未区分产业集聚和产业集群，而是采用了一个涵盖产业集聚和产业集群两个概念的宽泛集群概念①。报告对四川省产业集群（全部是工业产业集群）进行了指标评价，对集群发展的阶段进行了判断，在此基础上，分析了集群存在的问题和将来的发展思路。一是对集群的基本认识。包括两个方面：第一，集群识别。由于报告所采用集群概念的宽泛性，集群识别并未成为研究的重点，报告只是按照一定的遴选指标②，估计四川现有集群40个左右，并按照数据来源，最终选择了26个企业集聚区作为研究的重点。第二，集群绩效评价。针对四川现有企业集聚的情况进行的绩效评价是报告研究的重点。所采用的主要方法是综合评价法，然后在按照确定的权数（专家打分确定）进行加权综合，最

---

① 即产业集群是指某一特定产业领域中，大量相互关联的企业以及相关支撑机构在地理空间上聚集发展。这一宽泛的集群概念有六个特征：一是产业特点突出；二是经济活动关联性强；三是相关支撑机构较为发达；四是空间集聚明显；五是专业化基础设施较为完善；六是成熟产业集群一般拥有自己的社区资产。

② 遴选指标分为两个层次，首先划分行业，将可能的产业集群分为制造业、软件业、旅游业和物流四种；其次，对各个不同的行业按照不同的标准进行遴选。具体包括：一是制造业，存在企业集聚区；最终产品相同；企业数在30家以上。二是旅游业，核心旅游景区；为景区服务、生产企业数合计在100家以上。三是软件业，存在企业集聚区；企业数在10家以上。四是物流业，存在企业集聚区；相关企业合计在50家以上。数据采用问卷形式获得。其他佐证数据还包括从业人数和经济规模等。总体来看，这一指标实际上仅是一个企业集聚的不完全判断指标。

后得到两类指标的综合得分,① 在此基础上建立平面坐标体系，构建分析矩阵，对集群发展水平进行判断。报告对四川集群发展水平的基本结论是：全面型集群占全部集权的 15%；聚集型集群占全部集群的 8%；潜力型集群占全部集群的 15%；种子型集群占全部集群的 62%。集群总体上已完成了初期的集聚式发展，开始步入集群起步发展阶段，各种集群化发展特征逐步显现。

应该说，报告对四川产业集群发展水平的研究是具有首创价值的；从总体上看，对于四川集群发展的判断是正确的。为了能够有效地促进四川产业集群的发展，使之更有实践性和操作性，在这一报告的基础之上，下一步的研究应注意以下几个方面的问题：一是区分企业集聚和产业集群。从政府的政策角度看，不对企业集聚和产业集群进行区分，也就不能反映出产业集群促进政策与一般产业政策的区别。用于促进产业发展壮大的结构政策、布局政策同样可以适用于企业集聚。二是研究集群识别。集群识别是产业集群促进政策的起点。没有正确的集群及其发展阶段的识别，就很难对症下药，采取恰当的促进政策来加快集群发展。报告中对集群识别采取了一种简化和估计的方式，然后根据数据来源的情况来选择研究对象，这样的研究对象选择存在挂一漏万的可能性。三是多元化评价指标体系的构建。采用无量纲相对指标来衡量四川产业集群发展的绩效水平还有两个问题需要解决，第一，指标的相对封闭性，只有事先被界定为集群的产业组织之间的相对比较，缺乏横向的比较，这样就只是研究对象之间的比较，很难发现存在的问题。在报告中，对四川产业集群发展存在问题的研究，采用的是与沿海发达省份的横向比较，并没有采用无量纲相对指标比较。这本身就说明无量纲相对指标方法存在着封闭性问题。第二，指标选择及其权重分配的合理性问题。从指标设计方面看，集群判别指标一般采用相对指标（如区域集中度、基尼系数等)，而报告中的指标是绝对指标。产业组织的发展是一个相对的问题，用绝对指标无法对产业组织的相对变化进行合理的描述；从权重分配上看，采用专家打分确定的权重本身的合理性在多大程度上可以保证，在报告中并未加以说明。四是充分重视政策的适用层次，重点考虑实施主体的问题。在报告中明确指出要在省级部门中设立联合项目组，以加快集群发展规划的制订和落实相关政策，但并没有对省级以下地方尤其是县级政府的角色和政策进行描述。而产业集群是一个极具地方特色的产业组织形式，地方政府尤其是县级政府在集群发展中所扮演着至关重要的角色。这样的缺失直接影响着促进政策本身的明确性和力度。五是研究集群规划、所提出的集群政策本身的系统性较弱，针对性不强。尤其是没有提出一个针对集群不同发展阶段的政策规划。

此外，杨志远（2010）对四川产业集群促进政策进行了整体研究，探讨了在产业集群发展战略下区域性产业政策工具调整的具体方向，认为应转变传统观

① 两类指标包括产业集群综合规模和产业集群综合品质。第一类指标又包括了企业数量（16，分配的权数，下同）、从业人员（7）、销售收入（16）和企业利润（8）四个具体指标，第二类指标中则包括了品牌与创新（15，专利数量、商标总数、商标层次、区域品牌）、配套协作（18，上下游联系、销售企业、横向联系）、社会化服务（11，中介机构、行业协会）、政策环境（9，政府了解、扶持政策）。

念，将工业集群式发展作为工业经济发展的主要方向、将促进产业集群发展作为产业政策的主要目标，以市场机制为基础性机制、以指导性的产业组织政策为手段，促进工业优势产业的集群式发展。① 丁英（2010）探讨了创新四川产业集群外部环境政策的路径。② 除上述服务于产业战略的政策性研究外，对四川产业集群发展的理论研究不多，就产业集群发展对四川工业结构优化升级带动作用与机制的研究更少。仅见的相关研究一是龙德灿等（2010）对四川产业集群发展战略的研究。③ 二是谯薇（2010）以产业集群与四川产业竞争力提升的内在联系为研究主线，分析四川产业集群发展的总体状况，研究四川产业集群发展的战略思路及实施途径。④ 三是杨明娜、文华（2008）针对西部产业集群发展现状，基于自然区位和竞争优势提出了产业集群与工业园区链接的观点。⑤ 在这些研究中，对于产业集群这种产业组织形式对区域工业结构优化升级的研究也存在与报告中类似的问题。

鉴于以上存在的问题，在报告和相关研究的基础上，本章拟对四川产业集群发展现状进行一个初步的描述与判断，着重于仅从工业园区与工业集中发展、初级生产要素的集聚等方面对四川省产业集群发展阶段特征进行初步的分析。

二、当前四川工业产业园区的发展现状与发展态势

（一）四川产业园区发展现状

（1）工业产业园区总个数保持稳定增长。从 1991 年成立成都高新区至今，我省产业园区从无到有，不断增加。2006 年，我省省级以上产业园区共有 43 个，全省共有各类工业园区 194 个。规划面积最多的为工业集中发展区，经济技术开发区次之，其后为高新技术开发区、农产品加工区、企业园区和其他形式的园区。园区完成基础设施投资总额 151.1 亿元。入园企业投资额达到 1 014.2 亿元，其中工业投资额 804.2 亿元。截至 2010 年 10 月，四川共有通过国家审核设立的开发区 46 个，其中经科技部批准成立的国家级高新技术产业开发区 2 个，经商务部批准成立的经济技术开发区 1 个，经海关总署批准的出口加工区 2 个，经国家发展发展和改革委员会等部门批准的省级开发区 41 个。其中，崇州、什邡、绵竹省级开发区为 2010 年获批的开发区。此外，经过整合，目前我省还有作为产业集中布局和城市功能分区的其他各类产业园区（产业集中发展区）147 个。入园企业 3 万多家，投资额逾 3 000 亿元。按照四川省统计局的统计，在这些园区中，工业集中区个数最多，有 137 个，占 71.7%；其次经济开发区有 25 个，占 13.1%。其他高新技术产业园区、农产品加工区、企业园区和出口加工区分别

① 杨志远. 论四川产业集群政策体系及其优化 [J]. 理论与改革，2010（1）：136-139.
② 丁英. 创新四川产业集群外部环境政策的路径分析 [J]. 理论月刊，2010（7）：74-77.
③ 龙德灿，等. 四川产业集群发展战略研究 [M]. 成都：西南财经大学出版社，2010.
④ 谯薇. 四川产业集群发展研究 [M]. 成都：四川大学出版社，2010.
⑤ 杨明娜，文华. 基于西部产业集群和工业园区链接的研究 [J]. 经济师，2008（10）：182-183.

占4.7%、3.1%、6.3%和0.5%。2008年11月—2010年6月，全省产业园区基础设施投资完成1 030.7亿元，是2006—2008年3年投资总额的1.22倍。2009年，全省产业园区完成基础设施投资621亿元，增长65%。全省入园企业投资额2 748亿元，增长45.6%。全年新增入园10亿元以上产业化项目47个，投资总额884亿元。2008年11月—2010年6月，全省产业园区完成工业投资3 954.4亿元，比2006—2008年3年的总和多440亿元。其中，最为重要的46个开发区多数分布在成都地区以及成绵、成乐、成南、成渝高速走廊沿线，具备良好的区位、交通条件。其中，按照科技部2010年9月公布的最新国家高新区评价结果，四川产业园区的龙头——成都高新区综合排名列全国55个国家高新区（含苏州工业园）中的第四位，其中可持续发展能力仅次于中关村，知识创造与孕育创新能力、产业化与规模经济能力居全国第四位。

（2）园区经济发展迅速。2006年，全省开发区实现生产总值、工业增加值、外贸出口总额分别占当年全省总量的15.2%、24.7%和27%。过去10年，开发区工业增加值、出口总额、财政收入、就业人数年均增长分别达到36%、47%、27%和14%，工业园区产业集中度（园区规模以上工业增加值占全省规模以上工业增加值的比例）达到36.2%，对全省经济发展发挥了重要的辐射和带动作用。经过几年的发展，工业园区经济总量占到了全省的1/5，工业增加值占全省的1/3，工业园区产业集中区达到46.3%。其中，至2008年年底，全省各类产业园区共有规模以上工业企业4 831户，占全省规模以上工业企业总数的40.4%；完成工业增加值2 285亿元，增长44.1%，占全省规模以上工业增加值的46.3%，对全省规模以上工业增长的贡献率达到51.5%。2009年，全省产业园区完成工业增加值3 120亿元，增长26.3%，比全省规模以上工业增速快5.1个百分点，拉动全省规模以上工业增长12.6个百分点。2009年年底，全省产业园区集中度由2008年的46.3%提高到50.5%。“1525工程”成效凸显。2005年，全省“1525”工程培育园区完成工业增加值2 015亿元，增长32%。全省销售收入超100亿元的园区达20个，其中500亿元以上园区1个，300亿~500亿元园区3个。[①] 营业收入500亿元以上园区1个，300亿~500亿元园区3个，200亿~300亿元园区7个，100亿~200亿元园区9个。此外，还有营业收入50亿~100亿元的产业园区15个。成都高新技术开发区、成都经济技术开发区分别实现营业收入614.9亿元、403.4亿元，分别完成工业增加值249亿元、146.4亿元。全省7个“500亿元培育园区”中有6个园区营业收入超过200亿元，成都海峡两岸科技产业园区、五粮液工业集中发展区跨上了300亿元台阶，为提前实现500亿元目标打下了坚实基础。

（3）产业园区在承接东部产业转移、统筹城乡发展方面发挥了重要作用。德阳重大技术装备、绵阳数字家电、攀枝花钒钛、成都汽车、资阳车城、达州天然气化工、夹江瓷都、遂宁食品、眉山铝硅、泸州白酒、南充丝纺服装等特色产

---

① 胡敏，李秋怡. 2009年四川产业园区建设发展解读［N］. 四川日报，2010-07-29.

业园区已颇具规模。世界 500 强企业有 154 家落户四川，这在中西部名列第一，这些项目绝大多数都落户在四川各个产业园区。四川的产业园区成为承接世界产业转移优质项目的优良载体。2008 年，通过大力招商引资，我省产业园区吸纳的省外与外商直接投资额分别为 506.9 亿元和 116.9 亿元，分别增长 103.1%和 59.4%；通过要素的集中集约利用，工业化与城镇化联动发展，带动工业就业人员快速增加（见图 5-1）。2008 年，园区就业人员达到 226.7 万人，其中，工业从业人员为 122.3 万人，占全省工业从业人员的 19.66%，当年新增工业从业人数 16.1 万人。

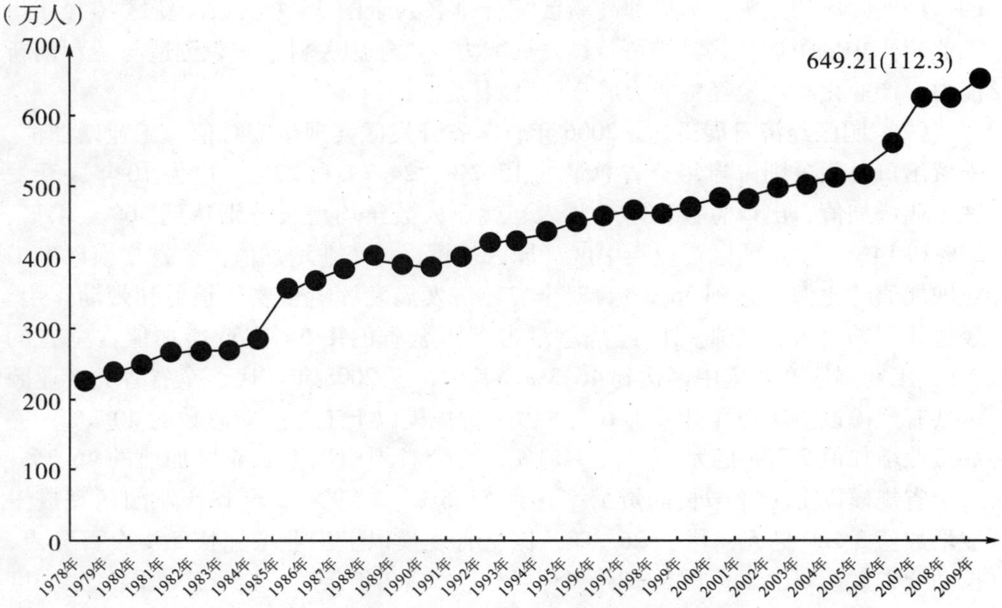

图 5-1　1978—2009 年四川省工业就业人员增加情况

（二）四川产业园区发展规划

随着新一轮西部大开发战略的实施，我省的工业园区又将迎来一个大发展时期。我省已提出，按照“一园一主业、园区有特色”的要求，明确各类产业园区的主导产业定位，将产业园区作为推动工业化、城镇化、农业产业化联动发展、提升自主创新能力的重要载体，按照因地制宜、关联、成链、集聚、集群、合作的原则，努力把产业园区建设成“7+3”产业发展的重要基地，支撑城市群、特色产业经济带形成更大的要素集合力和带动发展能力。

在具体的发展目标上，至 2012 年以前，省级以上开发区增加到 52 个，其中新争取国家级开发区 1 个；全省各类产业园区工业增加值达到 3 900 亿元。占全省规模以上工业增加值的比重达到 60%；通过实施“1525”工程，力争全省建成年销售收入超过 1 000 亿元的产业园区 1 个、超过 500 亿元的产业园区 5 个、超过 100 亿元的产业园区 25 个。每个市建好 2 个以上的重点产业园区，有条件的县至少建好一个产业园区，力争在全省形成 15 个主导产业增加值比重超过

70%的成长型产业园区。

从区域布局上看，《四川省工业“7+3”产业发展规划》（2008—2020年）对10个重点发展产业的布局有详尽的描述，见表5-1。在产业园区方面提出，到2010年，全省各类产业园区工业增加值达到2 700亿元以上；到2012年，力争全省各类产业园区工业增加值达到3 900亿元，建设形成销售收入超过1 000亿元产业园区1个、销售收入超过500亿元产业园区5个、销售收入超过100亿元产业园区25个；到2015年，力争全省各类产业园区工业增加值达到6 700亿元；到2020年，力争全省各类产业园区工业增加值占全省规模以上工业增加值的比重达到65%以上。

表5-1　　四川省重点产业发展规划

序号	主导产业	重点发展园区及产业带
1	电子信息	成都高新技术开发区集成电路产业园、软件及服务外包产业园；绵阳高新技术开发区、绵阳经济开发区数字家电产业园；成—绵—乐—广—遂电子信息产业带。
2	装备制造	德阳经济开发区发电设备产业园；资阳机车产业园；广汉经济开发区石油机械装备产业园；成—德—资—自—宜—泸装备制造产业带。
3	能源电力	“三江”水电能源基地。
4	油气化工	成都彭州石化产业园；遂宁大英县工业集中发展区石化产业园；达州天然气能源化工产业区。
5	钒钛钢铁	攀枝花钒钛产业园（集群）。
6	饮料食品	五粮液食品工业园；剑南春工业集中区；泸州酒业集中区。
7	航空航天	成都民用飞机产业园；成都航空机载设备产业园。
8	现代中药	成都高新区。
9	汽车制造	成都经济技术开发区汽车产业基地；资阳南骏汽车工业园；绵阳汽车产业园；德阳汽车产业园。
10	新材料	乐山高新技术开发区硅材料产业园；眉山铝硅产业集中区；成都新津工业集中区新能源新材料产业园；双流工业集中区光伏光电产业园。

三、四川产业集群现状与政策

（一）四川产业集群现状

在“十一五”期间，四川已提出了本省的产业集群发展战略及目标。在《实施工业强省，奋力推进四川新跨越》中，明确将“着力发展大企业和产业集群，在打造工业发展龙头上实现大突破”作为发展战略提出；[1] 在《中共四川省

① 四川经济委员会. 四川工业年鉴（2007）[Z]. 四川出版集团、四川科学技术出版社，2007：6-7.

委、四川省人民政府关于实施工业强省战略的决定》中也明确提出“积极推进优势产业集聚发展”，“坚持以产业（产品）链的延伸为主线，以工业集中区（工业园区）为载体，形成特色鲜明、竞争力强的产业集群”的发展战略；[①] 并在《四川省经济委员会关于四川“工业强省”战略的目标定位》中提出了“百亿元集群（园区）工程”，“2010 年，重点产业集群或工业集中区（工业园区）年销售收入 50 亿~100 亿元的达到 30 个，超过 200 亿元的达到 20 个”的战略发展目标；[②] 在 2007 年 12 月四川省委第九届第四次全会上，四川省提出了建设“四大基地”的工业发展战略，全省工业集群式发展的战略目标更为明确。

对于我省的产业集群的辨识和认定，唯一的研究文献是 2007 年的四川经济委员会的《四川产业集群项目研究技术报告》。该报告认为当年四川具备产业集群特征的园区共有 40 个，其中德阳重大技术装备产业集群、绵阳数字家电产业集群、成都软件产业集群、成都集成电路产业集群、成都家具产业集群、成都生物医药产业、成都鞋业产业集群、夹江陶瓷产业集群等 26 个特色产业集群为当地经济发展发挥了重要作用。与此同时，广汉钻机、遂宁肉食品、成南高速公路纺织服装产业带、泸州白酒、攀枝花钒钛产业等产业集群也在加速发展。

在政策文件中，产业集群的认定标准较为随意。主要包括两个层面：一是大型的产业集群。例如，《四川省现代加工制造基地建设规划》（2009—2012 年）中指出，目前我省现代加工制造业中，德阳发电设备和冶金化工成套设备、广汉石油钻采设备、自贡锅炉和数控机床、资阳机车、眉山车辆、成都汽车、泸州工程机械等产业集群已初步形成，显著增强了市场竞争能力。二是中小企业集群。按照《四川年鉴》（2009 卷）的数据，2008 年，全省有乡镇企业园区 182 个，园区内实有企业 1.67 万个，从业人员 56.57 万人，总产值 1 968.50 亿元。全省小企业创业基地 132 个。中小企业产业集群 175 个，有企业 9 708 户，集群总就业人数 87.45 万人，销售收入 3 095 亿元，利润总额 170.9 亿元。包括三种类型：一是围绕生产相同或相似产品的企业集聚所形成的产业集群。基于生产相同或者相似的产品而聚集起来的的产业集群共 111 个。2008 年年底，销售收入 1 938.5 亿元。其中最具有代表性的是成都的制鞋、家具产业集群和乐山的陶瓷产业集群。二是围绕大企业大集团配套服务形成的产业集群。主要分布在攀枝花、泸州、德阳、绵阳、资阳五地，以机械冶金、能源类产品配套生产为主要方向，2008 年共实现销售收入 312.7 亿元。以德阳装备制造产业集群最具有代表性。三是围绕产业链延伸发展形成的产业集群。我省围绕产业链上下游延伸发展形成的 36 个产业集群主要分布在化工、零配件、新材料等领域，2008 年销售收入完成 547.6 亿元。这一统计数据背后的集群辨识指标显然不同于前述的大型产业集群。按照四川省中小企业局《关于公布 2009 年中小企业产业集群分级培育名单的通知》的文件精神，“工业企业销售总收入超过 1 亿元、工业企业数 10 户以

① 四川经济委员会. 四川工业年鉴（2007）[Z]. 四川出版集团、四川科学技术出版社，2007：28.

② 四川经济委员会. 四川工业年鉴（2007）》[Z]. 四川出版集团、四川科学技术出版社，2007：33.

上”均可称为集群。按照分级培育的原则，产业集群销售收入1亿~10亿元的，由县级主管部门负责培育，培育目标为10亿元；10亿~30亿元的，由各市（州）主管部门培育，培育目标为30亿元；30亿~50亿元的，由省级主管单位重点培育，培育目标为50亿元。由此可见，当前的产业集群是以规模为主要指标来衡量和分级培育的。

（二）四川产业集群发展规划

在我省“十二五”规划基本思路中明确提出，提高产业集中度，打造一批具有核心竞争力的优势产业集群。在发展规划方面，按照《四川省科技创新产业化基地建设规划》（2008—2012年）和《四川省现代加工制造基地建设规划》（2009—2012年）的内容，至2012年，我省重点培育的产业集群主要包括以下内容（在此不对省级以下主观部门负责的集群进行描述）。

（1）电子信息。打造软件和信息服务、集成电路、数字视听、网络与通信、军工电子、新型平板显示器等关键元器件、太阳能光伏产品、电子装备八大产业集群。

（2）装备制造。形成主营业务收入超过500亿元的产业集群2个（发电设备、汽车产业），主营业务收入超过200亿元的产业集群2个（工程机械、石油钻采设备），主营业务收入超过100亿元的产业集群3个（机车车辆、数控设备、环保装备）。

（3）民用航空航天。积极对接国家大型飞机专项，推动和形成航空产业链和产业集群。

（4）生物医药。形成创新中药、生物技术药物与疫苗、生物高能饲料、新型高效兽用疫苗及兽药、生物农药等产业集群。

（5）新材料。培育形成钒钛新材料、特种高分子新材料、稀土新材料和超硬材料等产业链和产业集群。

（6）核技术和新能源。培育形成具有领先优势的核电重大装备和非动力核技术、硅材料、风力装备、太阳能发电等产业集群。

第二节　四川省产业集群发展存在问题分析

由于当前产业集群在政策和统计等方面的多层次性，使得直接对产业集群进行研究以反映总体情况较为困难。例如，我们如果仅仅关注省级部门主管的产业集群，而忽视了各个市州和县负责培育的集群，不足以反映全省的情况，反之也是这样。所以，对我省产业集群的研究，我们从更为根本的要素集聚入手，来分析当前产业集群发展的要素条件，锁定存在问题，并进一步判断产业集群发展的可能性以及对工业结构优化升级的可能影响。

一、我省产业集群发展的总量分析

要形成对四川省产业集群发展阶段的判断，需要从宏观上对四川产业集中发展的局面做一个整体判断。其目的有二：一是判明四川省产业集群发展的基础；二是根据集群发展所需要的基础条件，对产业集群发展的可能区域和发展态势进行判断。在此，采用集群识别的地点系数法（Location Quotient，LQ），如下式：

$$LQ=\left|\frac{e_i/\sum_{i=1}^{n}e_i}{E_i/\sum_{i=1}^{n}E_i}\right|$$

该系数表示整个区域某一指标中 i 产业所占份额与整个国家该指标中 i 产业所占份额之比的绝对值。其中，e_i 为某区域产业 i 的指标值，E_i 为整个国家产业 i 的指标值。若该系数大于 1，表明 i 产业在该区域呈现相对集中，同时，LQ 的大小表明 i 产业是否为重要的出口商和财富创造者。例如，若 LQ 大于 1，则说明该产业特定指标水平高于全国平均水平。从这一事实出发，在劳动生产率不变的情况下，可以合理地判断本地该产业存在一定的集中。一般可以计算一系列相关指标的 LQ 系数。集群识别的地点系数法对于判断区域自生性集群以及产业的区域集中度有着积极的意义，但对于由产业转移等外在因素引致的集群发展缺乏判断力。因此，使用这一方法来评估区域产业集中程度以及集群发展的可能性是有一定价值的。

本报告将在两个层面上运用 LQ 系数。一是在 2006 年与 2009 年的比较上，运用的目的在于判断四川产业集群发展的可能行业；二是在省内各个地市层面进行比较，目的在于描述各个地市产业发展的现状。这样做的目的在于，判明产业集群促进政策在省和地市两个层面上各自的作用目标，并比较其一致性。

在第一个层面上，我们运用 2006 年和 2009 年的数据，以全国各行业企业数量、工业总产值、总资产、利税总额以及就业人数为基准，以国家统计年鉴所采用的统一行业划分标准为依据，对四川各行业的 LQ 系数进行计算，见表 5-2。

表 5-2　　2006 年四川省工业各行业的 LQ 系数①

行业	企业单位数（个）	工业总产值	资产总计	利税总额	本年应交增值税	从业人数
煤炭开采和洗选业	2.97	1.21	0.55	0.85	0.90	1.61
石油和天然气开采业	2.69	1.25	1.71	0.20	0.42	3.01
黑色金属矿采选业	0.75	1.18	0.92	1.92	1.10	1.04
有色金属矿采选业	1.30	1.04	1.09	1.84	1.60	1.19
非金属矿采选业	1.24	1.43	1.72	1.50	1.67	1.83

① 国家统计局. 中国统计年鉴（2007）［M］. 北京：中国统计出版社，2007.

表5-2(续)

行业	企业单位数(个)	工业总产值	资产总计	利税总额	本年应交增值税	从业人数
其他采矿业	4.20	0.84	1.02	2.18	0.00	3.94
农副食品加工业	1.59	1.83	1.00	1.06	1.12	1.38
食品制造业	1.47	1.07	0.72	0.65	0.50	1.03
饮料制造业	2.42	4.80	4.16	7.92	5.13	3.15
烟草制品业	1.50	1.15	0.80	0.70	0.95	1.18
纺织业	0.48	0.60	0.39	0.43	0.42	0.65
纺织服装、鞋、帽制造业	0.11	0.15	0.10	0.12	0.07	0.11
皮革、毛皮、羽毛(绒)及其制品业	0.79	0.87	0.56	0.45	0.47	0.42
木材加工及木、竹、藤、棕、草制品业	0.55	0.63	0.62	0.37	0.45	0.44
家具制造业	0.79	1.04	0.57	0.75	0.72	0.71
造纸及纸制品业	1.07	0.83	0.61	0.37	0.78	1.04
印刷业和记录媒介的复制业	1.06	1.23	1.05	1.47	1.18	0.86
文教体育用品制造业	0.07	0.03	0.03	0.02	0.03	0.02
石油加工、炼焦及核燃料加工业	1.07	0.30	0.33	0.92	0.54	0.65
化学原料及化学制品制造业	1.14	1.20	1.14	1.52	1.19	1.58
医药制造业	1.92	1.74	1.39	1.47	1.34	1.6
化学纤维制造业	0.43	0.65	0.75	2.01	0.72	0.86
橡胶制品业	0.55	0.62	0.39	0.74	1.15	0.61
塑料制品业	0.63	0.66	0.65	0.58	0.55	0.52
非金属矿物制品业	1.46	1.38	1.13	1.08	1.26	1.57
黑色金属冶炼及压延加工业	1.67	1.27	1.12	0.59	1.11	1.9
有色金属冶炼及压延加工业	1.11	1.04	0.89	1.27	0.92	0.98
金属制品业	0.55	0.55	0.49	0.59	0.47	0.49
通用设备制造业	0.84	1.38	1.33	1.69	1.82	0.89
专用设备制造业	0.85	1.13	1.19	1.53	1.18	0.95
交通运输设备制造业	1.05	0.96	0.88	0.86	0.65	1.14
电气机械及器材制造业	0.61	0.67	0.70	0.98	0.53	0.44

表5-2(续)

行业	企业单位数（个）	工业总产值	资产总计	利税总额	本年应交增值税	从业人数
通信设备、计算机及其他电子设备制造业	0.79	0.47	0.75	0.43	0.74	0.63
仪器仪表及文化、办公用机械制造业	0.49	0.34	0.38	0.46	0.21	0.22
工艺品及其他制造业	0.23	0.26	0.44	0.20	0.22	0.29
废弃资源和废旧材料回收加工业	0.44	0.21	0.15	0.28	0.28	0.34
电力、热力的生产和供应业	2.14	1.21	1.33	1.38	1.26	1.54
燃气生产和供应业	6.19	2.73	1.75	8.78	1.57	2.47
水的生产和供应业	1.61	1.44	0.92	2.46	1.00	1.06

为方便比较，进一步说明问题，我们将同样的方法运用于2009年的相关数据，得到表5-3。

表5-3　　2009年四川省工业各行业LQ系数

行业	企业单位数（个）	工业总产值	资产总计	利税总额	本年应交增值税	从业人数
煤炭开采和洗选业	3.7	1.41	0.6	0.88	0.92	1.7
石油和天然气开采业	1.52	1.69	1.9	0.22	1.7	2.5
黑色金属矿采选业	1	1.52	1.73	0.96	1.52	1.37
有色金属矿采选业	1.57	1.15	1.48	1.05	2.25	1.68
非金属矿采选业	1.36	2.12	2.08	2.4	2.32	2.14
其他采矿业	4.85	3.12	4.83	4.17	4.52	2.93
农副食品加工业	1.45	1.67	1.08	1.47	2.06	1.44
食品制造业	1.55	1.06	0.82	0.73	0.9	1.21
饮料制造业	2.76	4.12	3.86	5.55	4.03	3.24
烟草制品业	1.86	1.33	0.75	0.93	0.84	1.53
纺织业	0.43	0.65	0.42	0.72	0.66	0.63
纺织服装、鞋、帽制造业	0.16	0.28	0.15	0.17	0.17	0.19
皮革、毛皮、羽毛（绒）及其制品业	0.96	1.25	0.83	0.64	0.59	0.61
木材加工及木、竹、藤、棕、草制品业	0.71	0.74	0.75	0.67	0.62	0.64
家具制造业	1	1.42	0.89	0.99	1.05	1.14

表5-3(续)

行业	企业单位数(个)	工业总产值	资产总计	利税总额	本年应交增值税	从业人数
造纸及纸制品业	1.14	0.99	0.6	0.76	0.82	1.17
印刷业和记录媒介的复制业	0.99	1.16	0.93	1.4	1.16	0.85
文教体育用品制造业	0.07	0.05	0.02	0.04	0	0.02
石油加工、炼焦及核燃料加工业	1.16	0.4	0.44	0.6	0.35	0.7
化学原料及化学制品制造业	1.09	1.02	1.11	1.06	0.85	1.38
医药制造业	1.83	1.61	1.21	1.3	1.38	1.54
化学纤维制造业	0.37	0.57	0.54	0.45	0.6	0.91
橡胶制品业	0.53	0.54	0.41	0.42	0.62	0.73
塑料制品业	0.71	0.97	0.77	1.24	0.98	0.64
非金属矿物制品业	1.5	1.47	1.31	1.57	1.36	1.62
黑色金属冶炼及压延加工业	1.42	0.98	0.84	0.84	0.97	1.63
有色金属冶炼及压延加工业	0.88	0.69	0.61	0.43	0.41	0.73
金属制品业	0.68	0.87	0.71	0.74	0.79	0.63
通用设备制造业	0.85	1.27	1.45	1.03	0.89	0.9
专用设备制造业	0.88	1.17	1.29	1.35	1.19	1
交通运输设备制造业	0.88	0.72	0.64	0.65	0.61	0.93
电气机械及器材制造业	0.58	0.59	0.57	0.51	0.51	0.45
通信设备、计算机及其他电子设备制造业	0.65	0.66	0.93	0.93	0.94	0.58
仪器仪表及文化、办公用机械制造业	0.56	0.46	0.51	0.54	0.57	0.32
工艺品及其他制造业	0.26	0.26	0.33	0.31	0.23	0.26
废弃资源和废旧材料回收加工业	0.76	0.37	0.18	0.65	0.46	0.37
电力、热力的生产和供应业	2.11	0.96	1.39	1.47	1.2	1.37
燃气生产和供应业	5.29	1.92	1.21	2.58	2.28	2.6
水的生产和供应业	1.48	1.35	1.01	6.77	0.99	1.01

对于产业发展区域集中和产业集群发展趋势的判断可以分为以下三个步骤：其一，一般地，若所选取的LQ特征值大部分（4个以上）大于1，基本可以判

断这一行业具有一定的区域集中度。其二，按照采矿业、制造业和电力、热力、燃气、水生产供应业三个大类的划分，依据各自不同的产业特点，对通过 LQ 系数分析得到的结果进行筛选。一般地，尽管采矿业和电力、人力、燃气、水生产供应也可能呈现出相当的区域集中，但这些行业由于对企业规模和资源的特殊限制，很难形成集群式发展的模式，应该予以剔除。其三，就从业人数 LQ 和企业数 LQ 之间的关系而言，若从业人数 LQ 大于企业 LQ，不考虑劳动生产率的影响，可以说明该行业内的企业规模较大，反之，则较小。一般来说，行业内企业规模较大并不利于产业集群的形成，除非这一行业中存在具有绝对领先地位的龙头产业；而较小的企业规模则意味着较多的企业存在于某一特定行业中，在这些行业中，集群相对容易出现。因此，在集群发展初期，可以通过从业人数 LQ 和企业 LQ 两者的比较来初步判断产业集群形成的可能性，即若从业人数 LQ 小于企业 LQ，则存在集群发展的一般条件（若均小于 1，说明企业规模和从业人员的比例均低于全国水平，也可入选）。

从表 5-2 可以看出，按照 2006 年的数据，四川有 17 个行业的 LQ 系数呈现显著状态（见表 5-4），其中最为突出的是饮料制造业。通过行业大类划分和筛选，将采矿业和电力、人力、燃气、水的生产和供应业剔除，实际表现出区域集中态势的行业有农副产品加工业等 9 个。在这 9 个行业中，通过比较企业数 LQ 系数和从业人员 LQ 系数，发现在农副产品加工业、印刷业和记录媒介的复制、医药制造业、通用设备制造业和专用设备制造业均存在集群发展的一般条件。至于饮料制造业的从业人员 LQ 系数大于企业数 LQ 系数的情况，考虑到饮料制造业本身并不存在对中小企业的资金和规模限制，说明四川在饮料制造业很可能存在发展较为成熟的集群，所以企业规模相对较大。

表 5-4　　2006 年、2009 年的 LQ 系数比较结果

序号	2006 年	2009 年
1	石油和天然气开采业	石油和天然气开采业
2	黑色金属矿采选业	黑色金属矿采选业
3	有色金属矿采选业	有色金属矿采选业
4	非金属矿采选业	非金属矿采选业
5	其他采矿业	其他采矿业
6	农副食品加工业	农副食品加工业
7	饮料制造业	饮料制造业
8	印刷业和记录媒介的复制业	家具制造业
9	化学原料及化学制品制造业	化学原料及化学制品制造业
10	医药制造业	医药制造业
11	非金属矿物制品业	非金属矿物制品业

表5-4(续)

序号	2006年	2009年
12	黑色金属冶炼及压延加工业	专用设备制造业
13	通用设备制造业	电力、热力的生产和供应业
14	专用设备制造业	燃气生产和供应业
15	电力、热力的生产和供应业	水的生产和供应业
16	燃气生产和供应业	
17	水的生产和供应业	

与2006年相比，2009年最为突出的依然是饮料制造业。一个显著的特征就是各个行业的企业规模显著加大，且表现出了较强的吸纳劳动力的能力，如食品制造业。一些在2006年就表现出显著集群特征的行业，如饮料制造业，一方面规模继续扩大（规模以上企业户数LQ），另一方面其他相关指标的显著性均不如2006年，特别是利润和从业人员。这充分说明这一行业有资本密集化趋势，且面临较强的区域间竞争。就业人员增加与企业户数增加的相关性较强。在表现出集群特征显著性的行业中（饮料制造业除外），就业的增加是普遍的情况。利润普遍微升，这说明行业经济运行状况略好于2006年。但只有14个行业利润指标有显著性，排除特殊行业，在集群可能存在的行业中，只有7个行业利润指标有显著性（2006年是9个）。见表5-4和图5-2、图5-3、图5-4。

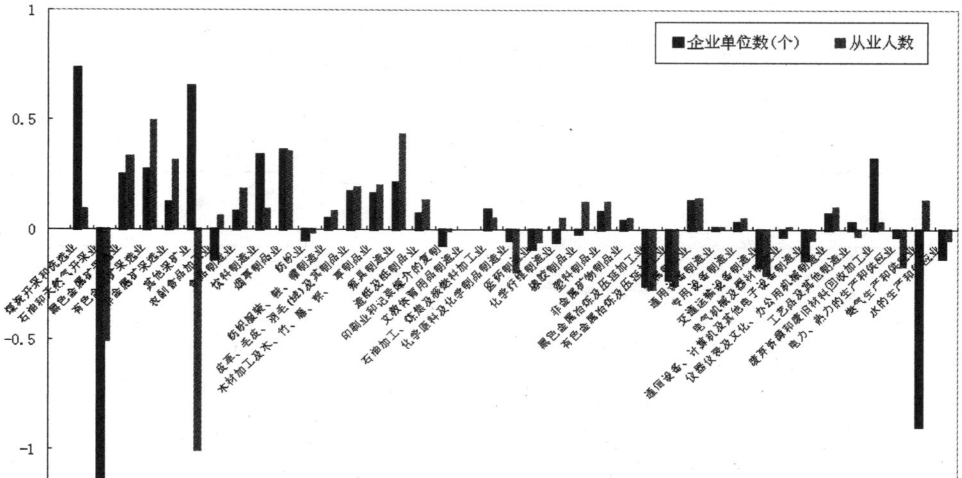

图5-2　2006年与2009年各行业企业户数与从业人员LQ的差值比较

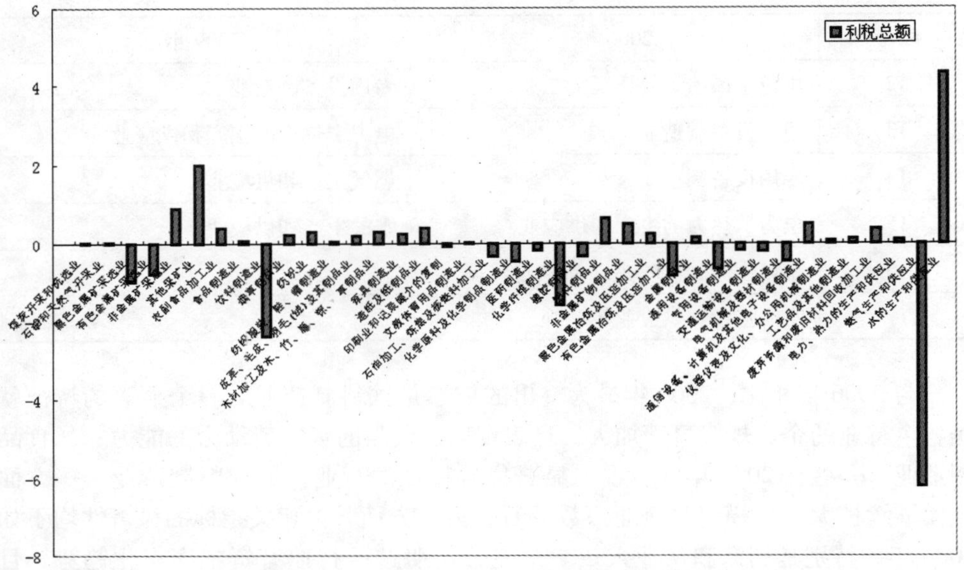

图 5-3　2006 年、2009 年我省工业产业利润 LQ 的差值分析

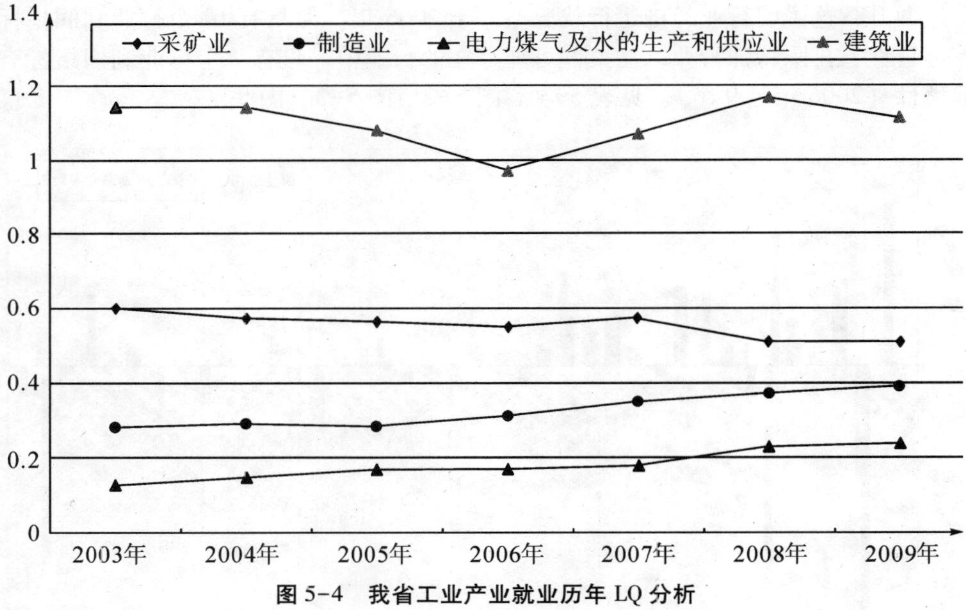

图 5-4　我省工业产业就业历年 LQ 分析

从我省工业产业各年的就业情况看，除建筑业外，其他均没有表现出相对于全国的显著性，而且呈现缓慢上升状态，而相应的农业指标则在全国水平的 12 倍以上。这说明尽管目前我省是工业主导，但相对而言，我们因工业经济发展带来的就业并未超过全国平均水平，大量的就业人口依然在农业中，有待于被转移出来。

上述分析简要地说明了下述中间结论：①在一个三年的时间段内能够保持相

关指标的持续稳定显著性，说明这些行业存在相对优势，且有集群化的发展态势。其可能的含义是，我省的产业集聚基础已经形成，集群正处于内部网络平台构建、资源整合的关键时期。②行业吸纳就业能力相对于我省庞大的农村剩余劳动力而言，还是太弱；在众多集群和产业链条支撑下的制造业的就业上升缓慢。其可能的含义是，现有集群资本密集型特征明显，对于工业结构的优化升级有着积极的作用。③行业盈利能力普遍不强，除去特殊的资源性行业外，制造业盈利能力不强。可以基本判断：①在一些特定的制造业行业中，产业集群已初步形成。②集群的根植性还有待于进一步加强。③集群的整体竞争能力提高是当前急需解决的问题。

二、我省产业集群发展存在的现实问题

在以上的总量分析之后，就需要结合当前我省工业园区和产业集群发展的现状，针对工业结构优化升级，对产业集群发展存在的现实问题进行分析。在市场机制的作用下，集群现象是工业结构优化升级的结果。产业集群趋势越明显，说明产业发展的带动效应越好，而工业结构优化升级正是带动效应能够发挥作用的重要原因。反过来，产业中大量企业是中小企业的情况下，通过有意识的集群化，可以在现有企业形态的基础之上，对产业结构优化升级起到积极的推动作用。从这一角度看，当前我省的产业集群发展还存在以下三个方面的问题：

（一）集群发展程度低，缺乏整体竞争力

按照当前的发展战略与思路，我省集群发展的路径有二：一是大企业发展带动集群发展，二是中小企业集群的形成与自我演进。以 2007 年和 2009 年两年的数据进行比较（见表 5-5），可以发现，在大企业大集团做大做强战略的支持下，我省的大型企业占比略微有所提高（从 87 户增加到 113 户，增加 26 户），中型企业增加 349 户，小型企业增加 2 183 户。同时，尽管绝对量上升，但大企业在总产值、资产、主营业务收入、利润和从业人员几个指标上均出现了不同程度的占比下降。与之相对的是中小企业的相应占比上升，特别是小企业。这说明在这三年的发展中，我省大中小企业的内部结构已经出现了新的变化趋势：就是在一个规模迅速扩大的工业产业体系中，中小企业扮演了越来越重要的角色。大企业发展快，但中小企业发展更快。因此，以集群发展来提升中小企业作为一个整体的竞争能力的提升，应当成为未来发展政策关注的重点。

表 5-5　2007 年、2009 年四川大中小企业（规模以上）指标（占比）变化情况

占比（%）	企业户数	总产值	资产	主营业务收入	利润总额	从业人员
2007 年						
大型企业	0.81	30.54	38.00	33.09	34.66	24.10

表5-5(续)

占比（%）	企业户数	总产值	资产	主营业务收入	利润总额	从业人员
中型企业	10.65	29.12	29.12	29.12	29.12	29.12
小型企业	88.53	40.33	40.33	40.33	40.33	40.33
2009 年						
大型企业	0.85	24.34	36.20	26.58	19.62	22.95
中型企业	11.23	31.84	31.84	31.84	31.84	31.84
小型企业	87.92	43.81	43.81	43.81	43.81	43.81

2009 年四川省中小企业产业集群分级培育要实现 150 个以上集群的任务，政府按照分级培育制定了具体的名单，其中产值 10 亿元集群 93 个，产值 30 亿元集群 56 个，产值 50 亿元集群 15 个（见表 5-6、图 5-5、图 5-6）。如果全部任务实现，相当于2009 年之后整个中小企业集群产值将增加 3 360 亿元以上。主要分布在成都、德阳、眉山、资阳、泸州等地。

表 5-6　2009 年四川省中小企业集群分级培育任务集群地区分布情况

	产值 10 亿~30 亿元集群（个）	产值 30 亿~50 亿元集群（个）	产值超过 50 亿元集群（个）	各市州集群合计（个）
成都市	12	15	5	32
自贡市		1	1	2
攀枝花市	7	2		9
泸州市	6	3	1	10
德阳市	14	5	4	23
绵阳市	2	2		4
广元市	4	1	1	6
遂宁市		2		2
内江市	1	1	1	3
乐山市	3	4		7
南充市	5	4		9
眉山市	11	6		17
宜宾市	5	1		6
广安市	5	3		8
达州市				0
雅安市	13	1		14
巴中市				0

表5-6(续)

	产值10亿~30亿元集群（个）	产值30亿~50亿元集群（个）	产值超过50亿元集群（个）	各市州集群合计（个）
资阳市	4	5	2	11
阿坝藏族羌族自治州				0
甘孜藏族自治州	1			1
凉山彝族自治州				0
合计	93	56	15	164

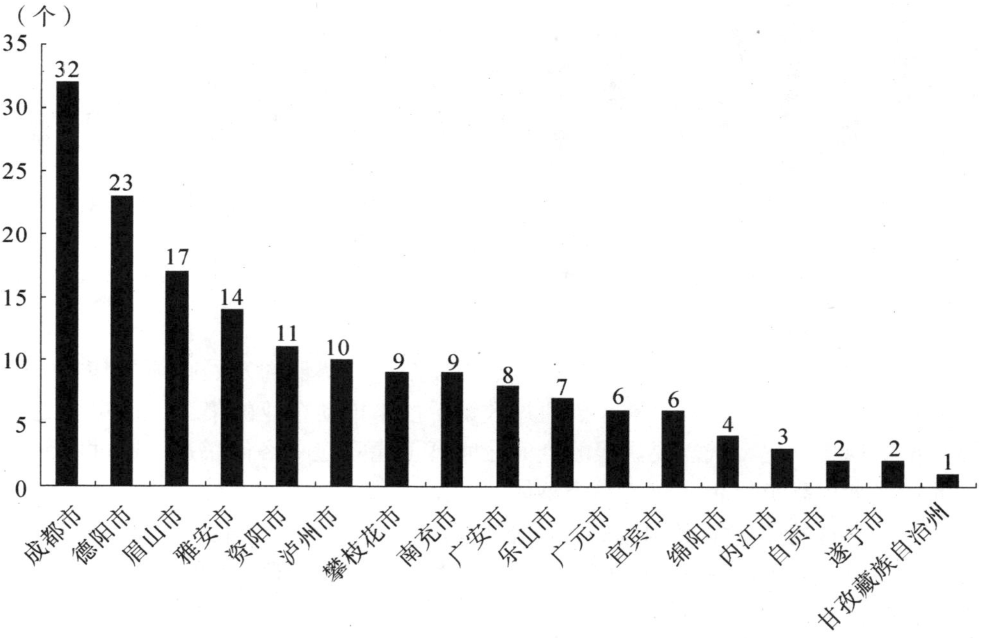

图5-5 2009年我省分级培育集群的区域布局（数量）

从当前的情况来看，以中小企业为核心的集群发展还处于初级阶段。一是这一类集群大多位于县级以下行政区域内，跨区域集群较少，除部分交通条件较好的地区外，多数发展所依托的产业园区不具备优异的条件。二是引进企业质量不高。我省相当部分的产业集群（产业区）主要依托当地自然资源，产业进入壁垒不高且对企业的规模、技术、劳动力素质要求也较低，所形成的产业集群规模偏小、产品技术含量低、创新能力弱、市场替代性强、竞争力薄弱。三是在分级培育的政策下，每个县、甚至每个镇均有自己的重点集群，都有做大做强的要求和任务。处于对规模评价指标的重视，不排除地方政府搞“企业扎堆”，将原有企业集中在一起，形成集群假象。另外，强烈的竞争态势既有可能形成产业的迅速扩张，也会形成较强的产业扩张的行政阻力。这在客观上也使得集群在市场调节下的自我发展受到限制。

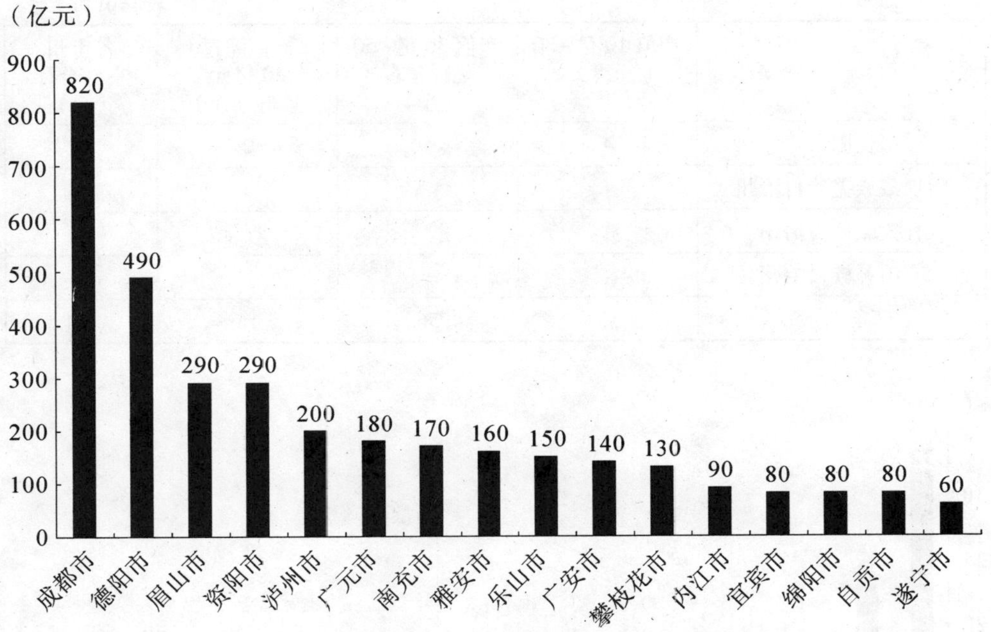

图 5-6　2009 年我省分级培育集群的区域布局（产值）

（二）集群功能完整性缺乏，自我发展能力较差

作为一种市场规律作用下的产业组织自发演进，集群的发展必须是基于内生动力的发展。尽管在集群早期可以通过政策手段来推动企业的集聚，但集聚之后要真正实现集群化，就需要集聚的企业之间真正建立起网络化联系，通过内部联系的加强来提高集聚企业作为一个整体的竞争能力。

由于我省的产业集群刚刚跨过企业集聚的初期阶段，正在集群化的关键时期。大多数在县级以下地区培育的集群，尽管被称之为集群，但实际上不具备集群的基本特征。企业数量少，在同一产业园区内的企业大多是新引进不久的企业，企业之间的相互联系还不紧密。集群缺乏完整的功能性，产业集中度不够，产业链延伸不足，集群很大程度上表现为企业群居状态，企业之间沟通联系、配套协作程度不够，合作意识差，增加了对现有资源整合的难度。同时，集群所依托的产业园区多数缺乏恰当的市场化经营主体，无法有效地提供专业化的基础设施、教育培训、信息咨询、贸易展销等，从而阻碍集群的壮大和进一步发展。越是缺乏龙头企业的集群，这样的情况越严重。

首先是产业链不完整，“完整产业链的上、下游产业部门都没有布局在区内，而且产业附加价值（资金附加价值、吸纳劳动能力强、集聚技术）高的产业部门都没有在区内。换言之，在产业链上高附加价值部分基本在区外”。[①] 其次是产业价值体系不完整。集中表现在产品品牌缺乏方面。2005 年，全省拥有企业

① 四川省产业链存在的问题包括：一是产业链短，断链多，关联弱；二是产业链多链并行，耦合度低，重点不明确；三是产业链区内循环，关键环在区外，区际交流少，区域特色不明显，产业效益差。

52.7 万家，规模以上企业 5 448 家，而省级以上名牌产品生产企业仅有 433 家，仅占全省规模以上企业的 7.9%，品牌企业在企业总数中所占比例甚少，数量明显不足。全省共有中国名牌产品 17 个、国家驰名商标 16 个、国家免检产品 71 个，而同期广东的中国名牌产品达 165 个、国家驰名商标 46 个、国家免检产品 109 个，差距实在悬殊。品牌区域市场特征明显。在 17 个中国名牌产品中，市场销售范围局限于省内市场的约占 75%；国内市场占有率在 5%以上的产品仅有 4 个，其他产品的国内市场占有率均在 5%以下。仅有长虹、五粮液和丝丽雅 3 个商务部重点支持的出口品牌。目前，四川省集群品牌的打造上处于初级阶段，没有真正具有市场影响力的集群品牌。

（三）集群要素培育乏力，可持续性较差

当前在政策文件中出现的集群，很多并无确定的认定标准。一般而言，只要同类企业在一定的地理空间中达到一定的数量，就认为有发展集群的可能性。甚至认为集群就已经存在了。集群本身是产业组织顺应市场变化而形成的一种状态。这一状态最终是否会出现，取决于市场竞争，而不是取决于在政策上如何认定和扶持。政策扶持的作用在于为集群的发展创造基础条件，这其中最为重要的就是公共投资与公共服务。集群发展所需要的要素及其升级是集群发展所依赖的重要基础条件。而这恰好是政策可以发挥作用和影响的领域。

在我省的政策实践中，当前政策的主要着力点在于工业园区的建设与招商引资。对于集群要素培育关注度不够。重视企业的进入，而对于企业在本地落脚生根的要素支撑条件有很大程度的忽视。如劳动力的培训问题等。之所以如此，与政策对集群认识的摇摆不定有很大关系。以某县级市近两年来对本地产业集群发展所设定的目标来看，一个人口为 80 万、农村人口接近 55 万的地区，在最近两年先后设定了 6 个集群发展目标（见表 5-7）。在多目标的影响下，政策对于集群要素培育的作用点是非常不明确的，更不可能具体到某一集群的要素培育上。而正如波特所说的那样，没有要素的升级，就不会有集群的升级和持续发展。这是当前我省产业集群发展面临的最大问题。

表 5-7　　2009 年、2010 年某县产业集群培育目标

序号	名称	主要领域
1	纺织产业集群	纺织服装
2	机械产业集群	阀门、汽配、数控机床
3	医药产业集群	中成药制品
4	家具产业集群	卧房家私、办公家具
5	建材产业集群	水泥、制砖、预制构件
6	食品产业集群	蔬菜加工、酒类

三、我省产业集群发展存在问题的原因分析

之所以存在以上三个方面的问题，主要是由以下三个方面的原因引起的：其一，观念与政策方面。对集群发展的内在规律认识不足，着重产业规模和结构的产业政策在客观上扭曲了集群发生、发展的市场环境；其二，外部环境建设方面。区域创新能力不足，市场秩序亟待进一步规范；其三，内部环境建设方面，集群信息化进程滞后、集群治理缺失。

（一）观念与政策

观念上，由于对集群认识不深，对集群产生、发展市场化规律认识不足，不把握集群应当具备的基本特征，不理解集群的出现是工业结构优化升级的结果，总想以某种超常的手段来突破市场的限制，实现集群的发展。而实际上，一是当经济优势被市场发现时，一般具备优势的地区和产业将迎来一个快速的发展周期。当经济优势明显、工业经济规模扩张、产业结构升级、产业链条延伸、市场的波动幅度较小、产业内部大中小企业同时存在时，就会在一定的产业内部形成集群形成的产业条件。二是如果没有地理空间中的产业链条的相互接近、相关企业之间的毗邻、与市场的接近，即使具备了产业条件，也不可能出现集群。三是即使具备上述两个方面的条件，但企业全体与当地社会和经济生活结合非常不紧密，根植性差，也不是真正意义上的集群。换言之，集群作为工业经济机构优化升级的结果，出现在较为发达的地区和产业中的可能性与可行性都比落后地区和衰退产业中大得多。以此观点看待四川当前的集群发展，真正有希望的，依然是我省原有的优势产业和优势地区。如果不能认识到这一点，整齐划一地推动集群培育工作，政策的效果就不会好。

政策方面，对于集群的认识过于简化。仅仅通过规模指标就认定集群，这实际上依然停留在集群发展初期的产业政策水平。一是即使无法获得更好的评价集群发展的指标，也不宜制定一个过低的产业集群辨识标准。当前“企业户均不低于1亿元、集群合计10亿元”的标准制定过低，无法体现集群的特殊特征。且对其进行分类处置，更加深了集群之间因处于不同的区域内所造成的矛盾与冲突。二是不尊重市场规律，强制性推动企业集聚，并不可能获得集群的结果。三是政策的作用点在集群进入形成关键时期后应加以调整，必须更多地关注在市场规律作用下企业群体竞争力的培育上，而不是放在某些企业、甚至是应该由市场来决定的产业链条的培育上。四是集群是一个产业组织因产业结构优化升级而变化的问题。之所以有集群政策，就在于产业组织的变化在一定程度上是可以调节的。但集群政策有效性的前提是尊重基本的市场规律。在这一点上，目前还有相当的差距。

（二）外部环境建设

集群发展的外部环境包括要素条件、产业发展基础和社会资本三个构成要件，可以分为“硬件”与“软件”两个部分。“硬件”是指作为工业产业发展所

必需的要素、交通运输服务、专业化基础设施等；“软件”是指工业产业发展所依赖的市场、技术创新环境、制度前提与产业氛围。

硬件方面条件的改善，取决于两大基础：一是城镇化的发展，二是工业园区的成熟。当前四川城镇化和工业化存在较为突出的脱节现象。一方面，工业重工业化，吸纳劳动力资源较弱，难以对依附于工业而兴起的城镇提供足够的带动力；同时，依靠项目带动的工业化，如果没有一个完整的城镇体系对项目引致的需求加以分解和吸收，其对区域经济整体的影响，也只能是暂时的。另一方面，城镇发展滞后，应该由城镇保障的生产要素集聚条件还不完全具备，难以成为工业经济发展的腹地。由此导致的结果是，工业经济和集群发展所需要的初级要素配置结构不合理，外来要素（如资金）集聚于项目，而本地要素集中于城镇和乡村（如劳动力，一部分集中在本省工业欠发达的中小城镇，另外很大一部分常年在外省流动务工，工业对劳动力吸纳的容量有限），两者难以实现高效率的组合。要发展四川省的工业产业集群，就必须解决工业化和城镇化脱节的问题，在市场机制下形成城镇化和工业化的相互推动机制，改善要素集聚结构，实现生产要素的集聚和可持续利用。

软件方面条件的改善，取决于产业发展模式和市场发育程度。一是当前的产业发展模式是一种生产要素导向式增长。目前四川省的优势产业中，不是资源型产业（如优势资源产业）就是劳动密集型产业（如农产品加工业），这些产业发展的基础是优良的生产要素条件，如水电、天然气、矿产品等天然资源或者是廉价的劳动力和良好的农业生产环境，这两类产业的增长建设明显快于四川省确定的其他优势产业。二是技术模仿和引进是实现产业技术进步的主要手段，价格竞争是产品打入市场的主要武器。生产要素导向的产业在自身价值体系上有缺陷，主要的价值创造能力集中在生产环节上，通过技术模仿和引进快速提高产业技术水平，依靠规模经济和优势资源降低生产成本，由此形成产品价格优势参与市场竞争，没有营销环节、销售网络的建设。三是本地市场需求有限，产品外销程度较高，对沿海地区市场和国际生产的依赖较大，产业与市场的主要联系渠道没掌握在本地企业手中。由于城镇化发展较为滞后，本地消费市场容量不大；由沿海和国际市场需求引致的本地制造业的发展也天然对省外市场依赖。

这两个方面的制约因素存在，使得我省产业集群发展的外部环境并不尽如人意。无论是建立于工业化与城镇化联动基础之上的硬件环境，还是依托于产业发展模式和市场需求调整的软件环境，都有进一步改善的空间。

（三）内部环境建设

内部环境包括集群内部协同机制和内部网络化创新机制。在市场竞争和专业化分工两种力量的作用下，企业群形成内部协同机制，是企业集聚向产业集群转变的关键环节，而集群内部网络化创新机制的形成，则是集群走向成熟的标志。

内部竞争环境不良、竞争不足仍然是集群内部环境建设需要解决的主要问题。在以优势资源为主要依据形成的集群中（如四川省的食品、饮料），由于资源优势明显，目前产品特异化特征明显，且面对市场主要是正在快速扩张的国内市场，即使国际市场开发不够，引进企业一般都能在优势资源和市场需求的支持下实现快速扩张。市场竞争的压力不大，企业往往依靠优势资源来占领新兴市场。在以市场需求为主要动力形成的集群中（如四川省的鞋业集群），成本优势和国际市场的强劲需求是推动其快速扩张的主要原因，集群内部竞争也不明显，企业缺乏品牌，价格与质量是其产品为市场所接纳的主要原因。集群所表现出来的市场竞争优势的基础并不牢固，一旦集群形成所依靠的主要动力失去，集群发展立即就会陷入困境中，如国外食品标准的提高对四川省食品产业的影响，尤其是近年国际市场汇率变动（人民币升值、美元贬值）以及全球经济衰退国际市场需求萎缩对四川鞋业集群发展影响特别明显。

集群内部专业化分工处在发展的初期。从中小企业集群和以大企业为核心的集群各自的情况来看，存在着不同的问题。中小企业集群面对的主要是市场竞争不足的问题。企业还大量聚集在同一生产环节上，独自面对市场，承担风险。贴牌生产是普遍现象，企业仅仅是生产车间，价值链不完整，企业自有的市场联系渠道不稳定，集群商业模式的培育还处于制度引入阶段。以大企业为核心构造的产业集群主要面对的是企业主体对集群化发展认识不足、激励不够的问题。省内大企业经营体制的市场化转变还有待于进一步发展，企业对于规模效应的重视大于对经营效率的重视。中小企业实力较弱，大多不具备承接大企业生产外包的能力。

第三节　加快产业集群发展促进四川工业结构优化升级

当前我省产业集群发展中存在的问题，从本质上讲是工业经济优化升级引致的产业组织演变，其存在的问题是发展过程中的问题，其问题的解决也在于发展本身。一方面，应当创造条件，加快产业集群发展，以现代的产业组织形式来适应工业经济的优化升级；另一方面，必须遵循发展的市场规律，关注工业经济优化升级所处阶段对产业集群发展的约束，切实推进集群发展。要发挥这两个方面的作用，在产业政策层面、在集群外部环境和内部环境培育等方面必须有调整与应对。

一、加大政策支持力度，促进集中集约集群发展

产业集群的发展不仅对于中小企业群体提高整体竞争力至关重要，而且对于大企业的发展、大企业带动地方经济的发展有着重要的作用。因此，工业产业政策层面，应考虑提高集群战略的重要性。

(1) 尽快制订全省的产业集群发展规划。目前尽管在工业经济发展目标上已确定了产业集群目标，但在具体的实施中，还缺乏针对集群的发展规划。在各

地的实践中，只有成都制订了较为完善、系统的规划。在目标的发展战略中，只有集群目标，不见集群标准的描述；集群作为产业组织的一种重要形态，在作为发展手段加以描述时，与集中、集约并列，成为评价工业经济发展质量和方式的三个指标之一。在工业企业集中发展已成规模、发展壮大四川省产业集群的关键时期，有必要制订四川省产业集群发展的专项规划，在发展的路径、目标、环境、驱动力和措施等方面对集群发展进行勾勒。规划的主要内容包括：①明确、单一的集群识别标准。在规模上，应以50亿元产值、100户企业为最低标准来识别集群；同时，必须确定其他相应的指标，如集群内部商业化网络技术平台的构建、集群治理等。②通过产业集聚分析，明确四川省产业集群发展的主要区域和重点产业。③产业集群发展金融支持。④产业集群发展技术创新体系培育。⑤产业集群的发展路径等。

（2）在政策方面，必须明确集群政策的作用点。即用政策集聚企业，靠市场培育集群。四川省集群促进政策，必须要以市场机制建设为直接作用目标，重视通过市场准入、推出条件的规范、市场竞争机制的培育和维护来促进集群的发展。原因有二：其一，四川工业经济发展的制度瓶颈在于要素市场机制不健全。工业经济的集群式发展如果不在要素市场改革的基础之上展开，就不可能有可持续发展的前提条件。其二，集群政策如果继续原来产业政策的思路，以企业作为政策的直接目标，将很难做到对集群内企业的一视同仁。以市场为作用目标的集群政策不仅可以更好地体现政府的产业指导意见，而且可以在政府和企业的关系上，相互信任，形成良性的监督与被监督关系：政府鼓励符合产业发展规划的企业发展，并为此提出了一定的产业标准；企业则通过自身调整，以满足政府提出的产业标准为前提进入市场。

（3）政策必须注重阶段性和针对性。四川省的工业经济正处于集中向集群转变的关键时期，政府政策的作用，一是在于通过立法的形式确立集群的地位，发布政策指引，并设立相关的机构对集群进行管理；二是在于通过政策倾斜和积极的招商引资，强化投资促进机制，优化利益分配机制，吸引企业集聚，为集群的形成创造条件；三是在于运用多种机制，促进工业集中发展区的基础设施建设；四是培育市场。在条件许可的情况下，采用政府采购的方式为集群的发展创造需求。这些政策措施主要针对现阶段企业集聚。随着集群发展阶段的变化，集群政策应有相应的调整，这是集群政策所必须要加以注意的又一个重要原则。

二、积极改善集群外部环境

根据四川省经济社会发展的基础和现状，外部环境的改变要更多地依靠政府的力量。政府政策的调整、资源的投入和制度的修正，是四川省工业整体由生产要素导向向投资导向转变、并最终升级到创新导向的主要力量，也是四川省工业产业组织向集群转变的关键因素。以下三个方面是当前改善和发展集群外部环境必须要考虑的内容：

（1）调整初级要素集聚结构，加快高级要素培育。从市场竞争的实质上看，在面对市场情况类似的情况下，谁能够在市场竞争中最终胜出，绝对不会取决于竞争的手段，而是各个省份工业产业的实力。而区域经济产业实力的形成则主要依靠生产要素的合理配置。这里面既包括土地、资金和劳动力在内的初级要素，也包括技术、组织、信息、制度等高级资源。初级要素谁都有，但要素的分布情况各有不同，而要素分布结构与产业发展的相互协调程度，正是决定区域工业产业发展的关键性因素。只有要素配置效率提高了，工业产业的发展才能健康、持续的发展，区域工业经济在市场竞争中才有可能占据优势；只有要素的区域集聚结构合理了，工业产业集群才能作为区域经济体系演进的必然产物自然衍生出来，而不是单纯招商引资所形成的“嵌入式”经济聚落。在初级要素方面，改变引进要素与本地要素相互脱节的状况，在提高园区土地利用效率的基础上，实现引进资金和本地劳动力资源的有效结合。既要重视引资的产业方向和产业规模选择，又要重视主动调整园区土地资源和劳动力资源的分布情况，以积极的姿态来改变四川省工业经济中存在的初级要素集聚结构不合理的情况。在高级要素方面，主动实践产业发展的新模式，积极探索产业新型组织形式，加快包括技术、组织、信息等高级要素的培育，为产业集群的形成和升级创造条件。

（2）以市场需求为指向，提高技术创新与产业组织演进的协调程度，建立区域技术创新体系与产业组织（包括集群）之间的协调机制。在现阶段，就是要完善技术研发和市场之间联系的机制。随着产业集群的升级，区域技术创新体系最终要成为四川省工业产业集群自主创新的主要策动源。要坚持工业的集群式发展思路，就应该着重培育区域创新体系和集群商业模式的对接。一方面，积极探索四川省集群发展的成熟商业模式，为技术发展提供方向指南和资金支持；另一方面，整合四川省技术资源，构建市场化的技术交易平台，产、学、研结合，激励企业积极开展技术创新。利用四川省较为丰富的技术资源，为工业集群的发展提供技术支撑，塑造技术核心，是在市场衰退情况下实现四川省工业经济集群式发展的不二选择。

（3）加快制度建设，完善公共服务。以政策内容的完善和作用对象的明确来实现集群发展所要求的制度环境的改善，为集群社会资本的积累创造条件。这一制度环境包括以下几个部分：①提供公共产品，在特定的企业集聚区域，提供专业化公共产品；②提供公共服务，在市场中介机构尚且弱小的情况下，为集群发展提供专业化市场服务，如技术、信息等；③市场基本制度建设及市场监管，鼓励企业差异化发展，并在差异化发展的基础上促进企业的竞合，加快企业集聚向集群的转变过程；④与产业发展相关的市场中介机构的培育，包括集群营销平台、技术交流平台以及集群治理机构等。通过公共服务的完善，为集群社会资本的积累创造必要的制度基础。集群所依托的社会资本主要有以下三个重要组成部分：第一，市场自由度。按照发达国家的市场经济标准，对于市场自由度的评价包括五大标准：①政府对经济的管理和调控是否符合市场经济的规范，主要考察政府与生产要素的控制程度、对区域经济运行的规制权限、对经济组织的管理能力等内容。②企业的经营自主权是否得到落实。③生产要素定价是否实现市场化。④贸易环境与条件是否完善。⑤金融体系市场化程度。第二，区域竞争力。主要包括以下内容：①区域经济实力；②区域社会、经济开放程度；③政府管理；④金融体系；⑤基础设施和环境；⑥企业管理；⑦技术研发能力；⑧国民素质等。第三，区域产业风险评价及防范机制。由市场而不是政府来实现对产业发展的全方位保障，降低政府对经济的干预程度，完善市场机制。主要包括以下内容：①市场风险的预警与防范机制；②技术研发风险评价与分散机制；③宏观经济波动风险与规避措施；④金融风险的评价与防范机制等。较高的市场自由度、较强的区域竞争力和较为完善的产业风险评价及防范机制是集群社会资本的必要条件。与这些条件相比，四川省的经济社会发展现状还有一定的距离。因此，四川省集群外部环境促进政策就是要围绕集群社会资本的积累这一目标，采取系统的政策措施，通过市场体制建设来提高经济自由度；通过经济、社会的协调发展来提高区域竞争力；通过区域风险防范机制的构建来稳定发展环境。实现“有能力引进、有条件集聚、有实力发展”的建设目标，不仅为当前的企业集聚创造良好的环境条件，而且要为将来集群的本地化和成熟夯实基础。

三、加快推进集群内部环境建设

集群内部环境的完善可以从以下三个方面来加以考察：①集群内部竞争活跃；②集群内部专业化分工持续出现；③集群内部网络化创新体系形成。在市场竞争和专业化分工两种力量的作用下，企业群形成内部协同机制，是企业集聚向产业集群转变的关键环节，而集群内部网络化创新机制的形成，则是集群走向成熟的标志。要加强内部环境建设，可以从以下几个方面入手：

（1）顺应市场变化趋势，以竞争促合作。在技术水平、要素条件保持一定的情况下，企业的集聚往往是市场需求作用的结果。在旺盛的需求作用下，生产要素在一定的空间内大量集聚并以企业的形式形成生产能力。如四川省成都市的武侯女鞋工业园区，就是在国际市场需求影响下形成的企业群。在产品生产的各个环节上都集聚了大量的企业，这是集群的雏形。在这一企业群落中，企业之间为争夺订单而展开的竞争，成为企业群体完成由初级集聚向集群转变过程的基本动力；同时，企业群落的主体是众多的中小企业，一家企业难以在产品价值链上所有的环节都做到成本最低，这也就决定了在企业之间就需求展开竞争的同时，企业之间也存在着相互依存的关系。这两个方面的力量决定了集群内部企业之间是一种合作博弈的关系。集群内部协同促进政策，首先必须抓住这两种基本力量，通过改善集群内部竞争和合作的环境和条件，来推进企业集聚向产业集群的转变。必须扩大企业集聚规模，鼓励内部竞争。突破行政区划，整合企业资源。成都在统筹城乡的实践中，在这方面已有成功的经验。但由于四川省工业企业资源有限，仅在县这一级推动企业集聚的整合，应该说力度还是不够的。在产业规划上，不必过于强调“一县一品”，而是要站在全省产业发展的战略高度上，考虑产业集群的布局问题。可以考虑以地区为基本单位，以产业布局为依据，通过政策引导，促进本地区同类企业集聚区企业资源的整合，以扩大企业集聚区规模。

（2）以竞争促合作，以合作创集群。①在加快企业集聚的过程中，按照集群价值体系的要求，稳定集群内部企业组织结构。②构建合格的集群治理结构，塑造具有合法授权的内部竞争管理机构，界定竞争行为并对违规企业实施处罚；③构建合作平台，加快资源共享。可以采用的政策手段主要包括：①政府通过集群标准的制定和政策的倾斜，对符合标准的集群企业组织结构进行规范。②加快企业集聚区管理机构向集群治理机构的转变；成立集群内部竞争管理委员会，探索共同治理机制，规范内部竞争。③针对不同类型的集群，研究危害集群存续的竞争行为，并制定相应的触发条件和处罚措施。④以信息技术为支持，以包括技术、人力资源和资金等关键性要素为主要内容，构建集群内部合作平台。

（3）提升集群要素容纳能力，完善集群价值体系。建立集群高级要素培育机制，提高要素的容纳能力，是现阶段集群内部协同促进政策着力推进的关键点。政策的作用目标包括：①通过政策倾斜，引导要素向集群集中。②针对四川省集群存在大量微型企业的特点，落实中小企业发展政策，建立中小企业支持、促进系统，完善企业价值链，提升集群内企业要素容纳能力。③促进集群内企业之间的横向联系，在原材料供给、技术研发、产品品牌、生产设备、融资、人力资源培训等各个方面，实现合作共享。可以采用的政策措施包括：①一般性措施，包括土地供给、房地产开发以及基础设施建设，通过政策引导和政府投入，加快初级要素向集群的集聚。②特殊措施，包括成立企业发展基金和中小企业发展基地，鼓励中小企业集群发展，同时在政策导向和金融支持方面，创新投入机制，鼓励集群的发展。③加快集群公共服务平台建设，为集群提供有效的交易平台、法律服务平台和金融服务平台，鼓励企业通过集群内部公共服务平台展开自身的经营活动。④由政府主导，多方投入和参与，构建集群内部专业化职业技术培训中心，加强对劳动力的培训，提高其生产经营技能。

（4）围绕提升价值创造能力，提高集群内部协同程度。中小企业的价值创造能力往往侧重于价值链的一个或几个环节，如资源性企业依靠资源创造价值，生产型企业依靠生产创造价值，服务型企业依靠服务创造价值。单个企业缺乏在整个价值创造环节上均衡发展的能力。大企业可以通过纵向整合，在整个价值链上发展出较为均衡的价值创造能力，但与纵向整合同时形成的企业管理机构的膨胀和管理效率的下降，又会降低企业的价值创造能力。与单个企业相比较，集群的竞争优势在于因集群内部协同而形成的生产经营效率的提高和因专业化分工形成的强大价值创造能力。中小企业依托集群价值体系获得发展所必需的资源、技术和服务条件，而大企业则通过集群化解管理成本高企的难题。集群作为一个载体，只要内部运行机制合理有效，就能促进各类企业共同发展。概括而言，要提升集群的价值创造能力，可以采用以下政策措施：①严格企业集聚区进入标准，突出集群主导产业链招商；②利用政府宣传平台，打造集群品牌，以品牌聚企业；③加大集群内的信息化建设；④培育集群治理机构。

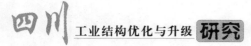

第六章　工业企业发展与四川工业结构优化升级

从较长的经济发展过程看，经济的总量增长与产业结构变动是紧密联系和互为因果的。可以说，经济发展就是总量与结构都不断变动演化和作用的结果。由于原有部分产业已经成熟，这些产业会遇到市场饱和与技术进步潜力日趋枯竭的限制，其增长速度会逐渐下降，而被技术进步快的产业和在新技术基础上建立的新兴产业所替代。近年来，在“工业强省”战略的引领下，四川工业经济发展比较迅速，但工业经济结构调整比较缓慢。在工业结构调整中存在的主要困难是行业技术含量仍然较低，规模经济企业成长较慢，区位优势尚未充分发挥。

第一节　四川工业企业的现状及存在问题分析

一、四川工业企业的现状及工业结构演变特征

（一）四川工业企业发展现状

1. 企业数量

1978 年四川全省工业企业总数仅有 3.2 万家，工业增加值只有 59.4 亿元。1984 年工业增加值突破百亿元大关，1996 年又跃上 1 000 亿元台阶；2005 年全省工业企业已有 31.2 万家，工业增加值达到 2 512.6 亿元；2006 年，企业集团年末资产总额已超过 5 000 亿元，户均资产达到 29.3 亿元，其中，年末资产超过 100 亿元的企业集团从 2005 年的 6 家增加到 11 家；2009 年全省规模以上工业企业达到 13 111 户，规模以上企业工业总产值达到 6 183 亿元，实现增加值 1 650.9亿元。见表 6-1。

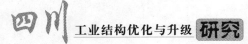

表 6-1　2000 年、2005 年、2007 年、2009 年四川国有及非国有规模以上工业企业户数及产值变化情况

		2000 年		2005 年		2007 年		2009 年	
		户数（户）	产值（亿元）	户数（户）	产值（亿元）	户数（户）	产值（亿元）	户数（户）	产值（亿元）
内资企业	国有企业	1 290	594.56	534	1 089.50	388	1 501.72	408	2 174.11
	集体企业	660	153.97	322	119.72	324	147.63	253	145.88
	股份合作企业	238	63.64	200	82.62	208	132.17	163	211.98
	联营企业	54	11.49	20	11.07	33	24.01	18	27.82
	私营企业	868	195.34	3 893	1 475.48	5 672	3 117.72	7 774	6 418.10
	股份有限公司	342	319.43	494	799.24	555	1 150.64	634	1 858.06
	其他企业	1	0.36	57	20.11	63	36.88	74	75.80
	合计			7 474	5 690.03	10 133	10 104.20	12 654	16 609.10
港、澳、台商投资企业		121	55.94	157	120.19	189	244.12	206	430.47
外商投资企业		128	111.14	328	367.81	387	698.72	407	1 068.08
合计		4 394	2 076.96	7 959	6 178.03	10 709	11 047.04	613	1 498.55

2. 企业规模

自 2002 年以来，四川销售收入超过亿元工业企业呈逐年加速增加的态势，2002 年比 2001 年增加 60 户，2003 年比 2002 年增加 108 户，2004 年比 2003 年增加 189 户。2007 年全部国有及非国有规模以上企业 10 709 户，产值 11 047.04 亿元，资产总计 11 690.21 亿元。其中：大型企业 87 户，产值（当年价）33 374.06亿元，中型企业 1 141 户，产值（当年价）3 217.31 亿元，资产总计 4 442.06亿元。2009 年全部国有及非国有规模以上工业企业达到 13 111 户，盈亏相抵后实现净利润 908.8 亿元，较上年增长 33.7%；工业增加值能耗为 2.273 吨标准煤/万元，同比降低 8.25%。

2009 年销售收入超过 500 亿元的企业一家［攀枝花钢铁（集团）公司］；300 亿~500 亿元的 5 家（新希望集团有限公司、成都铁路局、中国东方电气集团有限公司、四川长虹电子集团有限公司、四川省宜宾五粮液集团有限公司）；100 亿~300 亿元的 13 家［中国石油天然气股份有限公司西南油气田分公司、中国石油集团川庆钻探工程有限公司、中铁二局股份有限公司、通威集团有限公司、四川宏达（集团）有限公司、四川华西集团有限公司、四川省川威集团有限公司、成都建筑工程集团总公司、中国电信股份有限公司四川分公司、中铁八局集团有限公司、四川一汽丰田汽车有限公司、四川省投资集团有限责任公司、成都飞机工业（集团）有限责任公司］，至此四川省 100 亿元的大企业、大集团已增至19个；50亿~100亿元的14家［四川化工控股（集团）有限责任公司、四川省达州钢铁集团有限责任公司等］；10亿~50亿元的46家（四川高金食品股份有限公司、中冶实久建设有限公司）；5~10亿元的18家［四川久大制盐有限责任公司、四川怡和企业（集团）有限责任公司等］。

亿元工业企业的猛增表明近几年四川应对国家宏观调控，扩大招商引资，做大工业企业取得了实质性成效，也标志着四川工业进入工业化加速推进的新阶段。2009年四川销售收入在5亿元以上的工业企业主要呈现以下特点：

（1）从结构看，企业呈金字塔型分布。销售收入在5亿~50亿元的企业64户，占5亿元以上企业总数的67.01%。销售收入超过100亿元的企业19户，占19.59%。销售收入在50亿~100亿元的14户，占13.40%。

（2）从地域分布看，主要集中在成都、乐山、德阳等市。

总体而言，四川工业企业的规模不断壮大、效益和运行质量不断提高。规模以上企业及企业集团的发展呈现出比较好的势头。主要体现在以下几点：一是对外投资力度加大，出口销售增势强劲。以2006年为例，全省177户企业集团中，有出口业务的企业集团达61户。其中，出口销售额在5亿~10亿元的有2家，10亿~20亿元的有3家，20亿元以上的有4家。二是从业人员数量平稳增加，劳动报酬大幅增长。从就业人员增长速度来看，以第三产业为主营业务的企业集团从业人员增长较快。四川企业集团人均劳动报酬增长最快的三个行业依次为以采矿业为主营业务的企业集团，以制造业为主营业务的企业集团和以建筑业为主营业务的企业集团，增幅分别都在13%以上。三是企业创新意识增强。这不仅体现在研发投入加大、研发人员待遇提高上，而且体现在企业的创新平台建设已见成效上。截至2006年年底，四川已有94家企业集团建立了技术中心，其中，85家企业集团技术中心的设施、经费和人员情况能够完全满足或基本满足企业集团的需要，占已成立技术中心企业集团的90.4%。在创新平台的支撑下，四川规模以上企业获得国内专利申请及国外专利申请的数量大幅增加，而且其中近70%已在生产中加以应用。四是现代企业制度建设继续推进。绝大多数规模以上企业及企业集团治理结构渐趋完善。五是绝大多数规模以上企业及企业集团更加注重科学管理，相关制度更加完善。六是大企业集团已主导四川经济关键领域。在四川省委、省政府确定的五大工业支柱产业中，基本上都是以大企业集团为领头羊。电子信息产业领域的长虹、九州电器、国腾实业等；机械冶金产业领域的攀钢、东方电气、二重等；饮料制造产业领域的五粮液、剑南春、全兴等“六朵金花”、华润蓝剑，农副食品产业领域的新希望、通威等；医药化工产业领域的地奥、化工控股、泸天化、宏达等；水电产业领域的水利电力产业集团、二滩等。这些企业在各自产业领域中，其经济总量、市场份额、科技实力等方面均占据着重要的地位。

3. 产业结构

(1) 企业行业分布

目前，四川规模以上工业企业分布于39个大类、200多个主要工业行业，形成从研究、设计、试制到生产、经营的一整套完整体系。2007年存量资产在200亿~500亿元的有煤炭开采和洗选业、有色金属冶炼及压延加工业、农副食品加工业、电气机械及器材制造业和医药制造业；存量资产规模在500亿元以上的有非金属矿物制品业、专用设备制造业、交通运输设备制造业、油和天然气开采业、通用设备制造业、饮料制造业、其他电子设备制造业、电力、化学原料及化学制品制造业、黑色金属冶炼及压延加工业、热力的生产和供应业。工业利润主要集中在交通运输设备制造业、非金属矿物制品业、有色金属冶炼及压延加工业、其他电子设备制造业、通用设备制造业、黑色金属冶炼及压延加工业、化学原料及化学制品制造业、电力、热力的生产和供应业、饮料制造业。这几大行业企业利润占全部工业利润的61.72%。

2009年增长速度较快的行业按增速从高到低的顺序排列依次是：电气机械及器材制造业增长30.1%，通信设备、计算机及其他电子设备制造业增长27.6%，煤炭开采和洗选业增长27.1%，化学原料及化学制品制造业增长26.5%，黑色金属冶炼及压延加工业增长23.9%，通用设备制造业增长21.5%，电力热力的生产和供应业增长19%。交通运输设备制造业增长18.6%，专用设备制造业增长17.8%，

在纳入统计的87种重点产品中，有77种产品生产增长，支农产品、食品和日用轻纺产品生产增势良好。其中，发电量增长25.9%，铁合金产量增长31.4%，成品钢材增长14.6%，水泥增长46.3%，布增长27.9%，纱增长30.1%，化学农药增长55.1%、食用植物油增长68.8%，白酒增长40.7%，家用电冰箱增长46.9%。

从平均产值接近或超过亿元的企业行业分布情况来看，企业产值规模排序前十位的行业分别是石油和天然气开采业，烟草制品业，化学纤维制造业，黑色金属冶炼及压延加工业，电力、热力的生产和供应业，石油加工、炼焦及核燃料加工业，通信设备、计算机及其他电子设备制造业，有色金属冶炼及压延加工业，饮料制造业，交通运输设备制造业。见表6-2。

表6-2　2008年四川省平均产值接近或超过亿元的国有及规模以上非国有工业企业的行业分布

平均产值过亿元的国有及规模以上非国有企业的行业分布	企业数（家）	总产值（亿元）	企业平均产值（亿元/家）
石油和天然气开采业	16	292.56	18.29
烟草制品业	6	71.57	11.92
化学纤维制造业	21	67.93	3.23
黑色金属冶炼及压延加工业	354	1 047.99	2.96

表6-2(续)

平均产值过亿元的国有 及规模以上非国有企业的行业分布	企业数 (家)	总产值 (亿元)	企业平均产值 (亿元/家)
电力、热力的生产和供应业	376	884.05	2.35
石油加工、炼焦及核燃料加工业	78	171.81	2.20
通信设备、计算机及其他电子设备制造业	276	596.29	2.16
有色金属冶炼及压延加工业	224	481.78	2.15
饮料制造业	368	623.24	1.69
交通运输设备制造业	430	623.30	1.45
电气机械及器材制造业	366	429.47	1.17
农副食品加工业	886	879.72	0.99
化学原料及化学制品制造业	819	812.81	0.99
专用设备制造业	382	364.40	0.95
医药制造业	341	315.25	0.92

近年来，四川通过产业结构调整，使冶金、机械、化工、建材、医药、纺织、食品等传统产业得到改造，产品得到升级，产业链得以延长；形成了电子信息、机械冶金、医药化工、饮料食品、水电、旅游等支柱产业；集中技术力量和财力发展了微电子、新材料、生物技术、机电一体化、新能源、环境工程等先导产业。目前，六大支柱产业有力地支撑着全省经济快速发展。

近年来，四川省委、省政府推行名牌产品战略，鼓励企业争创名、优、特、新产品。2009 年，四川省有 27 件商标被国家工商行政管理总局认定为驰名商标，比 2008 年增长 145%，驰名商标总数达到 74 件。同时，四川省工商行政管理局通过大力扶持，多方培育，2009 年新认定著名商标 122 件，著名商标总数达到 692 件。目前四川省驰名商标企业的销售额和实现利润及上缴利税占比都在逐年提高，驰名商标的品牌效应正推动四川省经济的质和量全面提升。这些驰名商标主要分布在成都、德阳、眉山、乐山、绵阳、资阳、遂宁、泸州、南充、自贡和宜宾地区。

（2）轻重工业比重

改革开放以前，四川轻工业一直较为落后，1978 年全省轻重工业比重为 39.8 : 60.2，是典型的重型化特征。为了调整四川工业“重工业过重，轻工业过轻”的格局，四川省委、省政府从 1995 年起实施大轻工发展战略，在继续发展重工业的同时，重点支持轻工业的技术改造和产业升级，有力地促进了轻工业的发展和工业产业结构调整。1995—2005 年，随着经济快速发展，以五粮液、剑南春、等为代表的食品工业，以长虹为代表的家电制造业迅猛发展，轻重工业比例失调的状况有了一定程度的改变。到 2005 年四川轻工业总产值达 4 102 亿元，比 1978 年增长 60 倍，年均递增 18.5%，比重工业增长快了 2.9 个百分点。轻工业与重工业的总产值之比为 48.8∶51.2。

2009 年，根据规模以上工业产值数据，四川省的轻工业产值和重工业产值占工业总产值的比重分别为 32.2%和 67.8%，轻工业和重工业的比为 32.2∶67.8，轻工业和重工业的增加值增长分别为 21.8%和 20.9%，四川的轻工业增加值增长速度快于重工业增长速度。从总体来看，全省轻重工业结构还是不均衡，从工业内部看也是如此，呈现出规模以上工业重型化、规模以下工业轻型化的特征。

根据日本经济学家盐谷佑一对霍夫曼工业化经验法则的修正理论，从消费品占主导地位到资本品占主导地位的发展过程，霍夫曼比率不断下降，四阶段比率经验值分别为 5（±1）、2.5（±1）、1（±0.5）、1 以下，制造业内部结构的演化从消费品工业—重化工业—深加工工业—技术集约化逐渐进化，最终完成工业化过程。

1978—2009 年四川规模以上工业企业的霍夫曼比率（轻、重工业比例）一直在 1 以下，这说明四川省目前消费品工业比重与全国比较存在偏小的现象。

4. 企业组织结构

随着经济体制改革的深入和市场经济的发展，四川积极探索建立与市场经济相适应的企业组织形式，打破地区、行业、所有制的界限，按经济合理和专业化原则，以大中型企业为骨干，以兼并、联合、租赁、出售、股份制改造等多种形式对国有企业进行改革，形成了国有独资企业、有限责任公司、股份有限公司、股份合作制企业、集体企业、个人独资企业、个人合伙企业、私营企业、中外合作企业、外商独资企业等多种企业组织形式。

四川于 20 世纪 80 年代初进行股份制试点工作，国有企业的股份制改造工作始终位于全国前列。1999 年年末，全省有上市公司 56 户。其中，境外上市公司 3 户，国内 A 股上市公司 53 户（在上交所挂牌 24 户、深交所挂牌 29 户），A 股上市公司数量仅次于沪、深两市，位居全国第 3 位，占全国的 5.7%。到 2006 年年末，四川在沪深交易所挂牌上市的公司 63 家（含 1 家同时发行 H 股公司），占全国上市公司总数的 4.46%，上市公司数量居西部省区第一位，全国排名第八位。此外，在香港发行 H 股的公司 4 家。2006 年年末，四川 63 家上市公司总股本和流通股本分别达到 234.2 亿股和 108.77 亿股；总资产达 1 482.9 亿元，净资产 604.3 亿元；总市值 2 185 亿元，流通市值 872.6 亿元。2006 年 63 家上市公司共实现主营业务收入 1 206.3 亿元，实现净利润 40.9 亿元，每股收益 0.17 元，净资产收益率 6.8%，上市公司市值占全省 GDP 的 25.3%，主营收入占全省 GDP 的 13.97%。

2007 年以来，四川上市公司发展呈现良好势头。2009 年四川省又有 7 家企业在境内外资本市场首发上市，共募集资金 61.75 亿元，截至目前四川 A 股上市公司数量已达到 71 家。四川上市公司中聚集了省内优势产业和支柱产业中的龙头企业，如电子信息产业的四川长虹，装备制造产业的东方电机、东方锅炉，钢铁钒钛产业的攀钢钢钒，天然气化工产业的泸天化，白酒行业的五粮液，农业产业的新希望、通威股份，旅游业的峨眉山，新闻文化产业的博瑞传播、新华文轩等。

5. 企业所有制结构

改革开放以来，四川不断加大工业企业所有制结构调整力度，在抓好国有企业改革和发展的同时，用政策引导、鼓励非国有企业、非公有制企业及混合所有制企业的发展，使全省工业企业的所有制结构发生了重大变化。现在，全省非国有工业总产值增长速度高于国有工业，成为工业增长的主力军。

2007 年，全省全部国有及年销售收入 500 万元以上的非国有工业企业增加值 3 580 亿元，比 2006 年增长 25.4%。其中，国有企业增加值比重为 13.9%，集体企业增加值比重为 1.3%，股份合作制企业增加值比重为 0.9%，股份制企业增加值比重为 70.3%，外商及港澳台投资企业增加值比重为 7.5%，其他经济类型企业增加值比重为 6.1%。

全省社会消费品零售总额 4 015.6 亿元，增长 17.4%，比 2006 年提高 2.6 个百分点。其中：国有和集体经济零售额 355.9 亿元，占社会消费品零售总额的 8.9%，下降 1.6 个百分点；股份制经济及其他经济 953.99 亿元，所占比重由 2006 年的 22.9%上升为 23.8%；私营个体经济、外商及港澳台投资经济 2 705.7 亿元，增长 18.6%，所占比重由 2006 年的 66.7%上升为 67.4%。总消费对经济增长的贡献率为 39.6%。批发业零售贸易业实现零售额 3 126.9 亿元，增长 16.8%；住宿餐饮业零售额 761.6 亿元，增长 21.8%。

6. 企业发展速度

1978—2005 年全省工业增加值年均递增 11.5%，比同期全省 GDP 增长速度快了 1.9 个百分点。1992—2005 年四川工业增加值年均递增 13.7%，比同期全省 GDP 增长速度快了 3.3 个百分点，比同期全国工业增长速度快了 0.6 个百分点。2008 年金融危机爆发后，四川工业增速在全国率先止滑回升，全省规模以上工业增加值完成 6 183.1 亿元，增长了 21.2%，有力地支撑了我省 GDP 的快速增长，对全省经济增长的贡献率超过 60%。电子信息、国防军工、中小企业的发展迈上了新台阶。预计全年，电子信息产业销售收入实现 1 500 亿元，国防军工行业销售收入实现 1 060 亿元，全省中小企业完成增加值 6 120 亿元。

企业技术改造及省上各项配套措施陆续出台并实施，使得企业技改及产业机构优化升级的步伐进一步加快。2008 年全省技术改造投资超过 2 500 亿元，比“十五”期间的总数还要高 20%，平均一个月的技改投资额超过 200 亿元，增幅达到 50%；2009 全年技改投资实现 3 000 亿元。抓产业结构优化升级方面，四川省制订了促进大企业加快发展的计划，并大力发展中小企业。

7. 大中型企业科技水平

近年来我省大中型工业企业科技活动规模稳步扩大，技术创新能力进一步提升，创新成效明显。

（1）大中型企业科技活动概况

第一，近半数大中型企业开展了科技活动

2007年，我省1 098家大中型工业企业中，有45.2%开展了科技活动，较全国平均水平高出约8个百分点；28.9%开展了研究与试验发展（R&D）活动，35.4%进行了新产品开发。虽然开展各类科技活动的大中型企业绝对数有所增长，但占大中型企业的比例分别下降了1.8个百分点、3个百分点和2.5个百分点。其中，大型工业企业科技活动较为活跃，76.5%开展了科技活动，69.1%开展了科技创新（R&D）活动，70.4%进行了新产品开发。

第二，企业科技机构健康发展

306家大中型企业设立了科技机构，占大中型企业的27.9%，较全国平均水平高4.7个百分点。

第三，科技活动投入进一步加大

科技队伍继续扩大。2007年，我省大中型工业企业从事科技活动9.5万人，较上年增长14.5%，其中科学家和工程师6万人。科技活动人员占从业人员的比重进一步提高，5年提高了近5个百分点，达到11.6%，远高于全国4.4%的平均水平。科技人员素质不断提高，科学家、工程师的比重达到63.3%，略高于全国62.1%的平均水平。见表6-3。

表6-3　　大中型工业企业科技投入情况

	2007年	2006年	2005年	2004年	2003年
科技活动人员（人）	95 374	82 861	72 488	74 918	76 124
科学家、工程师（人）	60 413	48 117	39 920	41 389	43 530
科技活动人员占从业人员比重（%）	11.58	10.70	9.72	6.29	6.66
科学家、工程师占科技人员比重（%）	63.34	58.07	55.07	55.25	57.18

科技经费大幅增长。全年大中型企业共筹集科技经费137.9亿元，比上年增长20.7%。科技活动经费占主营业务收入的比重为3.52%，较上年提高0.1个百分点，比全国平均水平高出2个百分点。其中，企业自身投入占主体地位，当年共筹集119.1亿元，占全部资金的86.4%；政府资金4.5亿元，占全部资金的3.2%；金融机构贷款10亿元，占全部资金的7.2%，较上年提高2.3个百分点，科技融资水平有一定提高。大中型企业平均科技活动经费支出1 065.1万元，较上年增加64.6万元；科技人员人均科技经费支出13.7万元，增加1万元。

第四，科技创新（R&D）活动规模显著增大

R&D活动是科技活动的核心部分。2007年，我省大中型工业企业有4.4万人从事R&D活动，折合全时人员3.4万人年，分别比上年增长29.4%、30.8%。R&D经费支出56.7亿元，增长31.3%；年人均R&D经费16.7万元。R&D经费占主营业务收入的比重达到1.53%，提高0.09个百分点，较全国平均水平高0.76个百分点；R&D活动经费在全部科技活动经费支出中的比重有较大提高，达到43.3%，较上年提高近3个百分点。全年完成科技项目2 760项，其中新产品开发项目1 661项、R&D项目1 626项，分别比上年增长14.8%、8.1%

和 19.5%。

第五，自主创新成效显著

2007 年，大中型工业企业实现新产品产值 1 186.7 亿元，比上年增长 39.3%；新产品销售收入 1 101.6 亿元，增长 34.1%；占主营业务收入的 29.7%，提高 2.4 个百分点，比全国平均水平高 1 倍；新产品出口 138.7 亿元，增长 44%，占新产品销售收入的 12.6%，较上年提高 0.9 个百分点。同时，企业的知识产权创造和保护意识及能力显著增强。2007 年大中型企业共申请专利 2 118 件，较上年增长 40.9%；其中发明专利 636 件，增长 10.2%。拥有发明专利 1 066件，增加 37 件。

（2）存在的主要问题

第一，科技创新活动规模偏小

虽然有近半数大中型工业企业开展了科技活动，但进行 R&D 活动的仅占 28.9%，与世界公认的创新型国家瑞典（45.0%）、芬兰（50.0%）还有很大差距。

科技创新投入仍显不足。根据发达国家的一般经验，企业 R&D 经费支出占产品销售收入比重若低于 2%，企业创新将难以维持，只有高于 6%，企业创新才能形成良性循环。2007 年，我省国有大中型企业 R&D 经费支出仅占销售收入的 1.53%，虽然较上年提高了 0.09 个百分点，但与建设创新型企业 3%的一般要求还有较大差距。因此，仍须进一步完善政府引导、市场导向、企业主体的研发投入机制，制定鼓励技术创新的产业政策、培育自主创新产品的政府采购政策等，促进技术开发经费税前扣除等创新优惠政策的落实，引导企业加大创新投入力度。通过政府财政补贴、发展担保机构等，调动金融机构对企业创新投资的积极性。建立完善风险投入机构，鼓励投资者参与创新风险投资，培育自主创新产品。

第二，重引进轻消化吸收的现象依然严重

引进与消化吸收是企业创新相辅相成的重要手段。发达国家经验表明，消化吸收经费支出至少应达到引进经费支出的 3 倍以上才能形成自主创新能力。2007 年，我省大中型企业引进国外技术经费支出 7.7 亿元，消化吸收经费支出仅 3 亿元。应进一步加强政府宏观调控，建立技术引进协调机制，避免简单的重复引进、多头引进、盲目引进，增强技术引进的有效性；制定具有吸引力的鼓励消化吸收创新的财税政策，鼓励企业消化吸收创新。

第三，专利水平仍然较低

近年我省工矿企业专利申请数不断增加，2007 年企业专利申请占职务专利申请总数的 77.9%。但是，大中型企业专利申请数仅占企业专利申请的 43.8%。大中型企业全年户均申请专利仅 1.9 件，其中发明专利 0.6 件，均比全国平均水平低 0.2 件；年末拥有发明专利 1 件，与国外在华创新型企业专利申请及拥有量悬殊极大。应进一步完善知识产权政策法规。围绕优势技术、优势产品、优势企业和优势产业，制定知识产权创造、保护、转移、扩散等一系列措施，运用法律、经济和行政手段引导企业掌握和保护知识产权；制定优惠政策，通过财政补贴等手段鼓励企业申报知识产权；坚决查处侵犯知识产权行为。

（二）四川工业结构的演变特征

1. 产权制度改革取得重大突破，所有制结构得到大幅度优化

改革开放以来，四川不断加大工业企业所有制结构调整力度，在抓好国有企业改革和发展的同时，用政策引导、鼓励非国有企业、非公有制企业及混合所有制企业的发展，使全省工业企业的所有制结构发生了重大变化。

从企业单位和从业人员数的所有制变化看，公有制（国有、集体）企业明显下降，非公有制企业大幅度提高。从企业实收资本结构看，国有、集体企业实收资本结构急剧下降，私营、外资和其他企业快速上升。

2. 资本增量结构出现较大变化，民营企业和外资企业成为增量的主体

近年来，四川省委、省政府高度重视全省民营经济发展及外资利用情况，出台了一系列鼓励外资和支持民营企业发展的政策，全省外资及民营企业克服了金融危机和汶川大地震的双重考验，逐步走上平稳快速发展的道路，企业投资力度不断增强，投资总量继续扩大。

（1）投资总量逐步扩大，民营企业投资占比持续上升

从历年情况来看，2005 年全省民营企业投资仅为 1 563. 1 亿元，2007 年投资扩大为 2 860 亿元，2009 年投资总量达 5 148. 8 亿元，比 2008 年增长 37. 6%，比 2005 年增长 2. 3 倍。2009 年受灾后重建投资影响，国有控股和农户投资增长迅速，民营企业投资在总量大幅增长的同时，占比有所下降，而 2005—2008 年均保持逐步上升态势。如图 6-1 所示。

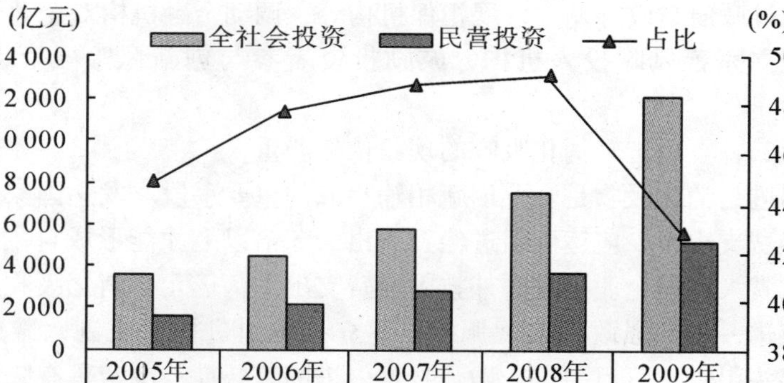

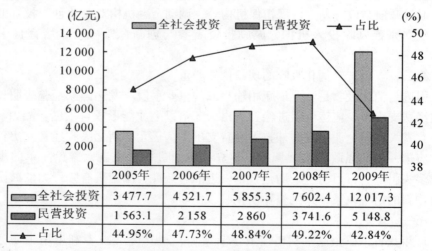

	2005年	2006年	2007年	2008年	2009年
全社会投资	3 477.7	4 521.7	5 855.3	7 602.4	12 017.3
民营投资	1 563.1	2 158	2 860	3 741.6	5 148.8
占比	44.95%	47.73%	48.84%	49.22%	42.84%

图 6-1　2005—2009 年全社会和民营企业投资情况图

从 2010 年的情况来看，1 ~ 5 月民营企业完成投资 2 315. 1 亿元，增长 30. 1%，比 1~4 月快 1. 7 个百分点，比同期全社会投资快 13. 1 个百分点。占全社会投资的比重为 46. 4%，比 2009 年同期提高 4. 7 个百分点。

（2）民营企业投资增速平稳，增势强劲

从历年情况看，2006—2009 年民营企业投资持续平稳增长，增速保持在 30%～40%。除 2009 年以外，民营企业投资增速均快于同期国有控股企业和全社会投资。2006—2009 年，民营企业投资年平均增速为 34.7%，分别比同期全社会和国有投资慢 1.6 个百分点和 0.9 个百分点。如果扣除 2009 年，2006—2008 年民营企业投资年平均增速为 33.8%，分别比同期全社会投资和国有投资快 4 个百分点和 7.9 个百分点。如图 6-2 所示。

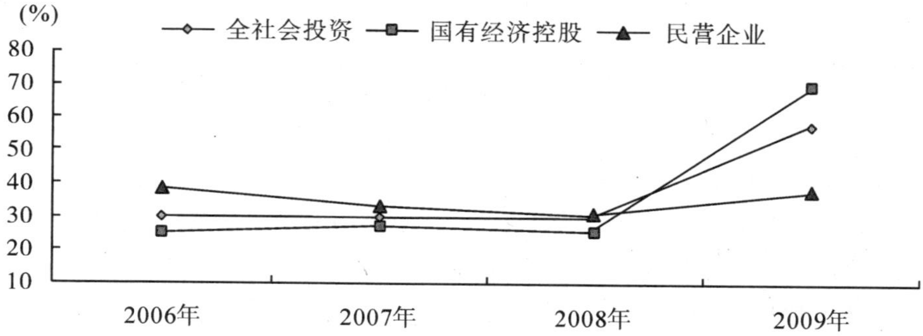

图 6-2 2006—2009 年民营企业投资与国有控股投资增长对比图

从 2010 年 1-5 月的情况来看，受 2009 年投资形势影响，年初民营企业投资增速慢于国有投资增速，但呈现强劲增势，与国有投资增速差距逐步缩小。1～2 月民营企业投资增速为 48.2%，比同期国有投资增速慢 20.3 个百分点；1～3 月与国有投资增速差距下降到 4.2 个百分点；1～5 月两者差距仅有 1.8 个百分点，预计在半年报后民营企业投资增速将超过国有投资增速。如图 6-3 所示。

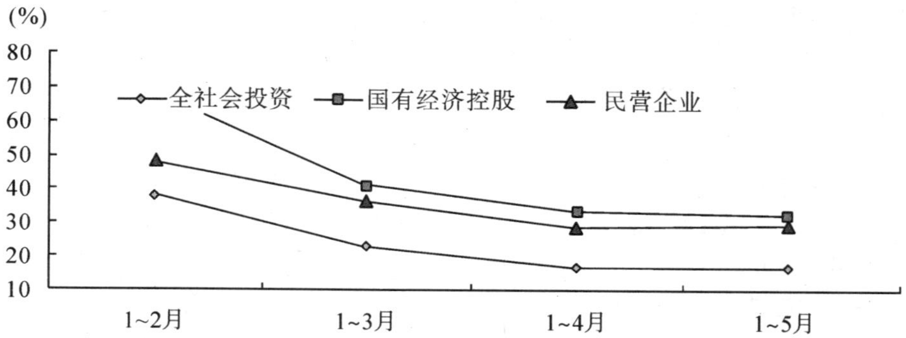

图 6-3 2010 年 1～5 月民营企业投资与国有控股投资增长对比图

（3）国家预算内资金和利用外资增长迅速

从资金来源看，2010 年 1～5 月全省民营企业投资到位资金 3 329.3 亿元，增长 55%。其中，国家资金对民营企业支持力度有所加大，国家预算内资金 24.3 亿元，同比增长 139.6%，占民企投资资金来源的比重由 2009 年同期的 0.5%提高到 0.7%；利用外资明显增长，到位 33.49 亿元，同比增长了 248.5%，资金来源比重由 2009 年同期的 0.4%上升到 1%；自筹资金仍是民营企业投资的主要来源，到位 2 172 亿元，增长 44.6%，占民营企业投资资金来源的 65.2%；国内贷款 422.1 亿元，增长 54%；其他资金来源 677.4 亿元，增长 16.4%。

3. 产业结构转换总体缓慢与亮点并存，传统工业仍占主导地位

近年来，四川工业努力克服市场约束，抓住机遇，着力改革，大力发展个体私营经济，工业经济实力进一步增强，产业结构有所调整，尤其是区域特色产业的发展已经成为典型的“四川特色”，电子信息、机械冶金、医药化工、饮料食品、水电、旅游等产业已成为结构调整中的亮点。

但是，四川的工业结构转换总体上比较缓慢，石油天然气开采、黑色金属冶炼及压延加工业、电力热力的生产和供应业等行业的龙头地位并未触动，传统工业仍然占主导地位，现代化、高技术制造业比重较低。四川省企业产值规模排序前五位的行业分别是石油和天然气开采业、烟草制品业、化学纤维制造业、黑色金属冶炼及压延加工业、电力、热力的生产和供应业，也就是说传统工业在四川仍然占据主导地位。近年来，四川通过产业结构调整，使冶金、机械、化工、建材、医药、纺织、食品等传统产业得到改造，产品得到升级，产业链得以延长；形成了电子信息、机械冶金、医药化工、饮料食品、水电、旅游等支柱产业；集中技术力量和财力发展了微电子、新材料、生物技术、机电一体化、新能源、环境工程等先导产业。

4. 工业经济均衡性和集聚性明显增强，区域特色块状经济蓬勃发展，并形成一批骨干企业

（1）全省整体产业区域布局趋同现象有所弱化，形成了一些比较有特色的工业经济区域

由于改革开放后各地因地制宜结合自身的优势资源发展工业，目前四川产业区域布局趋同的现象有所弱化，已初步形成了一些比较有特色的工业经济区域。如成都已初步形成了以电子信息、医药、航空、汽车、生物技术等为主的工业发展重点；德阳已初步形成了以机械制造、装备制造、化工生产、食品制造或加工等为主的工业发展重点；绵阳已基本形成了以电子信息、机械制造、冶金生产等为主的工业发展重点；川南的宜宾、泸州、内江、自贡已形成了以化工、饮料、机械、冶金等为主的工业发展重点；攀西的攀枝花、凉山已形成了以冶金、采矿、能源为主的工业发展重点；乐山、眉山已初步形成了纺织、建材、能源、机械、食品加工或制造为主的工业发展重点；资阳、遂宁、南充已初步形成了以食品制造或加工、机械、纺织、服装等为主的工业发展重点，其余市（州）或地区工业发展也逐渐凸显出各自的特色，但工业经济实力尚显弱小。

（2）区域特色经济渐趋明显，涌现出了推动全省工业发展的增长点和增长极

第一，成都在全省工业发展中发挥着“火车头”的作用，全省工业增加值约 3 成的份额由成都创造。从企业分布看，成都拥有规模以上工业企业 3 163 家，约占全省规模以上工业企业的 30%。

第二，形成了两大工业增长极。四川工业主要集中在成都、德阳、绵阳组成的成德绵经济区和泸州、宜宾、自贡、内江组成的川南经济区。从 2007 年的情

况来看，成德绵经济区拥有的规模以上工业企业数达 4 915 家，占全省规模以上工业企业数的 46%；创造的工业增加值达 1 772. 31 亿元，占全省工业增加值的比重达 45%；川南经济区拥有的规模以上工业企业数为 1 773 家，占全省规模以上工业企业数的 17%；创造的工业增加值为 828. 65 亿元，占全省工业增加值的比重为 21%。两大片区合计，规模以上工业企业达 6 688 家，占全省规模以上工业企业的比重达 63%；工业增加值达 2 600. 96 亿元，占全省工业增加值的比重达 67%，全省工业经济近 2/3 的力量集中于这两大片区。

第三，出现了一些具有区域性影响和带动力的工业增长点。除成德绵经济带、川南经济区外，四川其他一些地区也涌现出了一些工业发展快、工业实力增强的，并具有地区影响和带动力的工业增长点，如攀枝花、乐山、南充、达州、凉山、资阳等市（州），这些地区的工业增长不仅快于全省，而且经济效益水平也高于全省；不仅促进了全省工业保持较快发展，更积极地影响着本地及周边地区工业的发展。

第四，各地工业发展逐渐由“散乱”到“集中”的模式转换。改革开放以后，随着各地大力发展集体企业、乡镇企业、私营企业等，四川出现了“村村点火、乡乡冒烟”的局面，工业布局散乱，工业发展质量不高。自 20 世纪 90 年代末起，出于对改革开放 20 多年工业发展的反思，大批以粗放经营，“脏、乱、差”等为特点的乡镇企业、集体企业逐渐被“关、停、并、转”。同时，以国家和地方的经济开发区、技术开发区、工业园区、加工园区为引导，各地改变了“遍地开花”的工业发展模式，逐渐走向集中发展。截至 2007 年，四川拥有国家级、省级、市级、县级等各类开发区或园区达 191 个，仅集中的规模以上工业企业就有 3 812 家，约占全省规模以上工业企业数的 35. 59%；完成的工业总产值达 1 666. 92 亿元，占全省规模以上工业企业的 15. 09%。四川工业发展在区域表现上逐渐由“散乱”到“集中”的模式，不仅因为集中发展而改善了工业发展条件，促进工业加快发展，而且由于集中发展有利于治理环境、保护环境，还会实现工业的科学发展，最终达到又好又快发展。

二、四川工业企业发展存在的问题分析

（一）企业规模普遍偏小，具有带动作用的龙头企业少

从全国来看，四川省工业企业普遍规模偏小，具有较强牵引带动作用的龙头企业偏少。2008 年我省每户规模以上工业企业平均实现工业总产值 1. 07 亿元，低于全国平均水平 1 200 万元，比山东、上海、广东也分别低 4 000 万元、2 700 万元和 1 700 万元；大企业不多，2010 年全国企业 500 强中，四川省仅有 9 家，而山东有 51 家，江苏有 50 家；全国民营企业 500 强中，四川有 11 家，而江苏有 129 家、浙江有 180 家、山东有 36 家。

从长远来看，四川规模以上工业企业的发展还面临诸多困难：

（1）资金困局仍然存在。企业一方面面临流动资金短缺的压力，另一方面

还面临利息支出增加过快对资金紧张的影响。仍以2006年为例，四川大型企业集团的银行借款总额突破千亿元，达到1 129亿元，银行借款占企业集团负债总额的33.7%，银行借款的不断攀升加剧了企业的利息负担，当年企业集团的利息支出总额高达66亿元，同比增长了31.9%。

（2）创新投入尚显不足，新产品创收能力不强。以2006年为例，四川大型企业集团研究开发费用与营业收入比率仅为1.2%，87%的企业研究开发费用支出占营业收入比重不足2%，不但距国家规定的3%~5%的目标尚有较大差距，而且与经济发达国家5%~10%的比率相比更是相差甚远。

（3）四川省大企业规模水平处于全国中偏下水平。从纵向上看，四川省大企业集团经过"十一五"期间的发展，规模扩大、水平提高、效益增长，在全省经济中的地位和作用不断增强。但从横向比较上看，大企业集团的规模水平尚处于全国中等偏下的水平，与发达地区的差距明显，即使在西部地区也不占优势。2008年，我省大企业集团数量在全国列第13位，仅占全国的2.5%，只有广东的1/3，略多于湖北。

（4）企业整体经济外向度不高。四川省大企业集团位于西部内陆的，受地理环境、自身发展水平等的影响，经济外向度一直不高。大企业集团作为四川工业发展的代表，应主动加强对外合作，积极开拓国际市场，参与国际竞争。

（5）规模以上企业主要集中于成都平原经济圈。从2009年的情况来看，全省规模以上工业增加值列前6位的地区分别为成都、德阳、绵阳、宜宾、乐山、攀枝花，全省10 054户规模以上工业企业，有60%分布在成都、自贡、德阳、绵阳、乐山。而处于盆周山区且工业增加值列全省后5位的广元、巴中、雅安、甘孜、阿坝的规模以上工业企业加起来只有全省的5.8%。这也是导致四川区域经济发展不均衡的原因之一。

（二）中小企业整体素质不高，壮大中小企业难度较大

一是中小企业数量少，浙江、江苏、广东中小企业数量均是四川省的3倍以上，同时四川省中小企业核心竞争力较弱，多是劳动密集型、资源依赖型、能源消耗型企业，且专业化程度低、分布散的问题比较突出。二是企业设备落后，技术水平较低。根据有关部门的调查，目前在全省30多万家中小企业中，20世纪90年代以前的设备要占一半以上。三是企业技术创新能力弱。平均每个中小企业技术发明或专利一年不足1件，80%以上的中小企业没有任何技术发明与专利。四是员工素质低，人才匮乏。据调查，60%的中小企业员工的学历为高中及以下，60%的企业的工程技术人员比重不到10%，60%的企业未对员工进行任何形式的培训。五是管理与决策水平偏低。多数企业尚未建立健全现代企业制度，仍沿袭陈旧落后的管理模式和传统经营方式，不少企业还在实行"家长式""家族式"管理，造成决策失误。

（三）企业效益水平偏低，整体实力偏弱

2009年四川规模以上工业实现利润1 123.5亿元，占全国的4.34%，与广东、山东相差很大，也明显不及黑龙江、河北、福建、辽宁、河南、天津、北京、湖

北等省市，平均每户企业实现利润 846.84 万元，比全国平均水平低。工业经济综合效益指数 157.76，比全国低了 18.85 个百分点。主要经济效益指标除资本保值增值率外均不及全国平均水平，其中总资产贡献率仅为 9.5%，流动资产周转率为 1.84 次、成本费用利润率为 5.84%，分别低于全国水平 3.6 个百分点、0.47 次和 0.47 个百分点；资产负债率为 62.56%，高于全国水平 4.3 个百分点。

（四）工业布局分散，集中度和集聚效益低，资源利用差

全省工业企业集中度不高，广泛散布的工业企业不仅占地多，环境污染重，对企业之间的信息交流和分工协作也带来了困难，而且不利于解决工业发展所需的水、电、通信、道路等基础设施，增大了企业经营成本，制约了企业规模的扩大和效益的提高。截至 2009 年年底，成都市的工业集中发展区集中度也只达到 70.2%。而其他地市州的工业集中度比成都市要低很多。

产业园区建设急需“突出主业、突出专业化”。目前我省产业园区建设取得积极成效，2009 年年底全省共有各类产业园区 191 个，完成规模以上工业增加值占全省的 47.7%。但是我省产业园区总体建设水平依然不高，产业规划水平较低，尤其是主导产业不突出，我省主导产业占园区产值的 50%以上的特色产业园区仅有 22 个；专业化水平不高，产业链上下游整合和横向带动格局未普遍形成，产业混杂与产业同构现象共生并存。“以产业链优化提升产业园区，以产业园区构建产业集群，以产业集群催生特色产业带”的园区建设任务艰巨。

（五）高新技术产业发展能力有待提升

2009 年年末，全省拥有规模以上高新技术企业 1 455 家，其中大型企业 29 家、中型企业 259 家、小型企业 1 167 家。2009 年，全省高新技术产业实现增加值 1 241.4 亿元，增长 18.7%，低于规模以上工业企业 2.5 个百分点，新产品产值 1 566.5 亿元，增长 23.2%；全省高新技术企业亏损面为 12%，比上年降低 1.7 个百分点，但略高于规模以上工业企业 0.8 个百分点；创造利润 226.5 亿元，应交增值税 102.7 亿元；产值利润率为 5.9%，高于规模以上工业企业 0.9 个百分点。

1. 从纵向看，四川高新技术产业占规模以上工业增加值的比重不断提高，但增速有所放缓

从占规模以上工业增加值的比重来看，我省高新技术产业所占比重不断提高，由 2007 年的 15.6%提高到 2009 年的 20%。与规模以上工业增加值增速相比，2007—2009 年，我省高新技术产业增加值平均增速为 25.9%，高于同期规模以上工业增加值增速 4.4 个百分点。具体来看，2007 年和 2008 年我省高新技术产业增加值增速分别高于同期规模以上工业增加值增速 9.1 个百分点和 7 个百分点。到 2009 年，高新技术产业增加值增速低于规模以上工业增加值 2.5 个百分点，而且从 2007 年以来，我省高新技术产业增加值增速呈逐年放缓的趋势。如表 6-4 所示。

表 6-4　　2007—2009 年四川高新技术产业与规模以上工业增加值比较

时间	高新技术产业增加值（亿元）	高新技术产业增长率（%）	规模以上工业增长率（%）	高新技术产业占规模以上工业比重（%）
2007	627.3	34.5	25.4	15.6
2008	835.8	24.9	17.9	16.9
2009	1 241.4	18.7	21.2	20.0

2. 从横向看，四川地区高新技术企业规模偏小

从表 6-5 可以看出，我省开发区高新技术企业规模偏小。具体来看，2008 年四川省开发区拥有高新技术企业 619 个，占全国的比重仅为 1.2%，其中北京开发区高新技术企业个数最多（为 18 437 个），其次是广州和上海（分别为 1 819个和 868 个）。从实现总产值看，四川高新技术企业总产值偏低，2008 年仅占全国比重的 2.1%；北京为最高，占全国的比重为 7.2%；其次是上海和广州，分别为 5.3%和 2.7%。如表 6-5 所示。

表 6-5　　2008 年各地区开发区高新技术企业相关经济指标比较

地区	企业数	总产值（万元）	企业数占全国比重（%）	总产值占全国比重（%）
四川	619	11 265 734	1.2	2.1
北京	18 437	38 051 046	35	7.2
广州	1 819	14 210 616	3.5	2.7
上海	868	27 908 120	1.6	5.3
全国	52 632	526 846 717	100.0	100.0

注：四川只统计了成都和绵阳两地相关数据。

第二节　工业企业发展与四川工业结构调整

一、优化企业结构，推进企业科学发展

企业结构优化有两个方面的含义：一是围绕品种、质量与效益，对传统产业进行技术改造，提升传统产业的水平；二是加快发展高新技术产业，增加高技术含量、高附加值产品在总产出中的比重。四川省工业企业面临的诸多问题，大都与企业结构有关，因此，优化调整企业结构，促进企业科学发展是工业结构调整中不可或缺的环节。

（一）改造提升传统产业

按照科技含量高、经济效益好、资源消耗低、环境污染少、人力资源优势得

到充分发挥的要求，加快优化升级传统产业。以高新技术改造传统产业，促进传统产业的升级，大幅度提高传统产业的劳动生产率和经济效益，促使经济增长向集约型、内涵式转变。紧紧围绕全省的产业、产品结构调整和发展名牌战略，应用电子与信息技术、生物技术、先进制造技术、高效节能技术等高新技术改造传统产业，把高新技术与企业的技术改造、技术引进有机结合，应用高新技术成果提高产品的技术附加值和质量，重点对机械、电子、建材、医药及食品等行业的技术、产品进行改造和调整，尽快提高支柱产业和主要制造业的国际竞争力。全面推进质量兴川，品牌兴川，提高企业的发展效益和水平。

1. 优化调整企业的产品结构

调整优化企业产品结构，是企业能否科学持续发展，生产经营能否良性循环的关键所在。随着经济的发展，安全、绿色、环保的产品已成为消费者青睐的主流产品，优化调整企业的产品结构，就要求企业经营者要牢固确立适应市场、占领市场、开拓市场的观念。明确一个观念，衡量产品结构是否合理，关键看产品是否有市场。因此，每个企业都应该坚持按照市场需求组织生产，产品能适应不同层次的消费者的需要。这就要求企业必须有专门的机构从事市场调查研究工作，建立起对市场需求变化灵敏的反应机制。要形成广泛的市场信息网络，在了解市场，准确掌握信息并加以科学论证的基础上，明确产品结构调整的目标，采取有效措施组织实施，使企业发展的每一步都与市场需求分不开，每一次抉择都具有市场前景，每开发一种新产品都能占领市场。

2. 调整、优化企业技术结构

企业是技术进步的载体。实现产业技术结构现代化、离不开企业技术结构的现代化。目前我省企业的技术结构水平普遍存在“三低一小”的现象，“三低”即企业设备的技术水平低、企业生产自动化和机械化程度低、产品技术含金量低，“一小”即企业技术进步在经济增长中的贡献率小，这就严重影响了企业产品结构的现代化和企业效益的提高。要改变这种状况，必须加快调整和优化企业的技术结构，提高企业资本的有机构成，在微观上实现资源的合理和高效配置。具体来说，一是要注重搞好企业的技术改造，应用新技术改造旧设备。改造的原则要以降低能耗、物耗为中心，以主要设备为重点，采用先进技术设备和工艺，力求一步到位。二是在投资建设新项目和开发新产品过程中，要坚决开发和引进先进技术。在引进技术和改善技术结构的同时，必须注重消化吸收所引进技术。三是要加大科技投资。调整优化技术结构、促使企业技术结构现代化，必须有资金投入，有相应的财力做保证。我们企业的经济实力不强，应当开拓思路，通过各种渠道筹措科技开发资金，从资金上保证企业技术结构的战略调整。同时，要十分注重企业科技人才队伍的建设，通过自身不断地培训和有计划地引进！蓄积人才，尽快形成一支技术创新队伍。改革用人机制，真正“用感情、用事业”留人，形成人才培养、选择、流动的合理机制和良性循环。

3. 调整、优化企业的组织结构

通过多年的改革，我省企业的产业组织产生了一些积极的变化，企业的规模结构有了较大的调整。但从总体上说目前企业的组织结构还不合理。一是在企业之间缺乏层次性分工，同一行业大中小型企业在产品、技术构成和劳动组织形成上存在着较大同构性、相互掣肘，“大而全”、“小而全”的生产特点依然比较突出，阻碍了企业的竞争能力和经济效益的提高。二是产业分散、集中度不高，缺乏具有竞争能力的企业集团，已建立的一些企业集团，多数尚未实现真正的资本联合，存在着不同程度的利益冲突和分离倾向，从而限制了企业的长期战略投资和按分工协作原则对生产组织体系进行优化。企业规模结构的小型化，分散化对增强企业活动、获得企业的规模效益是十分不利的。因此，鼓励和引导龙头企业进行股份制或股份合作制改造，建立现代企业制度，加大新技术引进和新产品的开发，增强龙头企业的科技创新和市场竞争能力，做大做强一批辐射面广、带动能力强、市场占有率高、经济效益好的龙头企业；调整、优化企业的组织结构实属当务之急。

4. 调整优化企业的资本结构

企业的资本结构一般是指权益资本和长期债务在企业总资本中的比例关系。事实证明，一个企业资本的结构状况，如自有资本与负债的比例、固定资本与流动资本的比例、资本周转的时间与速度、实物资本与货币资本的比例，资本与债权的比例合理与否，往往会影响乃至决定着资本成本高低、法人治理成绩、企业破产风险大小等。因此，根据市场需求结构变动和资本运行规律的要求进行资本结构的合理调整，这是个事关企业发展大局的重大问题。如何调整、优化企业的资本结构，根据有关企业的经验，一是增资。这是优化企业资本结构的最直接的措施，包括对企业实行股份制改造，大量吸收各种资本，通过资本市场，充分运用社会居民的资金，迅速扩张可支配的资本总量。二是兼并。鼓励和支持优势企业兼并困难企业，使优势企业得到低成本扩张，困难企业找到最现实的归宿，使资产存量在流动中实现优化配置。优化调整企业结构，从根本上说是提高企业的经济效益，企业可以根据自身的情况在充分考虑国家产业政策和市场需求的前提下，加强企业管理，抓住新的经济增长点，进行企业结构调整，积极促进支柱产业的发展和振兴，开发高新技术产品，企业的发展才会有潜力，才会实现快速发展。

5. 优化工业企业的发展环境

优化工业企业的发展环境必须从以下几个方面着力：一是各级党政部门和全社会必须高度重视企业的生存与发展问题；二是要彻底转变政府职能，要将企业的自主权真正归还给企业，使企业尽快形成独立经营的经济实体和参与市场的竞争主体；三是进一步规范市场竞争行为，为企业创造公平合理的市场环境，要帮助企业扫除市场障碍；四是要加大企业改革的支持力度，协调好各种外部关系，特别是要积极协调好企业与金融部门的关系。

（二）大力发展高新技术企业

“十一五”期间，四川高新技术产业发展迅速，成效显著，初步形成了以电子信息、生物医药、新材料为主导的高新技术产业发展框架；成都、绵阳国家级高新技术产业开发区和德阳、自贡、乐山省级高新技术产业开发区的建设和发展，成为四川重要的高新技术产业化基地和对外招商引资的窗口；高校科技园区、区外高新技术企业以及民营科技企业蓬勃发展成为我省新的经济增长点，为全省经济持续快速健康发展和产业结构调整注入了活力。尽管四川高新技术产业取得了长足的发展和明显的成效，但不可否认的是，四川高新技术产业发展仍处于初级阶段，高新技术产业现状与一个人口、资源、科技、经济大省的重要地位很不相称。一些不容忽视的问题和制约因素阻滞了我省高新技术产业的进一步发展。具体而言，主要表现在以下几个方面：①区域经济粗放型增长。②产业结构高新技术化进程缓慢。由于高新技术产业在 GDP 中的比重明显偏低，产业规模小，产业关联度低等原因，造成产业结构高新技术化进程缓慢。③科技创新能力弱。目前，我省科技创新效率还比较低，拥有自主知识产权且具有竞争力的高附加值产品匮乏，创新能力还不强。高新技术产业发展所需的核心技术、关键零部件以及工艺装备的研究开发和配套能力弱，尚未形成高新技术产业化配套服务的技术平台。科技进步环境、科技活动产出、科技促进经济社会发展均低于全国平均水平。④资金投入不足，风险投资体系不完善。风险投资体系尚不健全，缺乏顺畅的风险投资退出渠道，高新技术产业发展面临着较大的资金缺口。⑤区域服务体系尚未形成。高新技术产业发展不仅需要基础设施等硬件服务，而且还需要完善的区域网络体系为其提供“软服务”，包括信息、技术、咨询、法律、金融、仲裁、人才、审计、会计等市场中介服务，但目前这些知识型第三产业发育滞后，给高新技术企业的快速成长带来一定困难。

有鉴于此，四川高新技术企业的发展可以从以下几个方面采取措施：

（1）提高科技创新能力，加快科研成果的转化。继续引进国外先进技术进行消化创新，大力加强原始性创新和技术攻关，推进关键技术创新和系统集成，不断增强科技持续创新能力；要大力支持本地高层次科研机构的建立，积极建设创新开发平台，集中人力、物力和财力，开展核心技术的前瞻性研究，开发出具有自主知识产权的核心技术和产品。

（2）以体制创新促进科技创新，尽快建立起科研、开发、生产一体化的充满生机和活力的科研运行机制，建立同经济发展紧密结合、符合市场经济要求和科技创新规律的新型科技管理体制，为科技成果迅速转化为现实生产力创造有利条件。推进企业创新体系建设，支持企业成为科研开发投入和技术创新的主体，实现经济与科技的有效结合，依靠科技发展生产力，保证高新技术产业持续稳定的发展。

（3）集中力量，重点发展高新技术支柱产业。发展高新技术产业，必须坚持“有所为、有所不为”的方针，集中优势资源和力量，优先发展那些代表技术发展方向、市场潜力巨大、对多个行业发展有着重要影响、且关系到国计民生的行业和领域。要根据世界高新技术产业的发展趋势，结合我省现有的基础和优势，选择一批重大项目、关键技术、重点产品，组织协同攻关，推动新兴产业的发展壮大。要重点支持发展产业关联度强、能促进工农业现代化和带动传统产业升级的高新技术产业，加速我省工农业和服务领域高新技术化、国民经济信息化的进程。应把信息技术、生物工程技术、航天技术、机械制造技术、能源开发技术等作为重点，努力培育并形成若干有特色的支柱产业。

（4）大力加强对民营高新技术企业和高新技术中小企业的扶持力度。继续引导鼓励科研部门、高等院校、大中型企业和国防军工单位用科研成果和专利技术以出资入股的方式，创办民营高新技术企业，实现产、学、研联合，使技术、资金、设备、人员等要素实现优化组合。大力加强对高新技术中小企业的“孵化”和扶持力度，在推动我省高新技术产业发展过程中，既要着重塑造高科技大企业，又要致力创造和维护一个有利于中小高新技术企业迅速健康发展的环境和条件。各级政府应尽力为中小高新技术企业走向成功提供切实的帮助，特别是在企业创办初期，要在资金、场地等方面予以大力支持。要继续办好各地创业中心，使其更好地发挥高新技术企业“孵化器”的作用。

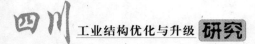

拓宽高新技术产业投融资渠道，积极发展风险投资，尽快建立和拓宽高新技术产业投融资渠道，形成多层次的筹资格局。促进科技中介服务的发展，优化高新技术产业投资软环境，完善法律法规，制定扶持政策，培育中介服务市场，促进创新资源的流动和整合，重点发展和完善人力资源、工程、会计审计、资产评估、产权交易、法律、技术经济和市场信息等方面的咨询和中介服务，重点扶持科技企业孵化机构、中小企业技术服务机构、与风险投资相关的中介机构等，进一步优化高新技术产业的投资软环境。

二、四川工业结构调整中的企业发展思路与对策

根据四川省委、省政府对经济工作的总体部署，今后一段时期工业工作的指导思想是，加大技改投入，优化投资结构，加快改造提升传统产业，振兴先进装备制造业，大力发展高新技术产业，促进节能减排，努力提升技术装备水平和产品技术含量，促进工业结构优化升级。总的要求是，以市场为导向，以企业为主体，以提高产品质量和效益为目标，实施“新、特、优”工程，运用高新技术和先进适用技术改造传统产业，大力发展高新技术，大力发展特色产业，大力发展优质名牌产品，努力提升企业的信息化水平和技术装备水平，增强企业的核心竞争力。

（一）推进大型工业企业发展与调整工业结构有机结合

大企业是产业结构优化升级的主导力量。大企业的发展是衡量地区经济竞争力的主要标志。进行工业结构的调整要落实到企业特别是大企业的经济行为上，以大企业的发展推动我省产业结构的调整。现代市场经济不仅需要微观主体——企业的参与，而且需要政府作用和功能的有效发挥。政府对经济的干预最终要落实到企业主体的行为上，通过企业行为传导其政策措施来实现经济的良性循环。我们应将以上两项经济任务结合起来，推动大企业发展和产业结构调整实现良性互动，增强大企业在产业结构调整中的作用。

1. 大企业自身优势对工业结构调整的影响

国际国内经济发展的实践表明，在以结构调整、技术进步为主要内涵的经济发展阶段，大公司和企业集团发挥着特殊的重要作用。大企业具有融资、技术开发和资本经营等综合性功能，在产业结构调整中有其他企业和政府所不具有的优势。

（1）大企业具有规模经济优势，资金、技术实力雄厚，可持续发展能力强，能够承担起对产业发展具有重大带动作用的资金数额大、技术含量高、建设周期长的项目的建设。

（2）大企业是产业结构高级化的支撑。产业结构调整的一个重要方面是促进产业结构的不断升级和高级化，而产业结构升级的支撑在于技术进步。大企业是产业内技术进步的策源地，拥有大量技术人员，科研开发能力强，是推动产业技术进步和科研成果转化的主体。大企业的技术创新和产业化活动不断创造出新的产业群，把产业结构日益推向更高层次。

（3）大型企业集团内形成的大企业与中小企业的共生关系可以将大企业的技术和管理优势通过产业链传递到中小企业，从而带动大批企业技术进步。因此，大企业具有促进产业结构升级的重要作用。

（4）大企业能有效地执行政府产业结构调整的政策。目前的大型企业一般以企业集团为其组织形式，集团内以大企业为骨干，集合众多的中小企业。众多中小企业的经济行为依托于大企业的发展战略和方向。大企业在政府产业政策和众多微观经济主体之间起着政策传导作用，能够协助产业政策的调整，提高结构调整的有效性，保证政策效果。

2. 积极发展大企业，推动产业结构优化升级的对策

现代市场经济体制具有以下两个重要特征：一是大企业在国民经济体系中的主导地位，二是政府对经济运行所实行的宏观政策。因此，我们有必要把以上两项经济任务有机地结合起来，增强大企业在产业结构调整中的作用，以大企业的发展来带动产业结构优化和升级。

（1）明确大企业在产业结构调整中的主体地位。在市场经济条件下，以利益为导向的企业特别是大企业应承担起产业结构优化升级的重任。大企业、企业集团的产权多元化有助于企业家的职业化，使多元投资主体有动力在全社会范围内选择优秀的经营者。而市场优胜劣汰的压力会使企业家真正做到行为长期化，狠抓技术创新，培育新的增长点，增强企业的竞争力，带动技术体系升级和产业结构的调整和升级。企业作为产业结构调整的主体不仅能够带动产业升级，而且能对产业结构的布局起到积极的作用。因此，要改变以往产业结构调整以政府为主体的不规范现象，使产业结构的调整真正依赖于微观经济活动的主体——企业来进行。

（2）通过大企业技术创新来带动产业结构升级。技术是产业关联的本源要因，技术体系的变动推动产业结构的变动，技术体系的升级推动产业结构的升级。R&D 是技术创新的源泉，而 R&D 投入低、技术人员少→技术创新能力不足

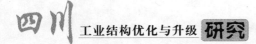

→产品市场占有率低→低利润→R&D 投入水平低、高素质人员缺乏，形成恶性循环，导致产业结构的升级没有依靠。因此，增强企业的技术创新能力是培育和发展大企业、企业集团的关键。而大企业由于其本身的实力雄厚，资金、技术、人员等方面相对于小企业来说都占有优势。因此，在技术创新上也占有相对的优势，是技术创新的主体。

大企业和企业集团在一个产业中居于主导地位，中小企业围绕大企业形成竞争协作的关系，大企业的技术进步势必形成技术扩散，从而带动整个产业的技术进步。

（3）以大企业的发展来推动地区产业结构的合理化。大企业和企业集团的发展有很多途径，主要是自身积累和外部扩张的方式，其中又以资产为纽带的兼并重组为主要方式。企业之间的资产重组要以完善的资本市场为依托，以取得规模经济效益为目的，通过市场机制进行。企业通过资产重组组建企业集团的过程也是进行产业结构调整的过程。企业的资产重组是产权转移的过程，而产权转移又涉及生产诸要素的流动和优化组合，通过优势企业对被并购企业生产诸要素的重组，逐步实现生产组织结构和产业结构的优化组合。企业通过资产重组组成以大企业为核心的企业集团，可以通过存量资产的流动和重组来调整国有经济的产业分布结构，将生产资源进行再优化配置。同时，按市场经济原则组建企业集团，加强企业多种形式的联合、兼并、控股等活动，通过企业组建跨部门、跨地区、跨所有制甚至跨国的大型公司和企业集团，能够打破地区、部门分割，修正地方政府对资源的不合理配置，使各地区和部门原来分散的矛盾与利益变为集中和统一的利益，促使地区和部门对企业的管理真正向间接管理转化，为解决地区产业结构趋同问题提供途径。

（4）以大企业的发展为工业结构优化升级提供相应配套条件。大企业和企业集团都是以主导产品为基础的多元化经营和以广泛深入的横向联合为重要特征的集团经济，它能够打破城乡界限、行业界限、部门界限和职能界限，增加城市经济对农村经济的渗透，促使生产力要素在地区间的优化组合，推动城乡一体化进程，增强城乡信息、技术、人才的流动，对中国未来新型城乡关系的形成和社会经济格局的演化产生深远的影响。大企业通过组建企业集团本来就会救活一部分企业，使企业集团能够安置更多的人员就业，再加上对农村经济和城市化进程的推动，解决就业压力的问题，从而为我国产业结构调整减少摩擦，并增加更多的可供调整利用的资源。

（二）中小企业应注重企业结构调整

中小企业由于数量众多，投资少，经营方式机动灵活，对市场变化反应快，与市场有着天然的联系，因而只要有合适的环境就能得到发展，并发挥积极的和不可替代的作用。但是，中小企业在发展过程中，普遍存在资金规模小、势力弱、内部组织关系不稳定、经营管理和技术人才缺乏等问题。因此，无论从当前着眼还是从长远考虑，中小企业如果得不到政府的支持和帮助，要想进一步发展壮大并发挥其应有的作用，实在是很难的。

经济发展实践告诉我们，中小企业的发展不仅涉及所有制结构和企业结构的改革与发展，还直接关系到保障和改善民生、扩大内需、增加就业、促进市场竞争机制的发挥，防止市场经济停滞等问题。

对中小企业的全新认识的主要体现，是实现由“放”到“帮扶”的转变，为中小企业带来更多的实惠。如给予社会资本投资国民待遇，放宽市场准入以及进区、进园的条件；放开商业银行放贷额度、鼓励新增贷款向中小企业倾斜，甚至规定商业银行向中小企业贷款应占的比率；落实中小企业专项贷款政策；设立中小企业发展专项资金；创建为中小企业融资的社会担保体系；制定针对中小企业诸如上调出口退税率、减低营业税率、减免中小企业不良贷款等财政减税政策，让中小企业切实得到财政政策的支持；构筑和完善专为中小企业服务的公共信息和技术服务平台，为中小企业发展提供一个较大空间和保障体系；制定鼓励现有在职管理和科技人员以及包括应届大学毕业生、研究生进入中小企业工作的优惠政策，满足中小企业对各类专业技术和管理人才的要求等。

当然还应合理规划和调整企业群体结构，引导中小企业与大型企业形成分工协作关系和联盟，提高社会化协作、专业化生产程度，进而从整体上提高我国企业的市场竞争能力。在市场经济条件下，不同规模和类型的企业在体制、机制和发展模式上既相互竞争又相互合作，在产业、产品上协作配套，形成完善的产业链，共享共用各种基础设施和知识、信息，既有利于中小企业获得稳定的市场，促进中小企业向专、精、特、新方向发展，也有利于大企业围绕重大产业项目和重要产品形成配套体系，充分利用中小企业提供的价廉质优的零部件和产前、产中、产后的服务支持，满足消费者多品种、个性化、低成本和快速交货的要求，最终形成相互依赖、相互促进、共同发展的局面。

第七章 工业合理布局与四川工业结构优化升级

在工业化初期，影响工业布局的最大因素一是自然资源禀赋，二是交通条件。在工业化进入中期阶段之后，由于产业发展依赖的要素结构变化，初级要素对产业发展的影响逐渐下降，高级要素的影响迅速提高，工业布局也会随着这一趋势发生变化，经济区位而非资源禀赋成为工业布局的主要依据，产业集聚而非均匀分布成为工业布局的重要特征。本章遵循这一思路，在对我省当前工业布局情况进行描述的基础上，分析当前存在的问题，并提出相应的政策建议。

第一节 当前四川工业布局情况

当前我省的工业布局，是工业化进程由初期阶段向中期阶段转变过程中工业结构的真实反映。工业的区域经济布局正在工业结构的迅速调整优化升级过程中不断改变。尽管工业布局有一定的继承性，但变化是当前的主要特征。由此，本节对当前四川工业布局情况的描述，主要从理论、现状和发展规划三个角度展开。

一、四川工业布局研究综述

产业布局是产业结构在空间地域上的投影。包括三种模式，即增长极模式、点（城镇）轴（交通、通信网络）开发模式、网络开发（城市为节点、产业密集带为脉络）模式；从均质布局→点状布局→点轴布局→网络布局的变化，是产业布局演变的一般规律。① 在这一概念之下，工业布局是区域工业产业在一定地理条件约束下在区域范围内的空间分布与组合，其主要的关注点是工业集中区的发展、结构变化。与农业和采矿业相比，加工工业对自然环境的依赖性相对较小，用现代化手段进行大规模集中生产，对包括交通运输、供排水、能源供应、市场有较强的依赖性。尽管产业的核心能力可能是资源、市场、劳动力或者技术，但加工工业一般布局在规模不等的经济中心区域。② 这是区域工业经济布局的一般特征。就工业布局而言，按产业类别一般分为能源工业、重工业和轻工业

① 杨万钟. 经济地理学导论［M］. 武汉：华中师范大学出版社，2008：19-20.
② 中国人民大学区域经济研究所. 产业布局学原理［M］. 北京：中国人民大学出版社，1997：7.

布局。理论中对于区域工业布局的研究，重点在于影响布局的因素、布局合理化的判断以及布局变化的机制等。就四川工业布局而言，理论研究探讨布局影响因素和布局未来发展变化的较多，对布局合理化的探讨则相对缺乏理论基础。

鉴于优势产业发展与工业结构优化升级的直接联系，优势产业布局是理论探讨的重点。且理论研究一般认为，资源指向是四川优势产业布局考虑的首要约束条件。从资源角度看四川优势产业，主要从初级要素和高级要素两个角度进行分析。例如，以自然资源为基础的产业（钒钛、盐化工、水电、石油天然气化工、纺织）、以技术为基础的产业（电子信息产业、现代中医药产业、钢铁产业）和以人力资源为基础的产业（加工制造业）的布局研究，对于优化产业布局的工作机制，特别强调政府在优势产业布局中的引导作用，在此基础上充分发挥企业在产业布局中的主体作用。[①]

对于四川工业产业布局存在的问题，唐浩（2007）认为，存在着产业布局与区域布局严重不协调问题。一是各地产业盲目效仿和无序竞争严重，二是工业园区（集中区）发展滞后，三是资源开发各自为战，无法形成资源整合效应。这也是在我省工业化初期理论界持有的普遍看法。解决的措施：一是区域布局要以产业为支撑，同时以区域经济布局为依托的产业布局能够推动大产业的发展；二是以产业（产品）链的延伸扩大产业布局的区域范围；三是加快产业园区建设，提倡大城市经济圈。

对于四川的工业产业布局，在理论上的研究更多的是针对工业布局未来变化及机制的探讨。例如，对于医药产业（以成都为中心的成德绵经济带的中医药现代化产业基地和秦巴山区丰富的医药原料为基础形成的医药产业集聚地）和新材料制造业［攀西（钒钛）、德阳（新型材料）、成都（化学建材）、凉山（稀土）］的布局整合，电子信息产业（成都、绵阳）、农产品加工业（川东北、达州、绵阳、遂宁）的布局扩张，钢铁产业（攀枝花）、装备制造业（德阳、乐山、眉山）、石油天然气能源化工（泸州、宜宾、达州）的布局调整，纺织业（成都、遂宁、绵阳、内江、南充和达州）的布局转移等。[②]

对于四川产业布局的变化，理论研究关注了不同的变化类型。同类产业的集中趋势（如钢铁、烟草）、上下游产业的整合（如电力和高载能产业、能源与化工等）以及侧向联系产业的布局等。[③] 具体发展方向，王光彩、陈哲人（2006）认为，四川规模以上工业主要集中于成都平原经济圈，还存在着布局分散、集中度和集聚效益低、资源利用差的问题，20%在城镇，80%分散在广大乡村，生产成本高，直接影响企业经营。[④] 刘世庆（2008）结合灾后重建认为，一是以主题

---

① 四川省经济委员会，四川工业强省战略问题研究——产业竞争力及可持续发展［M］. 成都：西南财经大学出版社，2007：977-984.

② 四川省经济委员会，四川工业强省战略问题研究——产业竞争力及可持续发展［M］. 成都：西南财经大学出版社，2007：997-1 000.

③ 四川省经济委员会，四川工业强省战略问题研究——产业竞争力及可持续发展［M］. 成都：西南财经大学出版社，2007：1001-1008.

④ 王光彩，陈哲人. 四川工业的现状及存在问题［J］. 四川省情，2006（4）：17-18.

功能区建设为纲，分类指导，优化布局、重点推进、协调发展，工业布局要尊重自然规律；二是重点推进成德绵平原地区加快工业发展；三是重点推进县域经济和县域工业发展；四是重点推进高新区、工业集中区和特区建设等。[①] 杨先国结合 2008 年四川工业运行态势，认为全国工业区域布局的不平衡形成了工业产业在区域之间转移的可能性，应抓住机遇，继续发展好以白酒为代表的饮料制造业、大力扶持化学原料及制品业、做精做深农副产品加工业、进一步发挥水电优势、大力发展建材工业等。[②]

这些研究从不同的侧面对四川的工业布局进行了探讨。已有研究达成的一个共识是，正如我省的产业结构一样，四川产业布局正处于一个快速发展变化的时期。优势产业布局是影响工业布局的关键，要把握工业产业布局的演变，就需要更加深入地研究工业产业布局的影响因素与作用机制。

二、四川工业布局的现状

随着我省工业化由初期阶段步入中期阶段，工业布局由过去的分散向集中转变已成为大趋势。从当前的产业规划和政策表述上看，工业结构的变化及其趋势首先表现为布局的变化。由此，工业布局一方面有很强的继承性，另一方面在不断加强的集聚趋势下，从过去的均质向点状进而点轴发展的态势越来越明显。

以“十五”规划为例，尽管政策的着眼点还是支柱产业，但发展规划已经开始着眼于优势产业发展所带来的产业集聚效应。我省提出“发展壮大支柱产业。要加快发展电子信息、水电、机械冶金、医药化工、饮料食品支柱产业，努力建设电子信息、水电、重大装备、特种钢、钒钛新材料、现代化中医药、天然气化工、饮料食品 8 大工业基地”。在《四川省培育和壮大重点优势企业规划》中明确提出，六个优势产业电子信息产业 1 085. 82 亿元，医药化工产业 418. 8 亿元，水电产业 183 亿元，机械冶金产业 700 亿元，饮料食品产业 370 亿元，建材轻工及其他产业 408 亿元。“十五”规划的执行结果也正如规划所预期的那样，优势产业集聚态势开始显现。2005 年全省规模以上工业增加值达到 2 034. 4 亿元，“十五”期间年均增长 19. 9%。攀钢成为我省首家进入中国企业 500 强前 100 名的企业，列第 67 位。产业集群逐步形成，成都高新区、绵阳科技城、德阳重大装备制造业基地、泸州西部化工城、乐山半导体元器件基地、攀西钒钛稀土新材料基地、宜宾酒都、资阳车城等一批各具特色的城市经济快速崛起。

在“十一五”期间，包括装备制造业、水电产业、高新技术产业（电子信息产业、新材料产业、生物技术产业、航空航天和核工业）、农产品深加工业（饮料食品、中药、林产品加工、丝麻加工）、化工产业（天然气化工、煤化工）五大支柱产业发展继续受到政策的支持。同时，工业产业的点状集聚作为发展的

① 刘世庆. 四川工业：从灾后重建走向产业复兴［J］. 西南金融，2008（7）：15-18.

② 杨先国. 下行压力增大 调整势在必行——2008 年四川工业运行态势分析［M］. 四川省情，2009（1）：27-28.

基础，已经成为政策关注的重点。主要表现在两个方面：一是结构调整强调以重点企业和区域为核心，加快产业调整。钢铁工业强调发挥攀钢集团的资源、能源和技术、装备优势；纺织工业重点支持宜宾丝丽雅、四川聚酯、遂宁锦华、南充六合、大竹金桥等行业内优势企业加快技术进步和创新等。二是明确提出了产业集聚目标。以企业集团为核心，打造水电及高载能产业、重大装备、电子信息、优质钢及新材料、现代化工等制造业产业基地。三是优化产业布局结构和企业组织结构。以拥有最终产品的优势企业为龙头，以工业集中发展区为依托，促进同类和相关企业实现聚集式发展，实现工业化与城镇化联动。由此，我省的工业布局，不仅关注区域分布，更关注在当前区域分布约束下的产业集聚。

就当前的情况而言，按照《四川省工业八大产业调整和振兴行动计划（2009—2011 年）》的描述，我省对区域经济社会发展较为重要的工业产业包括（但不限于）装备制造业、钒钛钢铁产业、石化产业、纺织产业、轻工产业、有色金属产业、电子信息产业等八个产业。其具体布局和集聚情况如下：

（1）装备制造业。骨干企业 60 户。主要包括：德阳以发电、冶金为重点的重大技术装备产业园区；成都以航空航天及空管设备为重点的空天产业园区；自贡以发电锅炉、机械制造为重点的板仓工业园区；资阳动力机车产业园区；泸州工程机械产业园区；广汉石油钻采产业园区。2008 年，我省装备制造业规模以上企业完成工业增加值 790 亿元。

（2）钒钛钢铁产业。重点企业 40 户。已形成“一大四骨干”（即攀钢集团和川威集团、达钢集团、德胜钢铁集团、西南不锈钢）局面；攀西地区已成为全国最大的钒产业基地和钛原料基地，攀枝花钒钛产业园区成为钒钛产业集群发展的核心区，聚集了钒钛企业 70 余家。2008 年，全省钒钛钢铁产业实现销售收入 1 584 亿元，完成工业增加值 475 亿元。

（3）汽车产业。骨干企业 26 户。初步形成以成都为中心、资阳和绵阳为两翼的汽车产业带。2008 年，全省汽车工业实现销售收入 380. 8 亿元，完成工业增加值 133. 5 亿元；全省产销各类汽车整车 17. 5 万辆。

（4）石化产业。骨干企业 20 户。主要分布在成都、川南沿江地区和川东北地区。2008 年，全省油气化工产业完成工业增加值 444 亿元。

（5）纺织产业。骨干企业 26 户。较为分散，主要分布在成都、遂宁、绵阳、南充、宜宾等地。

（6）轻工产业。骨干企业 70 户。主要分布在盆周山区和部分丘陵地区，无论是存在的产业还是区域都较为分散，是县域经济的重要支撑。2008 年，我省饮料食品产业完成工业增加值 844 亿元，实现销售收入 2 391. 8 亿元，利润 154. 7 亿元，产业规模总量列全国第五位。

（7）有色金属产业。骨干企业 50 户。企业规模小，产业集中程度不高。主要分布在攀西和成都平原区。

（8）电子信息产业。骨干企业 55 户。主要分布在成都、绵阳、乐山、广元、德阳、遂宁等地。2008 年，我省电子信息产业完成工业增加值 470 亿元，其中电子信息制造业完成工业增加值245亿元。

以上是我省当前发展中对现实经济生活有着重要影响的一个产业类别及其布局。其中有一些尽管不是未来我省产业发展未来的方向，如纺织、轻工，但对于当前我省产业的发展和就业的增加有着至关重要的作用。

三、四川工业布局的未来趋势与政策

未来四川工业布局重点在于优势产业。按照《四川省工业“7+3”产业发展规划》（2008—2020年），包括电子信息、装备制造、能源电力、油气化工、钒钛钢铁、饮料食品、现代中药七个优势产业和航空航天、汽车制造、生物工程以及新材料三个潜力产业在内的“7+3”产业具有进一步加快发展的优势和潜力。

按照布局规划，在已形成的“点”的基础上，重点发展“轴”，加快建设“八大工业产业带”，即加快建设成绵乐广遂电子信息产业带、成德资自宜泸装备制造产业带、成德绵南资汽车产业带、攀西钒钛稀土产业带、成乐眉雅绵硅产业带、川南沿江重化工产业带、川东北天然气化工产业带、成遂南达纺织服装鞋业产业带。到2015年，建成一批知名产业品牌，基本把我省建成国际知名的重大技术装备制造基地、水电能源基地、钒钛稀土新材料基地和全国重要的化工产业基地、电子信息产业基地、中医药和生物医药产业基地。到2020年，力争把我省建成中西部最具竞争力的现代制造业基地。同时，以加快产业园区为手段，进一步提高“点”的产业实力。到2015年，力争全省各类产业园区工业增加值达到6 700亿元；到2020年，力争全省各类产业园区工业增加值占全省规模以上工业增加值的比重达到65%以上。

在加工制造业方面，主要依托成都经济区和川南经济区集中布局。成都平原经济区侧重发展大型发电设备、冶金化工成套设备、机车车辆、工程机械、石油天然气成套设备、环保成套设备、汽车制造等，川南经济区侧重发展电站设备、环保装备、大型锅炉、工程机械等。

在《四川省国民经济和社会发展“十二五”规划基本思路》中指出，我省水电、天然气、钒钛等优势资源开发和装备制造、电子信息、农产品加工等优势产业发展加快，德阳重大技术装备、绵阳数字家电、成都软件、攀西钒钛和川东北天然气等产业集群发展壮大，成为支撑我省经济发展的重要力量。在规划中，对于未来工业布局的表述，着重在集中上，即以国家重要的优势资源开发基地、世界知名的现代制造业基地、全国重要的科技创新产业化基地和西部重要的农产品深加工基地等为重点，大力发展特色优势产业。同时，明确提出了优化主体功能区布局、处理好主体功能区与区域发展战略的关系，全省区域分为优化开发、重点开发、限制开发和禁止开发四类，按照重点开发、限制开发和禁止开发主体功能要求，明确各自区域主体功能定位，合理引导人口和市场要素向重点开发区域集聚。同时，针对不同的定位，控制开发强度，实施差异化的开发政策。

此外，工业经济发展的基础条件在服务业加速发展的态势下将发生根本性变化。其中，成都物流中心发展面向全国跨省区的运输、仓储和配送，使其形成承接国际区域性货物周转的能力，形成全国性物流中心。攀枝花物流中心发展矿产资源、钢材和农产品（冷链）物流，辐射川、滇、黔交界区域。泸州—宜宾物流中心发展酒业、化工和机械物流和集装箱内河航运物流，辐射川、滇、黔、渝交界区域。达州物流中心发展天然气化工、农产品和再生资源物流，辐射川、渝、陕、鄂交界区域。绵阳—广元物流中心发展电子产品、农产品物流，辐射川、陕、甘交界区域。南充物流中心发展商业零售、农产品（冷链）、建材和食品物流，辐射川、渝交界区域。遂宁—内江物流中心建设仓储配送设施，发展应急物流。乐山物流中心以大件运输为特点，形成水路联运的物流中心。雅安物流中心发展矿业、机械加工、农产品物流，辐射西藏、攀西等地区。在物流业加快发展的态势下，我省的工业布局也迎来了一个在市场规律作用下加快调整的机遇期。

由此可见，在我省未来的工业布局中，一是传统的优势产业区域会得到进一步强化；二是产业集聚和彼此之间联系的密切将成为促进工业布局优化的重要方式；三是服务业的发展将成为影响未来十年我省工业布局变化的重要力量。

第二节　当前四川工业布局存在问题及分析

对于四川工业布局与工业结构优化升级的研究，主要从以下三个方面展开：一是能源产业与轻重工业之间的关系分析。这是一个上下游关系，只有能源产业能够适应工业经济发展的要求，工业结构的优化升级才有保障。二是当前工业产业空间布局的分析，这是对我省各个区域工业产业发展的评价。尽管目前已有明显的优势产业集聚状态，但在全省 181 个县中，还分散着大量的工业企业。要实现工业结构的优化升级，只关注优势产业而不注重这些中小企业群体的发展，不符合工业经济发展的客观实际。三是工业产业集聚中点轴关系分析。这是“十二五”期间我省工业经济集聚发展的最主要方向。通过以上三个方面的分析，大致可以反映我省当前工业布局对工业结构优化升级的影响。

一、四川能源产业与其他工业部门之间的关系分析

能源消费对于工业经济的发展至关重要。从 2007 年和 2008 年两年的情况来看（见表 7-1），在煤炭、焦炭、油品、天然气和电力五类能源中，煤炭和油品消费呈快速增长趋势，煤炭消费增加超过 50%，油品消费增加近四成。若考察工业能源消费占全省最终能源消费的比例（见图 7-1），可以发现，除煤炭和油品外，焦炭、天然气和电力的工业能源消费均占 50%以上，而占比相对较小的煤炭和油品，也在快速上升过程中，2008 年属于经济萧条期，工业煤炭消费占比依然提高了 10%以上，油品工业消费占比提高了 3%。较为特殊的是天然气工业消

费下降了12%。2007年11月10日，国家发展和改革委员会通知，将工业用天然气（不包括化肥和供热用气在内）的出厂价从每立方米0.8元上调到1.2元，上调了0.4元/立方米；2010年6月，天然气再次涨价，基准价格提高幅度高达24.9%。"气改煤"，一方面天然气用量下降，另一方面煤炭用量快速上升。由此可知，工业能源消费是影响能源消费量的最主要因素。

表7-1　　2007年、2008年四川工业能源消费及增长情况

工业能源	煤合计（万吨）	焦炭（万吨）	油品合计（万吨）	天然气（亿立方米）	电力（亿千瓦时）
2007年	2 966.69	1 124.62	165.95	70.30	764.78
2008年	4 570.50	1 106.60	230.28	62.08	765.45
增长（%）	54.06	-1.60	38.76	-11.69	0.09

资料来源：2008年和2009年的《中国能源统计年鉴》。

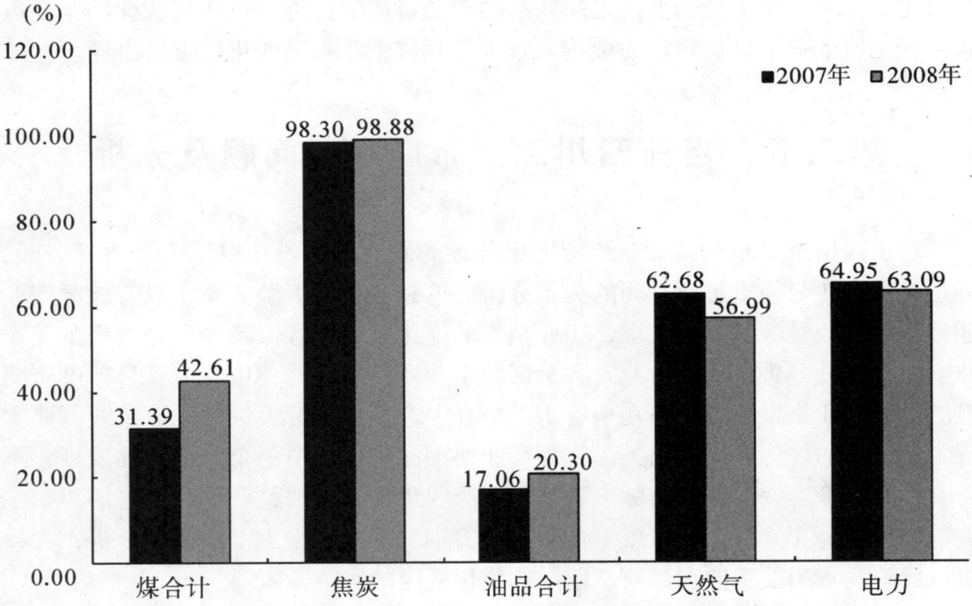

图7-1　2007年、2008年四川工业能源消费占全省最终能源消费比例

能源产业作为资源型产业，是我省优势资源产业发展的重要构成部分。但由于自然资源限制，我省能源生产的结构并不均衡。从满足本身能源消费的角度看（见表7-2），除天然气、电力、焦炭可自给外，其他两项能源类别需要从外地调入。其中，油品几乎全部依靠外省调入，煤炭在2008年从外地调入2 061.35万吨（2008年调出809.21万吨，2007年调出737.59万吨，调出增速远不如调入增速）占到了当年全省煤炭消费的20%。如果调入的煤炭仅用于工业用途，则占比为50%。在电力方面，2008年，水力发电与火力发电占电力产出的比例分别为71%和29%，其他类型的发电产出仅为1.26亿千瓦时，占比几乎可以忽略不计。受政策影响，火力发电在2008年整体规模出现了绝对下降，从448.6亿千瓦时下降到400.85亿千瓦时。

表7-2　　2007年、2008年外地调入能源占能源消费的比例　　单位:%

外省（区、市）调入量占全省能源消费的比例	煤合计	焦炭	油品合计	电力
2007年	6.38	8.59	101.73	2.97
2008年	19.22	9.21	100.18	2.32

从投资上来看，2008年，四川城镇能源工业投资总额达到677.33亿元。从投资结构上来看（见图7-2），投资最大的是电力生产（2009年达到977.60亿元），其次是煤炭，最后是石油和天然气。在电力生产投资中，水电占到了相当的比例（见图7-3）。以2009年为例，重大项目中，水电占续建项目的36%，占新开工项目的43.4%，占储备项目的67.3%。

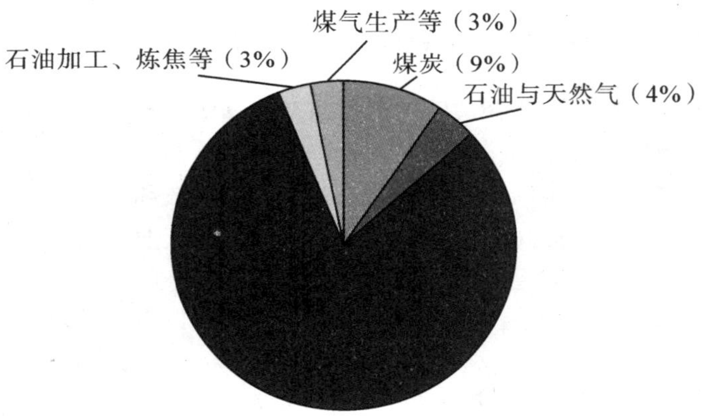

图7-2　2008年四川能源产业投资结构

综上所述，我省的能源产业在电力（尤其是水电）、天然气方面存在优势，在煤炭和油品方面则是能源输入地。在大力发展优势资源产业的背景下，可以预见我省未来在电力和天然气方面的优势还会进一步加大。由此对下游的工业产业布局形成了影响。

（1）高耗能产业在能源产业所处区域快速发展。最为典型的是我省的民族地区，大量水电项目落户使得电力供给充裕，因此刺激了高耗能产业的发展。如阿坝州，2009年全州规模以上工业企业实现增加值22.69亿元，比上年增长88.1%。其中：轻工业实现增加值0.99亿元，增长86.8%，重工业实现增加值21.70亿元，增长100.2%。再如内江，2009年轻、重工业分别为36.0%、64.0%，重工业占主体；从产值增长速度看，轻、重工业分别增长22.5%、39.3%，重工业发展支撑着内江工业经济增长。在重工业中，高耗能行业增长

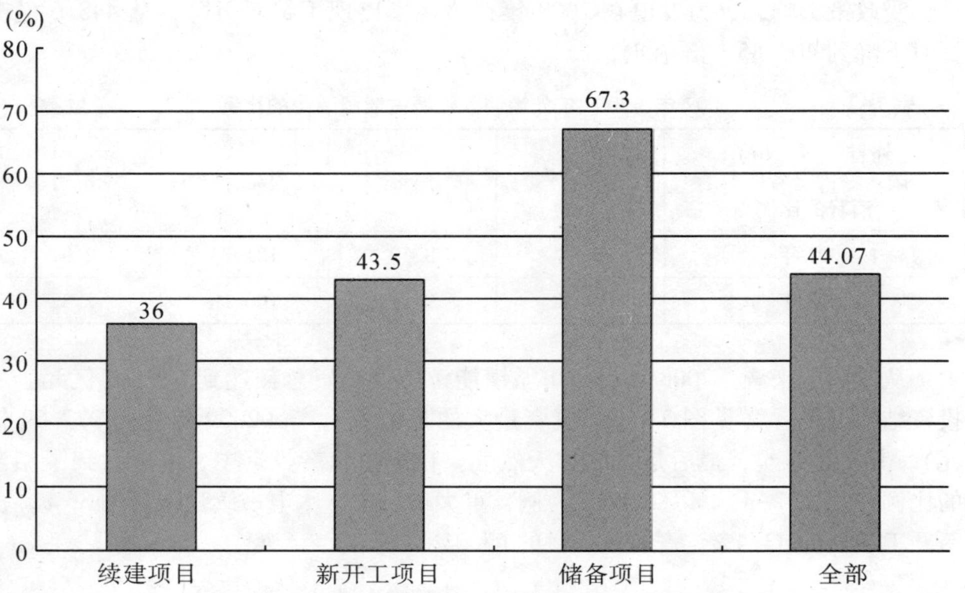

图 7-3　四川省 2009 年续建和新开工重大项目计划中水电项目占比

34.5%，占规模工业总量的 38.7%，比同期提高 0.7 个百分点。重工业特别是高耗能行业快速增长，明显不符合当前能源资源价格走高、节能减排形势严峻的宏观环境和迫切的经济结构调整需求。以高耗能、高排放和高污染为特征产业在能源产地的落户，尽管对提高能源利用效率和延伸能源产业链有好处，但由于能源产地本身自然环境、社会经济条件的局限性，随之而来的环境污染、环境承载能力差、资源拿走污染留下等都成为高耗能产业发展难以克服的难题。

（2）整个四川的工业经济，也因能源产业的发展而具有高能耗的特征。按照四川省统计局的分析，2010 年 1~5 月，全省规模以上工业企业用电量达到 540.7 亿千瓦小时。其中，黑色金属冶炼和压延加工、有色金属冶炼和压延加工、化学原料及化学制品制造、非金属矿物制造、电力热力生产供应五大高耗能行业合计增加值、用电量分别为全部工业的 29%和 70.7%，五大行业消耗 70%的电获得的增加值产出不足 30%，单位耗电产出为 2 元/千瓦小时，仅为全省平均水平的 41.1%。对于优势能源产业的重点布局所形成的高耗能产业发展态势在短期内难以改变。

（3）煤炭和油品的大量调入对于我省未来工业布局有重大影响。在天然气价格快速上升的情况下，我省过去的天然气化工企业面临着巨大的成本压力。要解决发展矛盾，一是靠政策获得优惠气价；二是寻找替代品，以价格较低的原料来替代天然气，以达到控制成本的目的。前者受政策变动的影响，未必能持久。故后者成为当前的一大变化趋势，即“气改煤”。如果这一趋势在居高的天然气价格下持续，那么持续的大量煤炭运输供给方式将促使企业以成本为依据，重新考虑企业的布局问题，过去靠近能源产地的布局模式将被放弃，取而代之的是沿交通网络布局，以充分发挥交通基础设施的作用，降低企业的运输成本。

总之，能源产业对我省其他工业产业的布局有着重要的影响。它不仅直接决定了工业的区域布局，还直接影响了产业的选择。如果在“十二五”期间，依然维持当前的能源结构不变，那么我省产业的高耗能特征也就无法改变，进而要通过产业的扩张来实现就业增长，即促进就业的经济增长过程就难以出现。

二、四川区域工业经济实力及其对未来工业布局的影响

四川区域工业经济实力不仅要看优势产业布局，还要看各个地方工业经济运行的实际情况。优势产业代表的是我省工业在全国乃至国际市场上的竞争能力，而各个地方工业经济运行的实际水平则反映我省工业经济的全貌。理解以下三个特征对于我们研究四川区域工业经济实力及其对未来工业布局的影响有着积极意义。

（1）我省工业布局的非均衡态势非常明显。以 2009 年工业增加值为例，成都独大的情况非常明显（见图 7-4），共完成工业增加值 1 401 亿元，而排在第二位的德阳仅有 400 亿元，差距很大。除广元、巴中、阿坝和甘孜外，其他市州的差距并不如成都那样突出。所以，就区域产业布局而言，首要的特征就是成都工业经济的一枝独秀。这与成都在全省的经济地位完全符合（见图 7-5）。2009 年，成都市地区生产总值达到 4 502.6 亿元，占全省的比例为 31.82%。20 年的时间，提高了 10 个百分点。如果做一个横向比较，可以发现，成都在全省经济中处于绝对领先的地位，成都作为占比最大的地区与占比第二的绵阳相比，差距是 25.61%，与排名最后一位的甘孜相比，差距是 30.6%，绵阳、德阳和乐山的经济总量加总（15.45%），仍不及成都的一半，经济总量排第 2 位至第 6 位的绵阳、德阳、宜宾、南充、达州生产总值的和仍然小于成都。成都在过去的发展中极大地增强了地区经济发展的实力，成为无人可以撼动其地位的川内“老大”。2009 年，尽管成都总人口只占四川的 12.68%，但四川超过 1/4 的城市人口在成都；成都创造了四川 1/4 以上的工业增加值，创造了近一半的服务业增加值。由此看来，区域经济的点集聚特征已非常明显。但同时，成都作为四川工业经济布局的一个点的突兀，反衬了其他市州在我省工业布局中的相对弱势地位。成都的强势与其他地方的弱势勾勒出我省工业布局的非均衡局面。

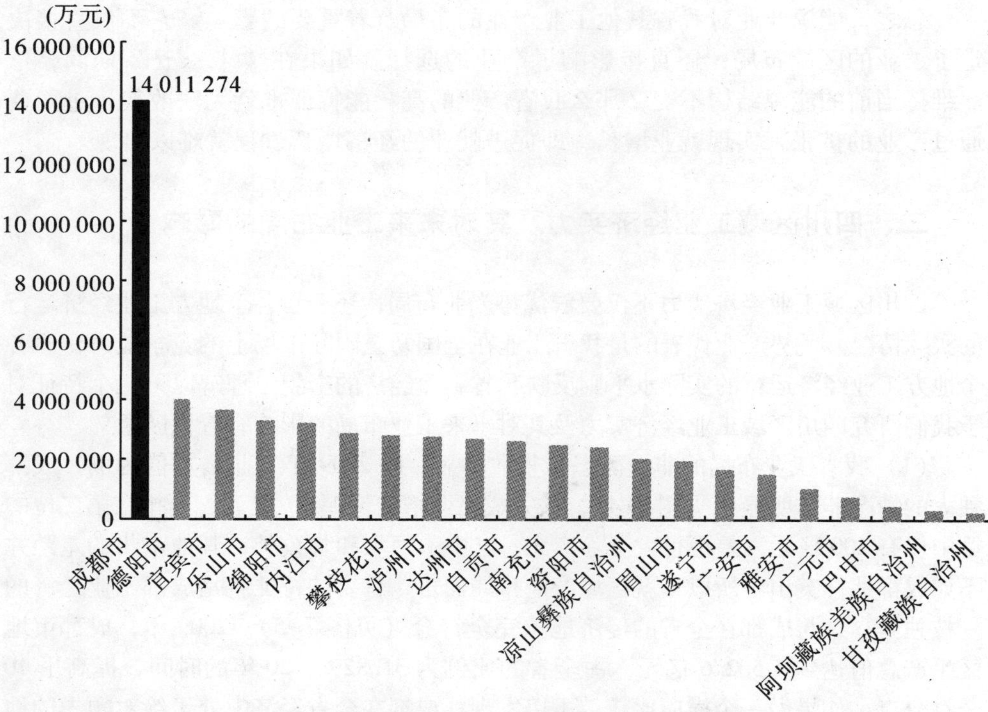

图 7-4　2009 年四川各市（州）完成工业增加值比较

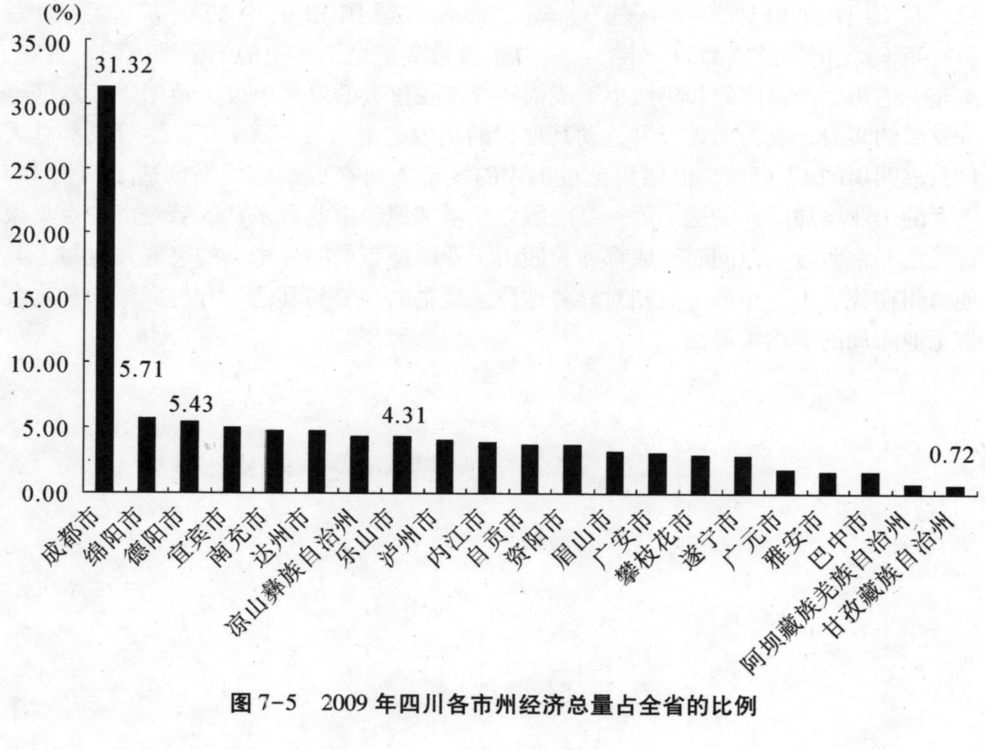

图 7-5　2009 年四川各市州经济总量占全省的比例

（2）县域工业实力差距巨大。如表7-3所示，2009年，全省有8个县（市、区）工业增加值超过100亿元，排在首位的是宜宾翠屏区，工业增加值达到181.77亿元；同时工业增加值不足1亿元的有21个县，其中不足1千万元的有9个，最少的是甘孜州色达县，全县工业增加值仅为315万元。超过100亿元的县（市、区）中，除宜宾、攀枝花、德阳和绵阳的市中区外，其他全是成都的县（区）。如果从行政区划看我省县域工业经济的布局，可以发现与全省一样，即行政区划内部分地方工业经济率先发展。按照工业经济规模的不同，可以把市州的工业布局模式分为以下四类：一是成都模式（见图7-6），工业经济较强的地区均在市区范围之外。人口最为密集的五城区的工业经济并不发达，而人口密度较低的周边地区的工业经济反而发达（如双流、龙泉驿和新都），已经形成了多中心的工业布局。目前成都模式在我省是独一无二的。二是德阳模式（见图7-7），整个地区工业经济较为均衡地发展，没有表现出明显的极化区域。如资阳、内江都不同程度地表现出这样的特征。三是宜宾模式（见图7-8），整个区域存在明显的单一极化区域，极化区域内工业经济非常发达，其他区域则较为落后。一般来说，较为落后的地区，一般都是这样的工业布局模式。四是乐山模式（见图7-9），整个区域内存在多个工业区域，同时工业发展落后的区域也同时存在。如凉山也是类似的情况。这四类工业布局模式基本上可以概括当前我省工业布局的基本格局，即行政区划下的工业"点"状分布。在这四类模式中，由于有强大的服务业做支撑，成都模式是不可复制的。最有价值的是德阳模式。在其他的模式下，工业经济最为落后的地区往往只有一个极化区域，工业经济发达一些的地区有多个，但这些极化区域中一般都包括行政区划中的行政中心在内。在这样的格局下，行政区划成为工业布局的客观依据，跨行政区域的产业布局面临着实际的困难。

表7-3　　2009年四川省县域工业发展规模分级

县域工业增加值	100亿元以上	50亿~100亿元	10亿~50亿元	1亿~10亿元	1千万元~1亿元	1千万元以下
个数（个）	8	32	81	39	12	9

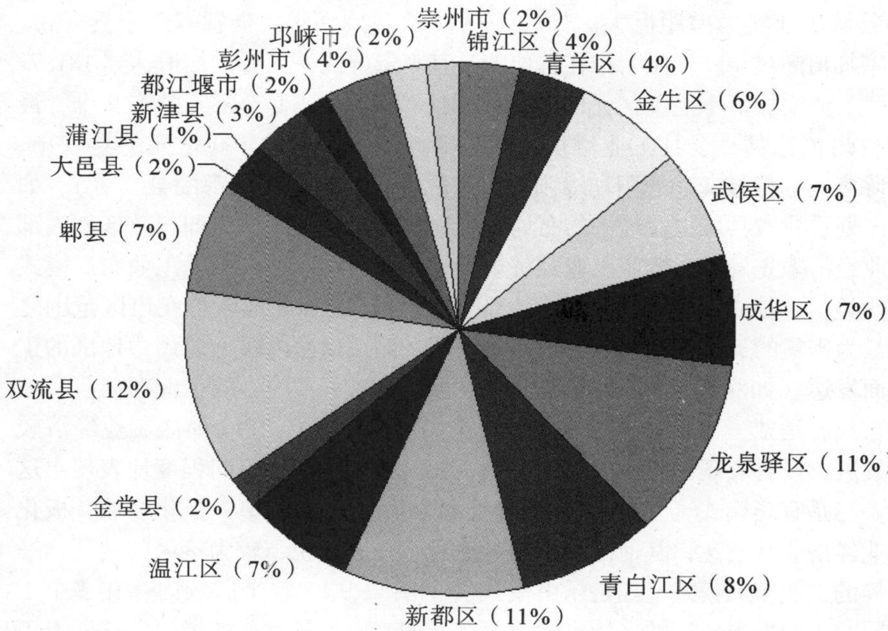

图 7-6　2009 年成都各区（县、市）工业增加值所占比例

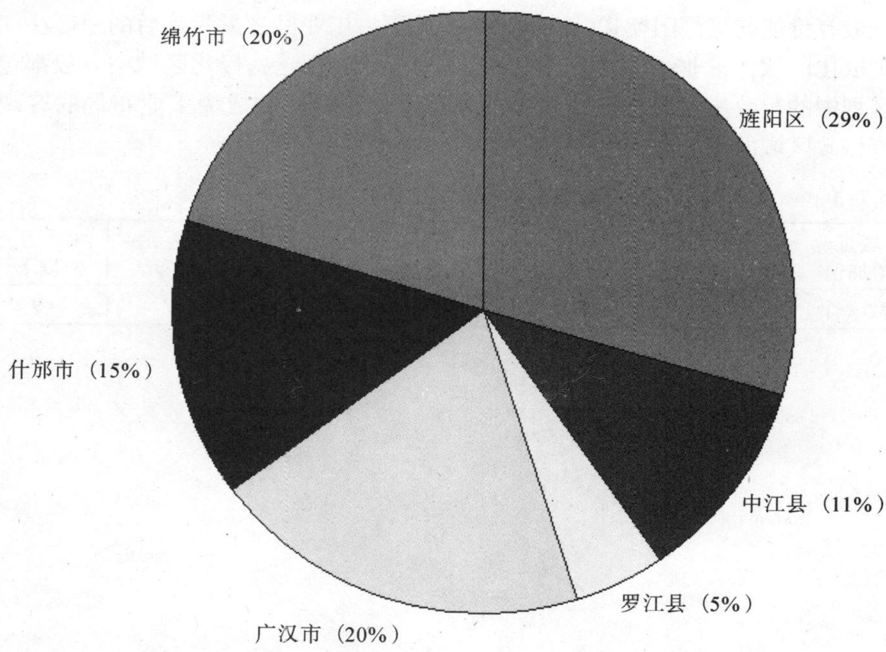

图 7-7　2009 年德阳各区（县、市）工业增加值所占比例

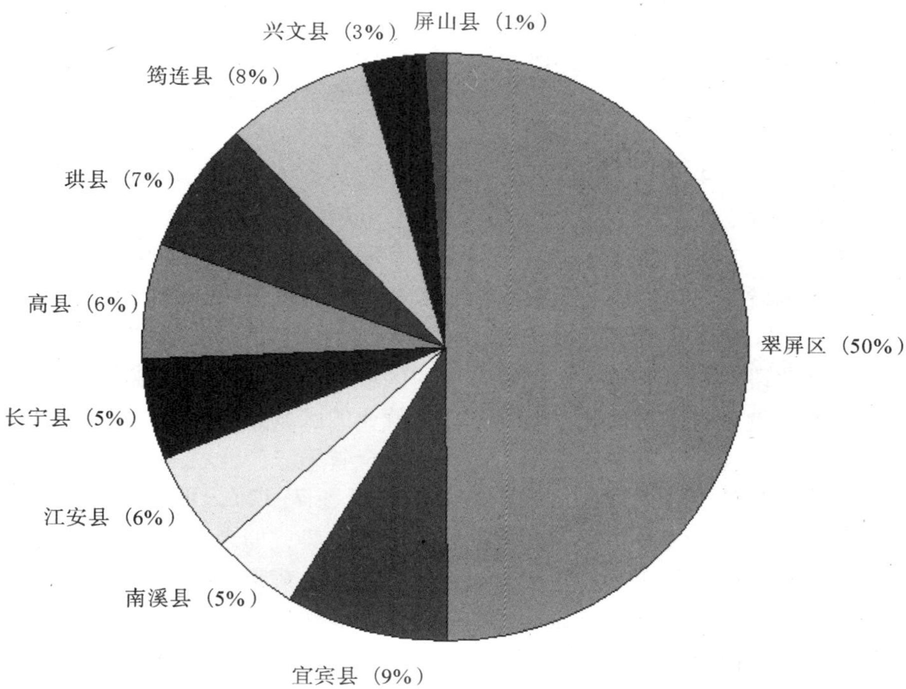

图 7-8 2009 年宜宾各区（县、市）工业增加值所占比例

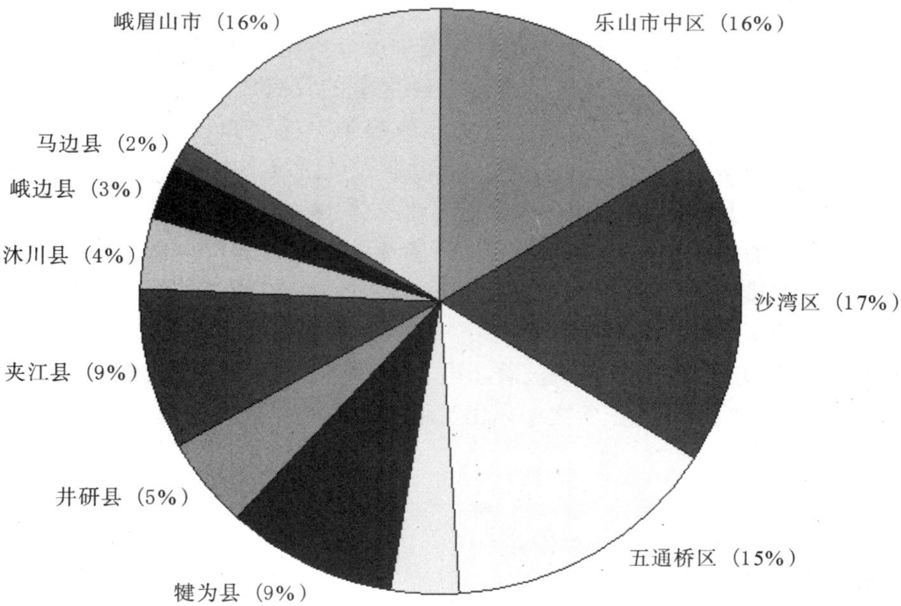

图 7-9 2009 年乐山各区（县、市）工业增加值所占比例

（3）在当前布局中，区域工业未表现出具有显著比较优势的劳动力集聚状态。在工业化初期向工业化中期阶段转变的过程中，劳动力集聚是工业产业结构调整的一个标志，也是反映产业集聚对区域经济带动的真实能力的一个数据。从总量上看，2000—2009年四川就业人员总量变化不大，10年就业人员规模增加了约100万，与近4 800万的总规模比较，增量很小（见图7-10）。在工业产业中，制造业表现出了吸纳就业的强劲能力，2000年制造业就业人员占全省的比例仅为7.45%，2009年已提高至10.83%，而采矿业和电力煤气及水的市场与供应业所吸纳的就业人员占比变化很小，采矿业甚至有较为明显的下降趋势（见图7-11）。结合2005年以后我省工业集中加快发展的态势，可以发现，在当前工业经济的发展阶段，制造业越强，可能带动的区域就业的增加也就越多这一观点是能够成立的。就总量而言如此，但就劳动力就业的区域分布而言，就存在集聚不均衡、不显著的现象。首先是集聚不均衡。以全省第二产业就业人员作为参照指标，进行各市州的就业人员区域集中度分析（见图7-12），可以发现只有10个市州在第二产业上表现出了就业人员区域集中的态势；如果用全国的相关指标作为参照（见图7-13），则只有7个市州在第二产业上表现出了就业人员区域集中的态势。这充分说明了尽管目前全省各地均以工业作为产业发展的主导方向，但工业真正发挥了带动区域经济发展、带动民生改善的区域并不多，很多地方还停留在追求工业化过程的投资与产值增加的阶段，工业经济与区域经济之间的联系尚不紧密。同时，工业产业就业人员的区域集中度也反映了全省各地工业经济的长期竞争能力。表现出了集中趋势的地区与未表现出集中趋势的地区，工业经济的根植性、发展潜力和竞争能力均有较大差异。其次是集聚不均衡。从全省各地2006年与2009年工业产业就业人员区域集中度分析比较的情况来看（见表7-4、图7-14），制造业就业人员区域集中度表现显著的只有成都等10市，2006年与2009年比较，减少了乐山，增加了宜宾；除绵阳、遂宁和宜宾的区域集中度增加外，其他指标呈显著状态的地方的工业就业人员区域集中度均表现出了不同程度的下降态势。其原因有二：一是全省工业总体水平上升，吸纳就业人员增加，使得原来的工业区域相对优势减弱；二是各地的工业企业资本密集化程度提高，在一定程度上排斥了就业的增加（见图7-15），最为典型的就是乐山。一方面电力行业就业的区域集中度翻了两番多，另一方面制造业就业的区域集中度却从2006年的显著变为2009年的不显著。电力行业本身并不是吸纳就业多的行业，这一变化充分说明了在这三年之中乐山工业资本密集化程度的提高。

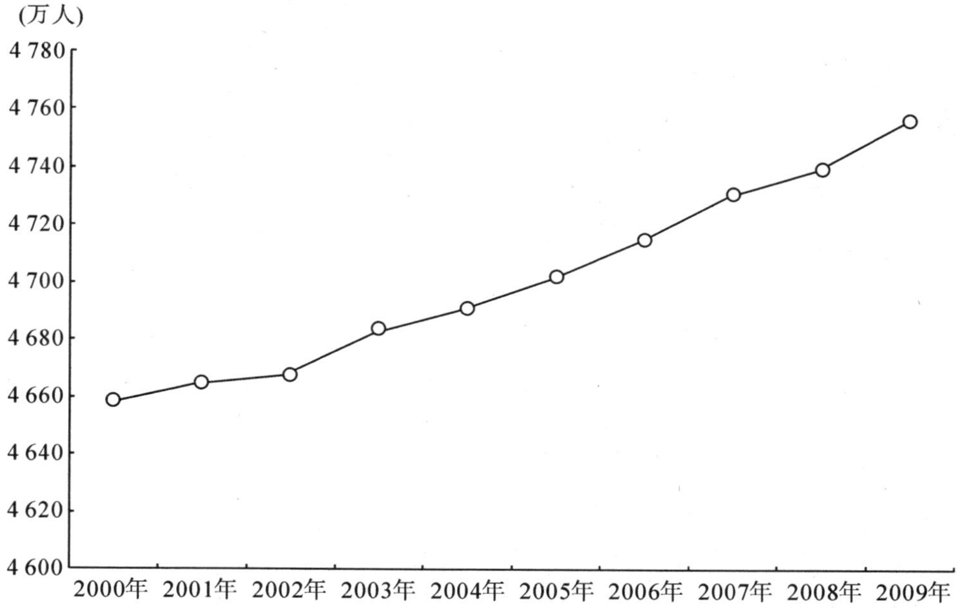

图 7-10 2000—2009 年四川就业人员规模示意图

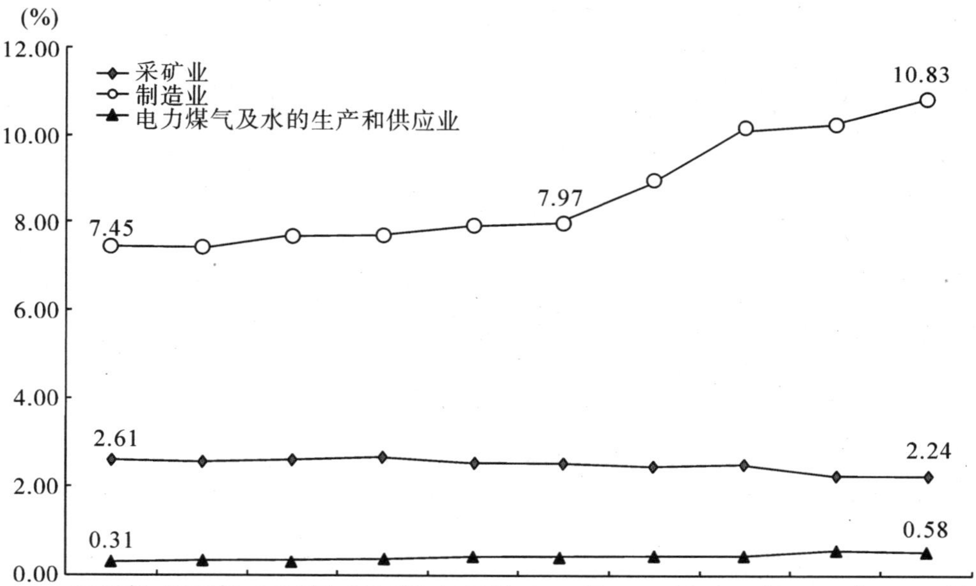

图 7-11 2000—2009 年四川工业就业人员规模变化情况

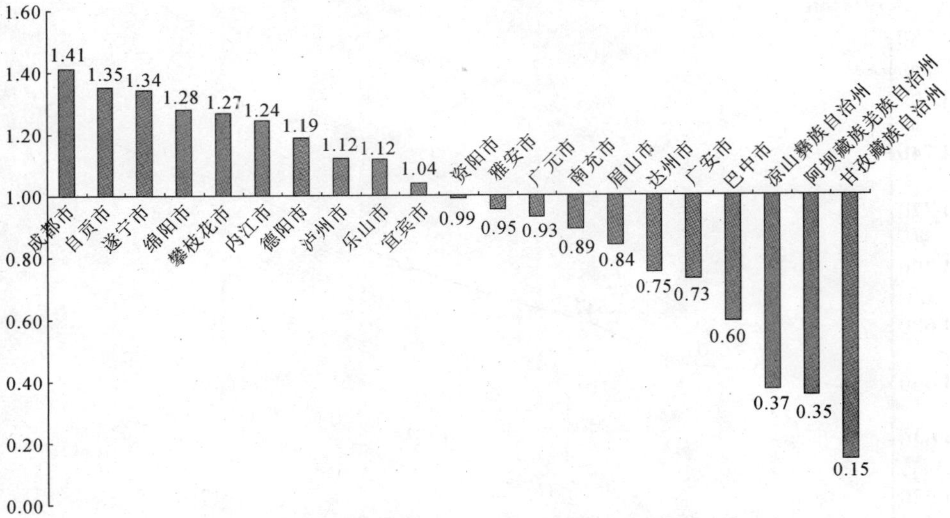

图 7-12　2009 年四川各市州第二产业就业人员规模 LQ 分析示意图

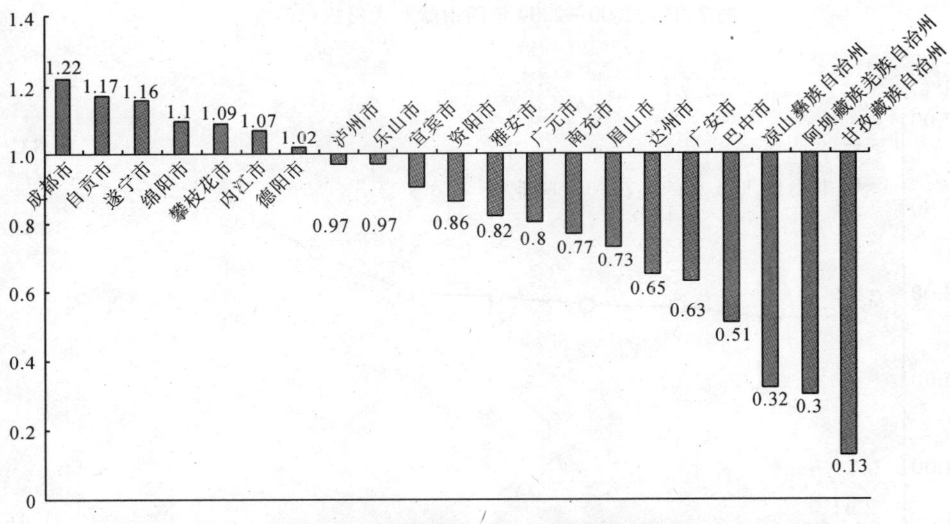

图 7-13　2009 年四川各市州第二产业就业人员规模 LQ 分析示意图

表 7-4　　2006 年、2009 年四川各市州工业产业就业人员规模 LQ 分析

	采矿业		制造业		电力、煤气及水的生产和供应业	
年份	2006 年	2009 年	2006 年	2009 年	2006 年	2009 年
成都市	0. 19	0. 12	1. 75	1. 64	0. 7	0. 55
自贡市	1. 14	1. 62	1. 36	1. 33	0. 75	0. 48
攀枝花市	3. 41	3. 65	2. 27	1. 51	2. 56	1. 43
泸州市	0. 71	1. 01	0. 98	0. 91	1. 6	1. 07

表7-4(续)

	采矿业		制造业		电力、煤气及水的生产和供应业	
德阳市	0. 11	0. 29	1. 88	1. 44	0. 52	0. 38
绵阳市	0. 54	0. 65	1. 19	1. 39	1. 29	0. 86
广元市	1. 32	1. 31	0. 65	0. 65	0. 61	0. 54
遂宁市	0. 06	0. 05	1. 14	1. 15	0. 97	0. 71
内江市	2. 8	2. 01	1. 12	1. 05	0. 66	1. 07
乐山市	2. 13	1. 72	1. 44	0. 92	2. 61	7. 32
南充市	0. 28	0. 56	0. 67	0. 79	0. 68	0. 53
眉山市	0. 2	0. 35	1. 02	1. 00	0. 78	0. 52
宜宾市	2. 48	2. 79	0. 96	1. 10	1. 48	1. 02
广安市	3. 04	1. 58	0. 21	0. 80	0. 5	0. 61
达州市	1. 33	1. 89	0. 67	0. 62	1. 26	0. 85
雅安市	1. 55	1. 79	0. 92	0. 87	2. 26	1. 98
巴中市	0. 42	0. 38	0. 5	0. 54	0. 6	0. 51
资阳市	0. 08	0. 06	1. 08	1. 06	0. 46	0. 38
阿坝藏族羌族自治州	0. 47	0. 42	0. 36	0. 29	3. 08	2. 16
甘孜藏族自治州	0. 22	0. 25	0. 1	0. 05	1. 66	2. 07
凉山彝族自治州	0. 73	0. 77	0. 33	0. 29	0. 89	1. 00

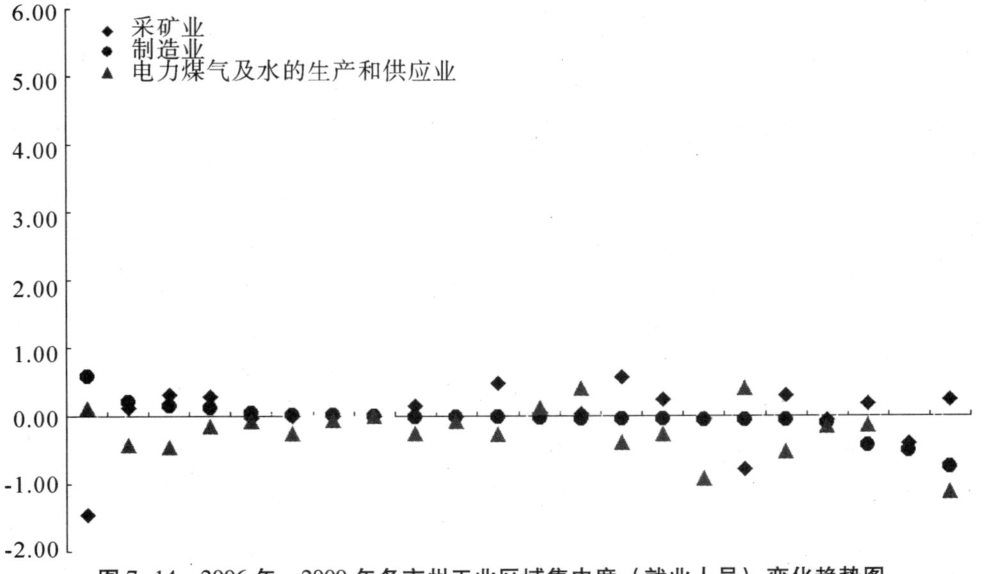

图 7-14　2006 年、2009 年各市州工业区域集中度（就业人员）变化趋势图

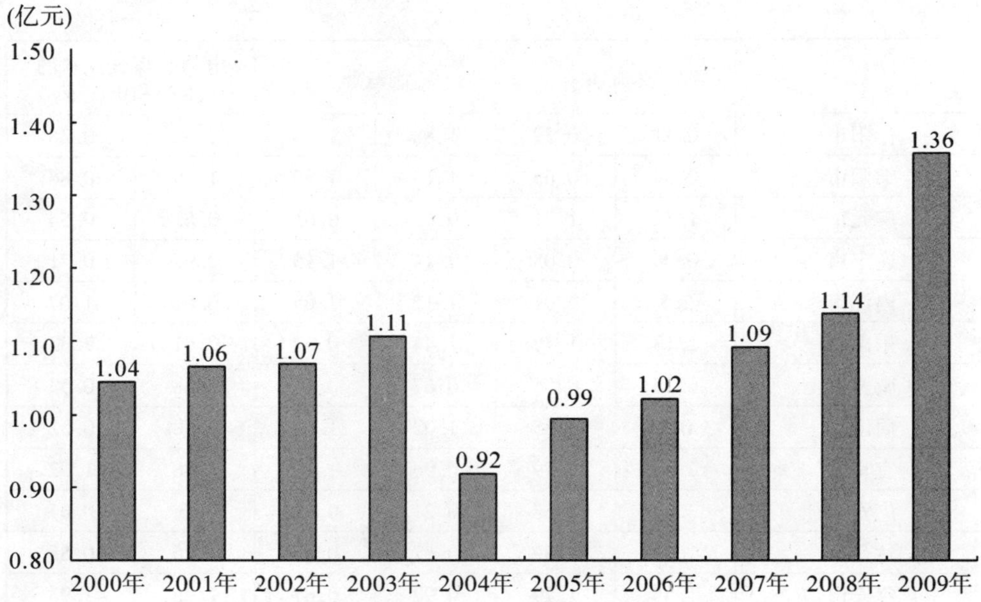

图 7-15　2000—2009 年规模以上工业企业每户平均资产变化情况

三、四川工业集聚发展由“点状”到“点—轴”转变面临的困难与问题

在“十二五”规划基本思路中，对于我省针对成渝经济区发展提出的应对策略进行了重点表述，指出“加快重点经济区发展。着力构建多极支撑的区域发展格局，按照国家规划，全面推动成渝经济区（四川部分）发展，加快‘一极、一轴、一区块’建设”。我省区域经济由“点”布局向“点—轴”布局转变成为未来五年我省区域经济发展的重要趋势。

然而就工业经济而言，这一转变的实现，还面临着一系列的问题。

（1）理念问题。必须要明确，所谓“点”布局向“点—轴”布局的转变，不是单独依靠规划和政策就可以实现的，而是必须依靠市场的力量，在市场规律的自发作用下，实现工业产业由“点”向“轴”的扩散。“点—轴”模式的实现要依靠“点”的实力。当前，我省重点经济区域的发展已经达到相当的水平，具备了由重点经济区域向广大的区域转移产业的可能性和必要性。如成都的“退二进三”。但“点—轴”模式的实现更要依靠规划中的接受区域是否能够顺利接受这些转移的产业。这里面既有基础设施的“硬”约束，也有思想观念的“软”约束。“软”约束表现出来，就是“等、靠、要”。面对地方经济发展困局，面对工业经济发展的薄弱基础，自己不思进取，墨守成规，怠于探索，动辄强调发展的种种困难，将所有问题的根源归结为投入不足，总是指望上级政府出钱出力来解决问题。这种思想在我省的落后地区广泛存在。不改变这种思维定式，就不可能在新的区域发展模式中正确自身定位，主动融入、自谋发展。

（2）如何克服行政障碍问题。过去在一个市、县内讲工业布局、讲发展，有统一的行政机构来衔接工作，行政性障碍即使存在，也不会影响到整个发展规划的执行。但“点—轴”模式实际上是一个跨行政区划的发展模式，是过去“点状”发展的成功经验在更大的地理空间中复制的过程。无论是成都经济区的建设，还是成渝通道发展轴的形成，都需要行政体制的调整来配合。而当前，行政性分割在工业经济的发展中确实存在。这一点是无法否认的。

（3）如何使当前的“点状”区域形成内生的工业产业向周边转移的趋势。当前我省的工业区域布局与城市区域布局是大致重合的，工业经济发达的地区往往也是城市繁荣的地区。城市已经成为工业经济发展壮大的重要保障。这些产业与城市高度重合区域已经表现出了极强吸纳生产要素的能力。如今天的成都。毗邻成都的邻近县份，尽管分属不同的行政区域，但均以在产业上与成都接轨为发展的主要方向，均以本地与成都距离的远近以及通过交通发展缩小这种距离程度的大小来判断未来本地经济发展的前景。“融入成都”已经成为我省经济发展中最为亮丽的一道风景。今后十年，依托现有的经济基础和竞争优势，成都还将是川内经济发展的领跑者。成都经济的实力还将以加快的步伐迅速提升，这一点也无人会质疑。问题的关键在于：成都这一极化区域，在当前加快发展的态势下，有无内生的向外产业转移的动力和恰当的机制？对于这一问题，无论是成都还是周边地区，都有自身不同的认识。例如，成德绵乐四地，就成都而言，寻找更宽广的经济增长空间，通过同城化来提升城市竞争力是主要目的；就德阳而言，成德绵一体化就是要成为成都的副中心；绵阳则更为强调对等的产业对接与公共服务均等化；乐山作为成都经济区唯一的公、铁、水、空次级枢纽，要依靠其独有的交通优势，要成为成都经济区的“南中心”。不同的出发点与认知必然会带来不同的激励和不同的路径选择。从客观情况看，成都尽管是极化区域，但成都内部的发展也不均衡。从发展的要素条件看，中心城区的人口密度远远大于周边县区，如图 7-16 所示。换言之，周边县区还存在较大的发展空间。在这样的情况下，城市的扩张、城市郊区的发展、更为精致的城市化战略将成为成都的首选。而在更大领域内的同城化，如成德绵乐，在一个内部非均衡的“点状”区域内，无法得到持续、稳定的动力支持。如果这一状态不改变，作为全省最大的“点状”极化区域的成都，在未来的 5~10 年内将更多地表现出来“吸附”资源和要素的能力，而不是产业扩散的趋势。

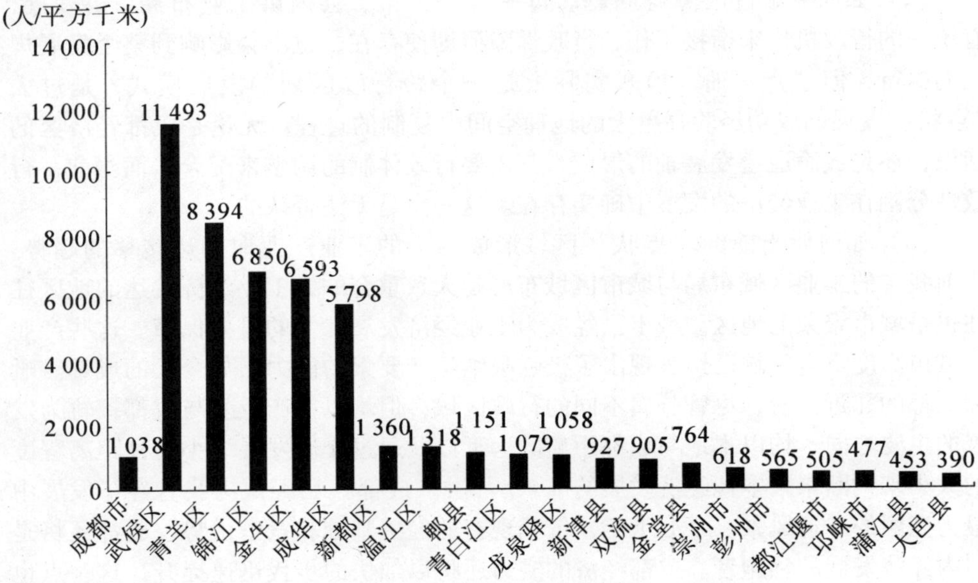

图 7-16　2009 年成都各区县人口密度情况

第三节　促进工业合理布局，加快四川产业结构优化升级

在一个工业化的持续进程中，工业布局是否合理，要看工业化所处的具体阶段。当前我省工业化处于由初期向中期转变的关键时期，工业布局要适应这一过程，就是要实现由“点状”模式向“点—轴”模式最终网络模式的转变。因此，现阶段我省工业布局合理不合理，不是看当前的工业布局是什么，而是看当前的工业布局正在改变什么，改变的趋势是否符合当前工业化进程的要求。“变”是当前工业布局的主要特征。要推动区域工业布局的变化，首先要注重整合。通过上下游产业关联的重新塑造，影响工业布局进而影响工业结构；其次要强调多极。通过对工业布局区域非均衡态势的主动调整，来促成区域内工业经济多“点”的共同发展；最后要重视集聚。通过调整工业经济与城市经济之间的关系，优化“点状”区域内部的工业布局，形成“点状”区域工业经济对更为广大区域的带动。

一、增强上下游产业关联，优化工业结构

在上一节的分析中，我们已经看到，能源工业的发展对于四川工业经济的发展至关重要。表现在两个方面：其一，能源产业作为四川工业经济的重要构成部分，对于四川的工业布局有直接的影响；其二，能源产出的种类和规模将直接决

定四川工业经济尤其是制造业的发展状态与布局。因此，优化能源产业布局与结构，增强其余下游产业的关联，是提高我省工业产出附加值，进而优化工业结构的重要内容。

（1）加大整合力度，巩固传统优势。水电产业是我省着力培育的优势能源产业。水电产业本身有很多优点，符合新一代能源的基本特征，在未来一个较长的时期依然值得重点开发。由于投资大，产出也大，水电项目在我省工业中所占比重很高，其分布对于我省工业布局有很大影响。同时，由于水电产业大量坐落于我省西部高山峡谷地区，建设成本高，维持成本也高，当地社会、产业对项目建设和运营的支撑非常弱。这样必然要考虑高耗能产业在这些地区的布局问题。水电产业和相关下游产业的投资加总就形成了整个工业投资和产出偏重于我省西部区域的局面。我们看到，我省工业经济发展所需要的交通基础设施建设投资、人力资源投资与这一资金投入结构恰好不匹配，主要集中于川西平原地区，这样就在工业经济布局上形成了要素错位状态。一方面是高耗能产业的快速发展，而承载这些产业的地理空间环境往往非常脆弱；另一方面大量的投资并不带动区域就业的成比例增长成为工业经济运行的阶段性特征。要改变这一两难局面，就必须在问题的源头，即水电产业上下工夫。一是整合当前已开发的水电项目，通过集中经营来提高运作效率；二是加快高耗能产业的集中，一方面提高其运作效率，另一方面减少其对环境的影响；三是合理规划水电投资，应在准确市场分析的基础之上合理地展开水电投资活动。

（2）优化能源结构，提高使用效率。①电力方面，优化发展煤电，适度发展天然气发电，积极发展核电，推进新能源和可再生能源发电。②煤炭方面，加快现代化大型煤炭基地建设，培育大型煤炭企业和企业集团，加快中小型煤矿的整顿、改造、联合和提高，提高我省煤炭生产整体水平。③天然气方面。加强产能建设，确保稳产高产。加快发展东、中、西部，稳定发展南部；扩大天然气利用规模，加大天然气资源转化；大力推动城市用气发展，积极开拓农村用气市场；优化天然气化工项目，提高天然气使用效益；积极推动工业燃料用气，提高产品质量和竞争力；适度发展天然气发电，改善电源结构和提高调峰能力。加大资源就地转化力度，支持天然气产地规划和发展天然气利用事业。能源生产模式和工业能源消费模式的改变，将成为我省工业结构和布局改变的起点。

（3）加快新能源产业发展。我省的新能源产业发展有较为坚实的基础。成都先后被国家科技部、国家发展和改革委员会批准为国家新能源装备高新技术产业化基地、新能源产业国家高新技术产业基地，成都的太阳能产业拥有天威新能源、天威硅业等一批企业，现形成多晶硅材料到铸锭、切片、电池片、电池组件的晶体硅电池完整产品链；核能产业依托中国核动力研究设计院、三洲川化机、四川川锅、川开电气、成都碳素等一批企业在核岛设计和核蒸汽系统系统集成方面具有突出优势；风能、能源汽车方面、半导体照明等产业方面，已有天马轴承、东方日立、川汽集团、一汽大众成都分公司、东骏激光、新力光源等一批成长型企业，发展初具规模。乐山是中国多晶硅生产发源地，国内硅材料生产、研发城市中迄今唯一的国家级基地，是中国多晶硅研究开发与产业的发祥地。在新能源特别是硅材料及太阳能光伏领域具有独特优势，特别是硅产业，无论在技术、产业还是人才、配套等方面都在西部地区处于领先地位。近年来，乐山的新能源产业开始从新能源产业的原材料提供者向打造完整的硅产业链条的方向发展。目前，乐山硅产业已经从多晶硅等初级产品向抛光硅片、芯片和集成电路光缆、电子元器件、太阳能板等中下游产品延伸，正在重点打造电子级硅材料、太阳能光伏硅材料、硅化工循环利用三大产业链。同时，乐山在水电、核电、风电、生物质能等领域也具有一定基础。德阳几大重装企业大举进军新能源产业，重点发展风力发电、太阳能、核电、潮汐发电、生物能、燃料电池6大可再生新能源装备制造业。绵阳新能源汽车产业也开始起步。应抓住战略性新兴产业发展机遇，围绕核能利用、风电、太阳能（光伏及光热）、生物质能、煤的清洁高效利用（IGCC、含煤层气、天然气发电）、电池储能装置及智能电网六大重点领域，推动新能源产业发展。目前我省“2+6”新能源产业发展集聚区规划正在制定中，“2”即“两大基地”，就是要建成乐山“国家硅材料开发与副产物利用产业化基地”、成都“国家新能源高新技术产业基地”；“6”即“六大新能源产业园区”，建好成都双流核电配套件、光伏2个现有新能源产业园区，同时规划建设核电配套产业园、风电配套产业园、储能电池与智能电网产业园、生物质能发电设备产业园4个新能源特色产业园区。新能源的发展对于我省装备制造业的发展有重大的带动作用，由此形成的产业结构升级将在很大程度上改变我省工业产业布局的现状。

二、政策诱导，培育区域工业经济多极增长

区域工业布局的“点—轴”模式重点在于多极的工业经济增长模式的形成。要达到这一目标，既要遵循市场规律、依靠市场的力量来实现产业的转移，也要合理使用政策手段，诱导商业活动在一个更为广大的地理空间中展开。对于这一过程，在早期的发展经济学中即有完整的表述。如赫希曼（1952）的发展极理论。对于公共投资在区域间的分配（经济决策影响一国不同地区成长速度的最显著的方法），赫希曼区分了分散、集中于增长区域，以及努力促进落后地区的发展三种。他指出，一个或若干个地区、中心城市的突发、蓬勃和近乎自发的增长使得包括交通、住房等发展条件在短时间内难以跟上发展的需要，由此公共投资从分散走向集中是高速发展中国家的独特增长方式；但是这样一种投入模式会加大发达地区与欠发达地区的差距，以至于“到了一定阶段，当这一裂痕太长太深时，公共投资政策就要试图消除它”。赫希曼以巴西新首都巴西利亚的建设为例，进一步指出，对欠发达地区进行包括交通、电力供应等公共投资，尽管是“最明显而且风险最小”的不可或缺的途径，但“不可能指望增长在区域间的传递会顺利地进行”，促进欠发达地区“不断地积极致力于自身的农业、工业或服务业等经济活动”，“是政府促进经济发展采取的一个有效行动”。政府采取行动的内

容，首先是“诱导的”，即“为了有效促进增长，政府必须通过前向冲击来发动增长，以为进一步的行动创造前进的诱因与压力”，其次是“被诱导的”，即“必须准备对这些压力做出反应，在各方面减缓这些压力”①。

所谓新的增长极，就是通过发展政策培育起来的极化发展区域。既包括传统工业集中区域的升级（如成都经济圈与天府新区），也包括未来潜在的新的增长极（如川南经济区的临港经济、攀西经济区的重要战略资源集约开发和转化基地、川东北特色优势资源深度开发等）。在我省工业经济发展的进程中，要实现工业布局的变化，就要合理使用公共投资工具和其他政策、制度手段，促进新的工业区域的出现和发展。

（1）加大交通基础设施建设，支持新的工业集聚区加快发展。现代工业经济的发展对交通环境的要求很高。我省在过去的发展中，已深刻体会到交通建设对经济发展的作用有多大。我们看到，在“十一五”和“十二五”期间，交通建设都是重中之重。今后五年，最为重要的，就是加快建设成都市与市州城际交通网络的建设；同时，进一步提高国省干线等级，提高中小城市和小城镇公路网络通达范围与深度。

（2）破除行政障碍，支持工业经济跨区域布局。在现代技术和产业组织的支撑下，产业的跨区域布局已经成为常态。通过行政壁垒的方式来阻止企业的自由流动，实际上并不能起到实际的效果。实践已经告诉我们，在工业经济布局和工业结构优化升级问题上，如果坚持行政分割，只能给工业经济发展带来长期负面的影响，如产业规模受限、竞争力薄弱等。在过去工业经济跨区域合作实践中，良好意愿多，实际行动少；发展规划多，落实举措少；利益博弈多，合作共赢少。在外部发展压力日渐增大的今天，需从拓展空间的角度来更加积极地看待跨区域合作，将区域合作作为发展的基本动力来看待，以区域合作来勾勒工业布局的蓝图，以区域合作来加快工业布局变化步伐，在合作中谋发展，在协同中求转变。在当前的发展阶段，工业经济跨区域布局是形成新的工业经济增长极的关键所在，应抓住机遇，积极推进行政体制改革，以行政壁垒的破除来实现区域工业布局的合理化。一是破除产业协同发展的障碍。以合理的产业发展规划与布局为先导，以区域技术创新体系构建为基础，以生产性服务业的大发展为保障，加快产业升级、协同发展的步伐。二是破除企业重组整合的障碍。以国有企业改革为核心，以垄断行业、领域的开放为条件，鼓励跨区域的国有企业兼并重组，鼓励民营企业积极参与国有企业改革与垄断行业经营，以改革的深入推进合作的深入进行。三是破除要素市场化配置的体制障碍，通过理顺要素市场价格，发挥市场在资源配置中的基础性作用，提高资源的使用效率。四是破除阻碍合作的行政障碍。政府不以行政思维来看待区域合作，不以干预意识来对待工业产业协同，主要通过推进服务水平的均等化、通过协调的产业政策来规制工业经济的运行。

---

① ［美］艾伯特·赫希曼．经济发展战略［M］．潘照东，等，译．北京：经济科学出版社，1991：166-185.

（3）积极推动区域合作，促进生产要素的自由流动。新的工业区域的形成与发展，不仅需要投资和土地，更需要高素质的劳动力。只有实现了劳动力的自由流动，新的工业区域才能获得源源不断的劳动力支持，发展才能有保障。没有劳动力的自由流动，就没有发展的基础要件，没有劳动力收入水平的提高，就无法体现发展的成就。2010 年 1 月 6 日，成都、德阳、绵阳三地签署劳动保障区域合作框架协议，从 2014 年开始，三地将逐步实现就业、社会保障工作的“互通”，打造劳动保障事业一体化，为劳动力的整合打下基础。在成都这样具备相对较强吸引劳动力能力的地方发展以服务业为主体的劳动密集型产业，而在劳动力发展相对稳定的地区，应通过产业技术升级与组织整合来提升经济发展的实力。这样的发展策略，既有助于提高劳动力的使用效率，也有助于提高工业经济增长质量。此外，要实现要素的自由流动，区域的多层次合作是关键。一是通过深化金融体制改革来激发金融体系的活力，通过区域性银行机构的培育和发展来为区域内经济的发展提供资金支持。二是要培育合作的制度基础。通过区域战略合作规划的制订来确立合作的框架，通过经济、社会性质管理机构的规范、稳定联系机制的确立来形成长期的协商机制，共同解决合作中出现的问题。三是要培育合作的市场化力量。需通过多元化的社会协商机制和规范的协商程序的设定，为社会成员参与区域合作决策创造条件；需重视和依靠市场的力量来推动区域合作的步伐而不是相反。

三、优化重点区域内部工业布局，提升工业经济带动力

在“十二五”规划政策建议中，我省明确提出“支持成都经济区率先发展，启动实施成德绵乐同城化战略，加快成都市‘两枢纽、三中心’建设，规划建设‘天府新区’，培育西部地区最具竞争力的增长极”。我省工业布局由“点”向“点—轴”模式的转变，“点”的内在动力最关键。要培育和发挥“点”的带动和支持作用，就要优化重点区域内部的工业布局，提高其带动力。

首先要重视研究“点状”区域工业经济发展的阶段性特征，促进发展阶段较高的地方产业向发展阶段较低地方的转移。在这方面，要深刻认识、把握和发挥“点状”区域的发展优势。所谓深刻认识，是指其他地区的发展需要中心工业区域（如成都）的引领。要看到在区域整体工业升级进程中，尽管要强调各地的主观能动性，但中心工业区域必须在这一过程中起主导作用。其原因在于，区域经济合作需要领跑者和首倡者，提出必要的发展原则，制订切实的发展规划。如果没有一个地区愿意并能够承担起这一责任，区域经济合作就是空谈。

所谓把握，就是既需要中心工业区域的发展，也需要周边地区的积极参与。中心工业区域产业的升级，单靠中心区域自身的力量、单靠其经济辐射力的潜移默化，均不能有效地推进。以成都为例，应结合自身“退二进三”的发展战略，采取切实措施，引导本区域内的产业向绵阳、德阳的主动转移，积极促进乐山水运物流副中心的培育，通过这样的举措，既实现了成都的发展目标，也为其他三

城的发展，为发挥其他三城的主观能动性留下必要的空间。

所谓发挥，是指中心工业区域发展优势的发挥与否，不在于其经济总量提高了多少，不在于产业扩展了多少，而在于整个工业经济增长区域、经济实力的提升与区域竞争优势的巩固。例如，成都作为无人可以撼动其经济地位的川内唯一超大城市，衡量其经济总量并无太大的政策价值。真正需要衡量的是，在成都经济区乃至整个四川地区的发展中，成都的工业经济作为各地工业协同升级的动力源，所能做出的贡献。

在重点区域内部的工业布局优化中，不仅要讲产业的“错位”与“互补”，而且要讲“协同”。所谓“错位”和“互补”，就是你有我无，互通有无；而所谓协同，就是我中有你，你中有我。要跳出传统的产业观念，不要在某一具体的产业布局上过分纠缠。重点区域内的工业升级与协同发展，技术、制造环节的发展固然重要，物流与金融的发展则是更为关键的命题。前者依靠投资和市场或许可才能得以解决，后者则只有依靠协作与开放才能得以完成。

由此，要发挥中心工业区域的引领作用，使其成为区域经济发展战略的领跑者，需要中心工业区域的主动作为，更多地看到产业协同升级的整体和长期效应，关注其可持续发展，不要过多地计较短期的利益得失。要发挥中心工业区域的引领作用，还需要其他地区的积极响应，要正确认识中心工业区域的经济辐射力，正确对待在其经济影响力下的生产要素的市场化流动，不畏惧，不等待，通过发挥自身的发展特色来巩固竞争优势，进而在工业产业协同升级中获得本地的话语权。

第八章 工业生态化与四川工业结构优化升级

经过多年的发展，四川工业化水平仍然较低，工业整体竞争力弱，工业结构层次较低，资源利用效率不高，环境污染严重，人口、资源、环境三者发展不协调，工业生态化趋势不明显……种种现实迫切要求四川必须重构与现代市场经济相适应的现代工业发展模式。然而，就目前四川工业发展的总体而言，传统工业发展模式仍然处于主导地位，工业经济增长还是主要依靠资源、资金和劳动力的大量投入与消耗，在低技术水平、结构水平和管理水平的基础上，不得不消耗高于发达国家几倍的资源能源来维持落后的工业发展模式。而现代工业发展的最佳模式，即生态与经济相协调的、可持续性的工业生态化模式，恰好与现代市场经济相适应，它可以成为四川工业结构优化升级的路径。

第一节 四川工业生态化的现状

一、工业生态化的背景和内涵

可持续发展是20世纪80年代提出的一个新概念。1987年世界环境与发展委员会在《我们共同的未来》报告中第一次阐述了可持续发展的概念，即可持续发展是指满足当代人的需求并且不损害后代人满足其需求的能力。换句话说，就是指经济、社会、资源和环境保护协调发展，它们是一个密不可分的系统，既要达到发展经济的目的，又要保护好人类赖以生存的大气、淡水、海洋、土地和森林等自然资源和环境，使子孙后代能够永续发展和安居乐业。我国已经把可持续发展放到国家战略的高度来思考与行动。在经济发展方面，国家提出要形成资源节约型和环境友好型的可持续发展国民经济体系，循环经济就是在这样的背景下被纳入到我国可持续发展体系中来的。而循环经济思想落实到工业领域自然就要求工业生态化发展。

“工业生态化”这一概念的提出由来已久。自1991年10月联合国工业发展组织提出“生态可持续性工业发展”概念之后，世界各地掀起了工业生态研究热，许多生态专家、学者先后对“工业生态化”进行了深入研究。目前学术界对工业生态化还没有一个明确的定义，一些学者从不同的角度对它进行了诠释。我国著名学者何劲给出的工业生态化的定义具有一定的代表性。他认为，所谓的工业生态化就是把作为产品生产过程主要内容的生产活动纳入到生态系统中，运用现代生态化技术改造和重组工业经济结构，把生产活动对自然资源的消耗和环境的影响置于大生态系统物质、能源的总交换过程中，不仅要达到社会经济系统中社会总供给和总需求的平衡，而且要达到大生态系统中自然总供给能力和人类总需求水平的平衡，实现大生态系统的良性循环与持续发展。工业生态化是环境保护认识上的一个飞跃，是对环境保护实践的科学总结，是我国经济可持续发展的一项战略选择。

二、工业生态化是走四川工业结构优化升级的必然选择

（一）工业生态化是四川新型工业化道路的客观要求

党的十六大报告指出："坚持以信息化带动工业化，以工业化促进信息化。走出一条科技含量高、经济效益好、资源消耗低、环境污染少、人力资源优势得到充分发挥的新型工业化路子。"在新型工业化的内涵中突出强调了资源节约和生态环境保护，要求在新型工业化的实现过程中要以可持续发展为原则。而工业生态化完全符合新型工业化道路的要求，在本质上与新型工业化是一致的。因此，在新型工业化的实现过程之中要加快四川工业生态化建设。

（二）工业生态化是实现四川经济社会可持续发展的必然选择

可持续发展与工业生态化之间存在着内在的本质联系。主要表现在两个方面：①工业生态化是可持续发展的保障，可持续发展是工业生态化的实施途径。②工业生态化与可持续发展是局部与整体的关系，工业生态化是人类社会实现可持续发展的阶段性目标，是可持续发展战略在一定历史阶段的具体体现，实现工业生态化的最终目标是要实现人类社会的可持续发展①。从长远来看，四川工业结构优化升级的目标正是人类社会的可持续发展。

（三）工业生态化是实现四川工业结构优化升级的有效路径

四川工业传统发展模式是以资源密集型和劳动密集型为主，高投入、高消耗、低产出；技术含量低、资源消耗多、环境污染重，只注重经济效益，忽略社会效益和生态效益；赢得了一时的发展，却付出了惨痛的代价。总的来说，四川工业传统发展模式人口、资源、环境三者矛盾突出，不具备经济社会生态的可持续性。工业生态化与传统模式最显著的区别，就是它力求把工业生产过程纳入生物圈的物质循环系统，把生态环境优化作为发展的重要内容，作为衡量工业发展的质量、水平和程度的基本标志，而纳入其工业发展过程中，实现工业发展的生态化。所以，工业发展生态化，是工业现代化建设从单纯注重工业经济增长到注重工业经济社会全面发展的一个重要的里程碑，是实现四川工业结构优化升级的有效路径，是实现四川工业发展战略和发展模式根本转变的必由之路。

---

① 王东. 工业生态化与可持续发展［J］. 上海经济研究，2007（1）.

三、四川工业生态化现状

四川在发展工业上面临着两难的境地，是继续按照传统模式发展，还是通过调整产业结构走工业生态化道路。前者通过大量消耗资源而忽略环境污染快速发展工业，只注重经济效益，而忽略社会效益和生态效益，不具有可持续性；后者通过走生态工业的道路，兼顾资源和环境，但是工业增长速度可能会受一定的影响。四川工业发展当然要选择后者。当前四川工业的发展既要走工业生态化道路，又要尽可能地接近或保持原来的工业增长速度。因此，这就决定了四川工业生态化的推进只能循序渐进，不可能一蹴而就。对此，四川应该保持清醒的头脑，从现实出发，密切关注世界发展潮流，利用在世界上处于上升期的、强有力的资本市场，让生态工业得到健康有序的发展。四川在发展生态工业上欠账太多，在产业结构调整、生态环境保护、起步等方面不如江西，在资金、技术上又不如东部沿海省份。那么，四川可以发展生态工业吗？或者说四川具备发展生态工业的条件吗？或者说四川发展生态工业的优势在哪里？可以说，四川发展生态工业的最大优势在于低碳资源丰富，包括天然气、生物质能源、太阳能、风能和地热。现阶段，四川发展生态工业的现状主要是形成了一批有一定集聚能力的工业园区，依托园区形成了一批产业集群；工业结构调整已取得一定成效；高新技术产业和低碳产业在全国形成一定优势……

（一）形成了一批有一定集聚能力的工业园区，依托园区形成了一批产业集群

据 2007 年《四川省统计年鉴》，截至 2006 年年底，四川共有各类工业园区 194 个。其中，国家级园区 5 个、省级园区 38 个、市（州）级工业集中发展区 59 个、县级工业园区达到 92 个。按园区性质分类：高新技术开发区 8 个，经济开发区 26 个，工业集中发展区 142 个，出口加工区 2 个，农产品加工区 8 个，企业园区 7 个，其他园区 1 个。在经历了起步创业、快速扩张、规范调整到稳步发展四个阶段后，四川省初步形成了特色鲜明、布局合理、区域性协作配套的工业园区网络体系。形成了一批整体规模和经济实力不断壮大，已发展成为集聚效应突出、产业集群庞大、经济高速增长、辐射带动力较强的工业区。如成都高新技术开发区、绵阳高新技术开发区、成都经济技术开发区等。最近几年，这些工业园区已经成为四川省承接国外，特别是东部沿海发达地区产业转移、促进土地集约高效利用、吸纳劳动力就业和统筹城乡发展的重要载体，在优化经济结构、转变发展模式、推动改革开放、建设和谐四川等方面发挥了巨大的作用。同时，依托这些工业园区形成了一大批产业集群（见表 8-1），这些特色产业初步构成了四川产业集群的雏形。部分产业集群已经具有一定的规模和实力，如以大型企业集团为中心的中大型产业集群在四川已形成规模。以德阳东汽、二重、东电为龙头的重装备产业集群，配套企业达到 300 余户。在绵阳，围绕长虹集团，也形成了一批配套企业，并在此基础上建设了长虹配套工业园。

表 8-1　　四川主要工业园区的主要产业

四川主要工业园区	园区主要产业
锦江工业集中发展区	文化创意、工业设计及相关生产性服务业
青羊工业集中发展区	航空制造业及相关生产性服务业
金牛工业集中发展区	轨道交通制造业及相关生产性服务业（北区）
武侯工业集中发展区	轻工设计、电子信息服务及相关生产性服务业
成华工业集中发展区	机电设备研发及相关生产性服务业
成都经济技术开发区	汽车和工程机械制造业及相关的配套生产性服务业
温江工业集中发展区	电子通信设备制造业及相关的配套生产性服务业
青白江工业集中发展区	冶金建材制造业及相关的配套生产性服务业
新都工业集中发展区	机电装备制造业及相关的配套生产性服务业
双流工业集中发展区	新能源装备制造业及相关的配套生产性服务业
郫县工业集中发展区	电子电气设备制造业及相关的配套生产性服务业
都江堰工业集中发展区	中成药、健康食品制造业
彭州工业集中发展区	塑胶制造、服装加工业
邛崃工业集中发展区	农副食品加工、饮料制造业
崇州工业集中发展区	家具、皮革、装饰装修材料制造业
金堂工业集中发展区	新型建材、环保设备制造业
大邑工业集中发展区	轻工产品、通用机械制造业
蒲江工业集中发展区	食品饮料制造业
新津工业集中发展区	精细化工、新材料制造业

（二）工业结构调整已取得一定成效

“十一五”以来，四川在推进工业生态化方面进行了诸多努力。四川省积极进行工业结构调整，特别是 2009 年下半年，四川省制定实施了“7+3”产业发展规划、八大产业调整和振兴行动计划。“7+3”产业是四川省未来一段时间工业发展的方向和重点，规划注重谋划工业长远发展。根据该规划，力争到 2020 年，全省“7+3”产业工业增加值达到 23 800 亿元，占该省规模以上工业增加值比重的 90%以上；建立 60 个以上国家级企业技术中心，新产品产值率达到 30%；逐步形成成绵乐广遂电子信息产业带、成德资自宜泸装备制造产业带、成德绵南资汽车产业带、攀西钒钛稀土产业带、成乐眉雅绵硅产业带、川南沿江重化工产业带、川东北天然气化工产业带、成遂南达纺织服装鞋业产业带等工业产业带，要把四川省建成中西部最具竞争力的现代制造业基地。《八大产业调整和振兴行动计划》的目标是：率先提振装备制造、钒钛钢铁、汽车、石化、纺织、轻工、有色金属、电子信息八大产业，使其尽快走出金融危机影响，进而引领该省工业抢占市场先机。

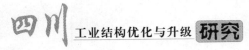

（三）高新技术产业和低碳产业在全国形成一定优势

四川的高新技术产业和低碳产业，有些才刚刚起步，竞争力不强，有些则在全国形成了一定的优势，比如四川高新技术产业、广元的天然气产业、成都的新能源汽车产业、德阳的技术装备制造业、成都太阳能光伏产业等。

（1）四川高新技术产业。四川省高新技术产业在西部具有明显优势，在全国也有一定的优势。2010 年上半年四川省高新技术产业实现工业总产值 2 273.06 亿元，较上年同期增长 32.6%，同比增长 28%；比上年同期增速提高 7.6 个百分点，比一季度同比增速高 1.8 个百分点。实现销售产值 2 201.71 亿元，同比增长 27.8%，比 2009 年同期增速高 6.6 个百分点，比一季度同比增速高 4 个百分点。2010 年上半年四川省高新技术产业产值、利润、出口交货值、新产品产值都实现了较大幅度增长，全省高新技术产业总产值占规模以上工业产值达到 20.3%，居西部之首，这也是四川省高新技术产业占工业的比重首次超过 1/5。高新技术产业表现出较强的竞争力也体现在强力支撑全省工业产品出口上。同时，2010 年上半年四川省出口交货值达 292.9 亿元，同比增长 93.7%，高出规模以上工业 12.4 个百分点，出口交货值占规模以上工业的 72.3%。而在四川高新技术产业中，电子信息产业占有举足轻重的地位。四川电子信息产业已形成了成都—绵阳—乐山—遂宁—广元产业带。现有电子信息企业约 17 000 家、从业人员约 20 万人。2006 年，四川电子信息产业营业额 816 亿元，同比增长 21.63%，增加值 446 亿元，同比增长 27.78%，对四川经济增长的贡献率达 7.78%，是四川的重要支柱产业。四川电子信息产业位居全国电子信息行业第十位。在自然资源方面：四川矿产资源配套程度较高，储量居全国前三位的有 26 种。能源资源丰富，以水能、煤炭和天然气为主，太阳能、风能、地热资源也较为丰富，完全可以保证企业发展的能源所需。在人才资源方面：省内拥有四川大学、西南交通大学等普通高校 72 所，电子类相关专业的高校数十所，其中电子科技大学和成都电子高专是全国著名的、以培养电子信息类专门人才为主的高校。四川还拥有国家级专业研究机构 10 余家，在电子对抗、航空航天电子、信息安全等众多领域居于全国领先水平。电子类人才充足，有电子类专业人才 3.4 万人，从业人员约 20 万人。在市场资源方面：四川是一个人口大省，本身就是一个大市场。四川辐射西南，服务人口超过 2.4 亿，同时还与中部地区相连，潜在客户多，这有利于企业就近拓展国内市场。

（2）广元的天然气产业。我国西部地区蕴藏着丰富的天然气资源，大力发展天然气工业，培育和完善天然气市场，对于改善我国能源消费结构、缓解石油供需矛盾、保障我国国民经济发展以及国家能源安全，具有重要的战略意义。提高资源综合开发利用效率，是当前和今后一个时期世界各国城市解决能源短缺问题的有效途径。目前，四川省明确提出了加快推进资源优势向经济优势转化，大力发展天然气支柱产业，并将广元市列为四川省规划发展天然气能源化工的重点地区和今后支持的重点区域。广元作为川东北天然气主要富集地，将依托天然气资源，加快天然气综合开发利用，坚定不移地走低碳经济之路，努力促进城市可持续发展。近年来，中石油、中石化两大集团在广元市的三县两区，发现了九龙山、元坝、龙岗西三大气田，探明储量迅速增长。这些为广元天然气资源转化奠定了坚实基础。面对低碳资源优势，广元正全力打造世界级天然气化工园区。按照减量化、再利用、再循环的循环经济模式，以天然气发电、天然气制烯烃、乙炔、合成油等大型天然气化工和硫化工项目为重点，走新型工业化道路，加快建设天然气综合利用工业园区。目前，国内外能源企业看好广元天然气开发前景，一批天然气综合利用项目前期工作正快速有序推进，部分项目已经启动开工建设。同时，依托广元独特的交通和区位优势，广元着力推进构建以川东北为核心、以天然气能源为支撑，辐射成都、西安、重庆、兰州四大城市的西部低碳经济发展区。

（3）成都的新能源汽车产业。四川成都新能源汽车在全国具有明显的优势。主要体现在以下几个方面：①新能源（电池、电机和电控）是成都经济技术开发区汽车产业配套招商主要方向之一，而四川汽车工业集团 2009 年就已生产出电动汽车的样车；②中科院成都有机所已掌握锂离子电池生产核心技术，电池隔膜制造技术处于国内领先水平；③四川丰富的稀土和锂矿资源，为成都市发展车用镍氢、锂离子动力电池提供了原材料保障；④成都还有天然的区域优势，这里地势平坦，天气温和，在目前电动汽车电池技术还没有重大突破的情况下，这两点对电池能量的保护有非常大的优势；⑤四川的水电资源丰富，水电价格相对低廉。未来几年，成都市将规划建设电动汽车产业基地，除形成电动公交车和电动专用车各 1 000 辆的生产能力外，年产电动轿车也将突破 20 000 辆。同时，成都市还将在成都经济技术开发区规划建设电动汽车产业基地，基地将重点发展电动公交车、电动专用车、电动轿车等电动汽车整车项目及关键零部件项目；同时建立完善成都市电动汽车技术研发体系，大力培养电动汽车专业人才和熟练工人。基地建成后，除形成电动公交车和电动专用车各 1 000 辆的生产能力外，还将培育和引进国内外知名的电动乘用车生产企业 1～2 户；同时鼓励本地轿车企业发展电动轿车，以形成年产 20 000 辆电动轿车的生产能力。

（4）德阳的技术装备制造业。德阳一直都是我国重大技术装备制造业基地。德阳拥有中国二重、东汽等一批国内一流、世界知名龙头企业，中国 40%的水电机组和 30%以上的火电机组、汽轮机是德阳制造的，风电产量也居全国前列。前不久，四川省德阳市被联合国工业发展组织授予“清洁技术与新能源装备制造业国际示范城市”称号。今后，双方将共同打造清洁技术与新能源装备制造业产业集群，推进清洁技术与新能源装备制造业发展。目前，德阳已初步形成了水电、风电、太阳能“多电并举”的新能源发展格局。德阳市将抓住清洁技术与新能源装备制造业国际示范城市的机遇，把清洁技术与新能源装备制造业作为德阳的战略产业来培育，努力把德阳建设成中国最重要、最具竞争力的清洁技术与新能源装备制造业基地。

（5）成都太阳能光伏产业。随着能源紧张和环境问题的加剧，太阳能作为一种清洁能源正受到越来越多的关注。在成都市确立的十大产业集群发展规划中，光伏光电产业即是其中一项。四川发展光伏产业资源优势很大。以成都双流西南航空港经济开发区为核心的双流，已成功引入多家有实力的光伏企业，如天威新能源控股有限公司、四川阿波罗太阳能科技开发股份有限公司、四川超磊实业股份有限公司等多家有实力的光伏企业，初步形成了光伏产业集聚发展态势。目前，成都市共有光伏企业16家，重点招商引资项目20个。它们在产业链中所处的位置如下：硅锭/硅片生产9家，电池生产18家，电池组件生产16家。成都市已经形成完整的光伏产业链。据估算，这些企业全面投产后将形成产值规模两百亿元以上的产业集群，今后双流将成为西部乃至中国极具影响的光伏产业基地。

第二节　四川工业生态化的问题

在发展生态工业上，四川存在的问题包括经济发展方式较粗放、产业结构比例不协调、经济发展与资源、环境之间的矛盾还很突出、专业技术人才队伍薄弱……但比较显著的几个方面是：①工业结构原材料化趋势明显，导致工业结构高级化缓慢；②四川工业园区数量较多，但推进生态化建设的园区较少；③工业园区资源消耗大，环境污染较严重；④企业对发展生态工业的意识不强，政府对发展生态工业的宣传不够；⑤配套措施不到位；⑥相关的科学技术水平和应用水平还比较落后。

一、工业结构原材料化趋势明显，导致工业结构高级化缓慢

表8-2为2000—2007年四川工业各行业增长比较，由于2000年缺乏废弃资源和废旧材料回收加工业，因此该产业缺乏可比性，未将该产业列入表中。从表8-2中可以看出，2000—2007年在四川工业行业增加值增长10倍以上的产业主要有石油加工炼焦及核燃料加工业、黑色金属采矿业、家具制造业、电力热力生产和供应业、皮革毛皮羽毛（绒）及其制品业、有色金属采矿业、煤炭开采和洗选业、专用设备制造业、有色金属冶炼及压延加工业、塑料制品业，共10个产业。其中，专用设备制造业技术水平相对较高，家具制造业和皮革毛皮羽毛（绒）及其制品业为技术含量不高的以农产品为原料的加工业，其余产业基本上均为采矿业和原材料工业，这些产业的快速增长导致四川工业资源化、粗放化明显。同时，被认为技术含量较高的通信设备计算机及其他电子产业、医药制造业，分别仅增长2.99倍和4.5倍，大大低于全省平均水平。而从各工业部门占工业总增加值比重的变化来看，如果比重增加表示该部门增长快于平均水平，增加越多。2007年工业部门比重提高1个百分点以上的部门有电力热力蒸汽供应业、农副食品加工业、煤炭开采和洗选业、有色金属冶炼及压延加工业、专用设

备制造业、通用设备制造业、石油加工炼焦及核燃料加工业 7 个产业。其中，电力热力蒸汽供应业、煤炭开采和洗选业、有色金属冶炼及压延加工业、石油加工炼焦及核燃料加工业 4 个产业为采掘业或原料工业，而农副食品加工业也是技术含量不高的产业。

表 8-2　　2000—2007 年四川工业各行业增长比较

工业行业	2007 年各行业占全省工业比重（%）	2000 年各行业占全省比重（%）	2007 年与 2000 年的比重变化（%）	2000—2007 年增加值增长（倍）
石油加工、炼焦及核燃料加工业	1.29	0.23	1.06	34.21
黑色金属矿采选业	0.87	0.25	0.62	21.35
家具制造业	0.69	0.21	0.48	19.74
电力、热力的生产和供应业	9.79	3.26	6.54	18.34
皮革、毛皮、羽毛（绒）及其制品业	1.14	0.52	0.63	13.45
有色金属矿采选业	1.26	0.59	0.67	13.06
煤炭开采和洗选业	4.17	2.08	2.08	12.20
专用设备制造业	3.12	1.59	1.54	12.00
有色金属冶炼及压延加工业	3.38	1.76	1.61	11.67
塑料制品业	1.39	0.78	0.61	10.86
燃气生产和供应业	0.53	0.35	0.19	9.36
农副食品加工业	6.61	4.43	2.19	9.11
仪器仪表及文化、办公用机械制造业	0.40	0.27	0.13	9.03
文教体育用品制造业	0.02	0.02	0.01	8.80
通用设备制造业	5.35	4.04	1.31	8.07
食品制造业	1.56	1.22	0.35	7.83
电气机械及器材制造业	3.54	2.95	0.59	7.32
橡胶制品业	0.44	0.38	0.06	7.15
纺织服装、鞋、帽制造业	0.34	0.30	0.04	6.99
金属制品业	1.62	1.43	0.19	6.93
化学原料及化学制品制造业	7.31	6.66	0.65	6.69
工艺品及其他制造业	0.27	0.26	0.01	6.30
交通运输设备制造业	4.27	4.50	−0.23	5.79
非金属矿采选业	0.69	0.78	−0.09	5.42

表8-2(续)

工业行业	2007年各行业占全省工业比重（%）	2000年各行业占全省比重（%）	2007年与2000年的比重变化（%）	2000—2007年增加值增长（倍）
黑色金属冶炼及压延加工业	8.59	10.12	−1.53	5.18
纺织业	2.54	3.03	−0.49	5.11
非金属矿物制品业	5.27	6.32	−1.05	5.08
木材加工及木、竹、藤、棕、草制品	0.58	0.70	−0.12	5.07
印刷业和记录媒介的复制业	0.89	1.13	−0.24	4.83
医药制造业	3.24	4.40	−1.16	4.50
化学纤维制造业	0.48	0.65	−0.17	4.47
石油和天然气开采业	3.08	4.36	−1.28	4.31
造纸及纸制品业	1.24	1.81	−0.57	4.18
饮料制造业	7.21	11.61	−4.39	3.79
通信设备、计算机及其他电子设备制造业	5.31	10.84	−5.53	2.99
其他采矿业	0.00	0.01	−0.01	2.71
水的生产和供应业	0.26	0.68	−0.43	2.28
烟草制品业	1.21	5.52	−4.32	1.33

由于资源型产业增长快，导致四川主要工业行业由技术型退化为以资源型为主。2000年，四川规模最大的5个工业行业按从大到小排列为饮料制造业、通信设备电子计算机及其他电子设备制造业、黑色金属冶炼及压延加工业、非金属矿物制品业和烟草制品业，而2008年五大工业行业为农副产品加工业、黑色金属冶炼及压延加工业、化学原料及化学制品制造业、电力热力的生产及供应业、通用设备制造业。与2000年相比，2008年的5大行业技术总体要落后一些。因为被认为技术水平较高的通信设备电子计算机及其他电子设备制造业被挤出了前5名。而作为原材料工业的黑色金属冶炼及压延加工业从2000年的第3位上升到第2位，也是这8年来唯一还保留在前5位的工业行业。

二、四川工业园区数量较多，但推进生态化建设的园区较少

据2007年《四川省统计年鉴》，截至2006年12月底，四川省共有各类工业园区194个。其中，国家级园区5个，省级园区38个，市（州）级工业集中发展区59个，分布广的县级工业园区达到92个。四川省国家级和省级工业园区只有43个，仅占总数的22.16%，且主要分布在成德绵、攀西和川南三个工业发展

较快的地区；而市、县级工业集中发展区数量多比重大，达到151个，占总数的77.84%。省级有关部门制定的循环经济发展方案中提出的6个试点市分别是成都、绵阳、广安、内江、攀枝花、泸州，涉及40个试点县和钢铁、化工、建材、煤炭、轻工、机械和有色金属行业的45家工业企业，试点企业所占的比重不到总量的1.5%，而在所有试点企业中试点的工业园区只有8个，还不足以使现有的工业园区产生较大范围的辐射能力，也难以形成大型生态工业园区，这都制约着生态工业的发展进程。

三、工业园区资源消耗大，环境污染较严重

2006年，全省工业园区工业耗水量为46 867.5万立方米，比2005年增加了28%，每万元工业增加值耗水39.01立方米，增加2.5%；工业用电量521.7亿度，增长38.8%，每万元工业增加值耗电4 341.98度，增长11.2%；工业综合耗能1 893.7万吨标煤，增长18.29%，每万元工业增加值综合耗能1.58吨标煤；全省工业园区废水排放量56 421.1万立方米，比上年增长25.4%；工业固体废物排放量893.3万吨，增长18.5%，园区废水和固体废物排放量分别增长了1/4和1/5①。

四、企业发展生态工业的意识不强，政府对发展生态工业的宣传不够

四川发展生态工业的意识不强主要表现在大部分企业对实行生态工业的价值、生态工业的策略以及实行生态工业的费用和效益等都缺乏认识。企业的董事会、股东以及经理可能对提高产品的价值和利润方面特别有兴趣和很内行，而把蕴涵在工业生态中的理念和价值看成一件毫无经济效益的事情。企业实行生态工业的障碍来自于企业文化而不是技术原因。企业生态意识的缺乏直接影响了工业结构的优化升级，阻碍了四川工业的壮大。与此同时，有关政府部门对发展生态工业的宣传力度又不大，没有在工业界达成共识。相关政府部门应该加大发展生态工业和循环经济的宣传力度，引导企业把工业生态理念融入企业的“组织文化”和企业的内部激励系统中，让企业的领导层树立生态工业的新观念、新思维。

五、相关的科学技术水平和应用水平还比较落后

工业生态化发展要以技术作为支撑。目前四川在提高资源利用效率的某些技术上取得了一些突破，但总体上，四川在工业生态化领域的科技水平和应用水平

---

① 陈永忠，梁灏，王磊．四川工业园区的现状、问题及对策研究［J］．经济体制改革，2008（2）．

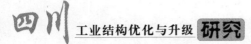

还比较落后，与东部发达地区存在较大的差距，尚未形成工业生态化的技术支撑体系。比如，四川的资源节约综合利用的技术装备水平亟待提高；四川多数企业还没有能力开发大幅度提高资源利用效率的共性技术和关键技术，同时也缺乏了解相关技术信息的渠道。但发展生态工业的制约因素依然存在。突出表现在：粗放型工业增长方式尚未根本改变，传统工业化导致经济结构不合理、经济增长以量的扩张为主；工业经济发展的要素支撑和环境承载能力的制约仍将严重；工业可持续发展能力建设仍有待进一步加强等。

六、相关配套措施不到位

在生态工业上，四川制度建设存在一个很大的问题，就是有关的配套措施不到位。四川在工业生态化方面存在实施细则和法律不配套的问题，从而导致已有法规政策的指导性不强，监管力度和执法力度不强。这就使得一些企业形成了可有可无的思想观念，在减少工业环境影响方面尽量少投入，十分不利于工业生态化的推进。

第三节　四川工业生态化的对策

四川推进工业生态化，应制定适合省情的战略。为此，首先应将推进工业生态化列入四川“十二五”产业发展规划。四川应培育新的产业发展支柱，寻找新的经济增长点。相关单位应通过跨部门合作，加强研究，加大对可再生能源产业、节约能源产业、能源服务业等领域（比如电动汽车、太阳光伏电池及LED照明）产品的补贴和政府采购力度。应将清洁能源技术开发列入四川“十二五”科技重点支持的研发领域，建立相关的公共技术平台，在经费、人才和项目推广等方面予以支持。其次，转变经济发展模式。四川宜从长远和全局的角度，部署推进工业生态化，在产业结构调整、区域布局、技术进步和基础设施建设等方面，为向推进工业生态化创造条件。特别是在产业结构调整方面，应将推进工业生态化战略全面融入“十二五”规划，并把推进工业生态化作为产业结构调整的指针和衡量尺度。鼓励四川省高新技术产业由一般以加工业为主向以研发设计产业集群为主的升级转型，向总部经济、现代服务业发展，实现生产服务一体化。政府层面还应加强公众对于气候变化认知度，培育全社会的生态文明意识和行为方式。四川推进工业生态化的对策主要有以下几个方面：

一、加强宣传和战略规划

四川发展生态工业，首先应继续加大宣传力度。发挥主流媒体对企业的强大视听冲击力，让他们都认识到，四川经济发展再也不能以浪费大量资源和牺牲环境为代价；要实现经济的可持续发展和人与自然和谐相处，发展生态工业是一条最迫切最有效的途径。因此，要积极引导社会各界人士了解生态工业，实践生态工业，积极参与生态工业建设，形成合力，全面促进四川生态工业建设。

制订战略规划，为四川生态工业发展创造条件。战略规划是促进生态工业发展的前提和基础，只有科学合理的规划导向，才能从决策源头上保证四川工业朝着生态化方向转型发展。建立发展四川生态工业的长效机制和进行科学的制度安排，推动四川工业朝着生态工业转型，是实现四川可持续发展的必由之路。要认真组织专家编制《四川生态工业发展规划》，积极地借鉴和吸收生态工业的先进理念，进一步明确发展生态工业的战略规划，形成系统的生态工业发展框架。将推进生态工业发展的相关政策和制度安排逐步纳入城市发展规划与政策体系中，如节约能源、防治污染和减排温室气体的政策措施之间存在着明显的相互促进、相互支持的关系，从根本上和发展生态工业是高度一致的。在制订战略规划过程中，特别要注意两点：一是要把生态工业纳入四川经济和社会发展规划，从前瞻、长远和全局的角度来确定生态工业发展思路；二是要设置生态工业统计评价与考核指标，进一步加快生态工业技术标准体系建设，建立比较科学的计量手段和监测机制。

二、调整和优化产业结构，发展具有低碳特征的产业

工业生态化的要求之一就是要节约资源和保护环境。近年来，虽然四川一直都在调整和优化产业结构，但是四川产业结构仍具有高碳惯性，尤其是工业领域。最近几年，在四川工业行业增加值增长 10 倍以上的 10 个产业中，有 9 个行业基本上都属于技术含量不高的以农产品为原料的加工业，或均为采矿业和原材料工业。它们分别是石油加工炼焦及核燃料加工业、黑色金属采矿业、家具制造业、电力热力生产和供应业、皮革毛皮羽毛（绒）及其制品业、有色金属采矿业、煤炭开采和洗选业、有色金属冶炼及压延加工业、塑料制品业。这些产业带有明显的“高碳”烙印，它们的快速增长导致四川工业资源化、粗放化明显。四川省应加快产业和能源结构的优化升级，推动高碳产业向低碳经济转型。一方面要注重发展低碳环保产业，另一方面更加注重对传统产业的改造提升。

（一）调整和优化产业结构

发展生态工业，并不是说要全部发展新兴产业，而是要注重对传统产业的改造提升，鼓励企业就地转型升级，延伸产业链，将制造业的环节向“微笑曲线”两端提升。为此，四川省应以调优产业结构为目标，严把项目准入关，加快科技创新步伐，力促产业优化升级。要进一步优化产业结构，加快一、二、三类产业格局的调整，切实降低经济发展对工业增长尤其是高耗能行业的过度依赖。①大力发展生态科技以实现四川传统工业生态化。促进工业生态化，实现工业可持续发展，首先是要通过开发利用高新技术或者将高新技术与传统技术相结合发展无污染、少污染、低消耗的技术。用高新技术改造传统工业，实现传统工业向高新

技术产业的提升，促进人与自然的协调发展。②调整和优化工业结构，大力发展低能耗和高技术产业。工业是能源消费和碳排放的主体，其综合能源消费量占全社会能源消费总量的70%以上。四川省工业经济结构的一个明显特征是轻、重工业比重不够协调，重工业比重较高，轻工业比重略低，且高耗能行业比重相对较高，而高技术产业发展相对不足，所占比重偏低。面对这样一个基本省情和工业结构，四川必须下大的决心、花大的气力加快工业经济内部结构的调整与优化升级。一是要紧紧抓住国家实施新的西部大开发战略的重大契机，发挥成渝经济区的吸引力，通过大力招商引资，积极引进战略投资者，加快对传统高耗能、低产出产业的技术改造，积极发展和壮大轻工业。二是要严格限制高耗能工业项目的投资建设。要正确处理经济发展与节能降耗、发展低碳经济的关系，切实转变经济发展方式，绝不能以牺牲能源等资源、恶化生态环境为代价来换取经济发展。③改造传统工业，使之向生态工业转变。这是指依据工业生态学原理，运用高新技术、清洁生产技术、资源综合利用技术等现代生态技术改造传统工业生产方式，并加大工业污染治理力度。优化产业结构，逐步提高资源利用率，使废弃物资源化、减量化和无害化，最大程度降低其对环境的负效应，最终实现从传统工业向生态工业转变。④依靠科技进步，大力发展环保工业。环保工业为工业污染防治提供了先进的技术装备，是推行清洁生产和产业生态化建设的技术基础，是一个前景广阔、实用价值很高的新兴技术产业。近年来，国际上环保工业产品的年贸易额约为1 000亿美元，而我国每年只有10亿美元。在这10亿美元中，四川只占极少部分，远远不能满足四川市场的需求。因此，加强环保技术的研究与开发，加快环保工业集团的建立，优化环保工业产品结构、企业组织结构和地域结构，已成为保护四川环保市场，促进四川生态工业化建设，保证四川经济社会持续发展的当务之急。

（二）打造低碳经济产业群

四川省应加快产业结构的优化升级，调整三次产业结构，降低高耗能产业在第二产业中的比重；大力发展高新技术产业，提高制造业的低碳装备水平；应重点发展低碳高产出的电子信息（软件）产业，全力打造电力电子产业集群、高频产业集群、汽车电子产业集群；加快网络游戏、动漫等创意产业的发展，推进高新区动漫产业基地建设；发展壮大低碳科技服务业、低碳旅游业等优势服务业；发展绿色食品生产和加工业，提高绿色农业比重等。

三、大力发展新能源产业体系

发展新能源产业已是大势所趋。四川省应抓紧时间对新能源产业的未来发展做长远规划，科学布局，建设“高效、洁净、低碳”的新能源供应体系，推动能源转换部门技术进步。“十二五”期间，四川的首要任务就是要培育和发展新兴能源产业，其中包括核电、水电、风能、太阳能和生物能源等可再生能源。应在提高关键技术研发和自主知识产权上下工夫。

（一）加大能源结构调整，大力发展可再生能源产业

加大能源结构调整。减少化石燃料的消耗是生态工业发展的主要目标之一，提高终端能效、增加清洁能源的供应和消费比例，是城市生态工业转型的最直接体现。结合四川省能源结构现状，优化能源结构重点应突出两个方面的内容：一是加大低碳清洁能源的开发利用。针对四川省可再生能源的资源特点，积极发展水能、太阳能和生物质能项目，推动主要低碳能源的规模化、产业化和商业化发展；鼓励天然气、沼气等清洁能源利用，大力推广分布式供能系统。不断提高可再生能源和清洁能源在四川省一次能源结构中的比重。二是大力促进传统化石能源的低碳化利用。集约、清洁、高效地利用煤炭，减少原煤直接燃烧，应用洁净煤技术，提高煤炭利用效率；应用二氧化碳捕获、利用和封存技术，减少污染和排放，实现煤炭及煤基产品的高效利用和清洁利用。

大力发展可再生能源产业。逐步降低消费领域中碳基能源（煤、油等传统能源）的消费比重。风能、水能、太阳能和核能是典型的非碳基能源，且多数具备可再生性。①四川省位于长江上游地区，其独特的地形、众多的江河湖泊使得四川省的水能资源非常丰富。据估计，四川省可开发小水电资源约为 2 500 万千瓦，居全国第一，要利用好这一优势，大力发展水能资源。②攀西地区日照时间较长、热量丰富，有较好开发利用太阳能的自然条件。据专家估算，攀西地区太阳能可开发资源量达 70 万～80 万吨标准煤。因此，太阳能的开发利用，应是当前发展攀西新能源产业的首选。太阳能的开发利用领域较为广泛，太阳能发电、太阳能照明、太阳能供热等已广泛应用于国民经济和人民生活。攀西地区在太阳能利用方面潜力较大，要调动社会各方面力量，积极研究开发利用太阳能技术，积极推广应用太阳能设备。此外，围绕太阳能的开发利用还可以延长产业链。如光电、节电、输变电等新能源设备的研发制造业都很有潜力可挖，大有可为。③四川省盆地是全国风能最小的地区之一。宜重点开发甘孜、阿坝、凉山等地区风能资源，利用风力发电与水力发电的季节性互补作用，合理规划风力电站。④核能的运用非常广泛。在核能方面，中国核动力研究设计院就在成都，前不久已与双流县签订了战略合作协议。作为非碳基能源的重要组成部分，四川省在这方面要继续加大投入，给予更多的政策支持。在可再生能源产业方面，四川省应结合落实《中华人民共和国可再生能源法》，设立可再生能源发展基金，集民间资本加大对新能源开发利用的投入。开发利用新能源，除了依靠技术进步，还须参照国家新能源相关法律法规，制定本省新能源相关方针、政策、发展规划和地方性的法律法规，并结合实际不断予以完善。

（二）大力发展新能源产业

四川省发展生态工业不会放慢经济增长，相反通过产业结构调整和发展模式的转变，将促进四川经济的新一轮高增长。四川省发展生态工业，应聚焦新能源、节能环保等新兴产业，将其培育成新的经济增长点。结合四川省的产业现状和技术基础，应重点推进两类产业发展：一是新能源产业要进一步强化技术研发。核电要实现零突破，抢占市场份额，在国内保持一定地位；太阳能发电要重

点发展薄膜电池，提升技术水平和产业能级。二是新能源汽车发展要进一步加快产业化进程。主攻油电混合动力汽车和高性能纯电动汽车两大重点，突破电池、电机、电控等关键零部件，降低燃料电池汽车成本，形成国内领先、国际先进的自主产业体系和产业集群。

四、大力推进清洁生产，完善生态工业园区建设

（一）大力推进清洁生产

根据《中华人民共和国清洁生产促进法》第二条，清洁生产是指不断采取改进设计、使用清洁的能源和原料、采用先进的工艺技术与设备、改善管理、综合利用等措施，从源头削减污染，提高资源利用效率，减少或者避免生产、服务和产品使用过程中污染物的产生和排放，以减轻或者消除对人类健康和环境的危害。简单地说，清洁生产是指既可满足人们的需要又可合理使用自然资源和能源并保护环境的一种生产方法和措施。它不仅要实现生产过程的无污染或不污染，而且生产出来的产品在使用和最终报废处理过程中也不对环境造成损害。清洁生产是实现污染物减排最直接、最有效、最可靠的方法，是实现未来“十二五”节能减排目标的重要举措。四川在推进工业生态化的过程中，实施清洁生产不失为一种好办法。为此，应从以下几个方面着手：①有关政府部门要科学规划和组织协调不同生产部门的生产布局和工艺流程，通过资源的综合利用优化生产诸环节，通过资源的综合利用和短缺资源的替代，减少资源的消耗。将单纯的末端污染控制转变为生产全过程的污染控制。②在深入分析企业清洁生产水平的基础上，提出企业中远期清洁生产目标；要求企业通过工艺技术改进、管理制度完善等措施不断提高清洁生产水平；加大清洁生产审核提出的落后产能、不符合产业政策技术、设备的淘汰力度，特别是针对搬迁企业；提出并实行清洁生产水平较高的新技术、新工艺，减少原辅材料消耗，从源头控制污染物排放。③加大产业结构调整力度，严格环境准入，优先安排清洁生产示范项目，推进清洁生产试点和示范工作。

（二）完善生态工业园区建设

生态工业园区建设是实现生态工业的重要形式。四川要实现工业生态化，就不得不发展生态工业园区。生态工业园区是相对于传统的工业园区来说的，它是以循环经济理论和工业生态学原理为基础设计的一种新型的工业组织形态。园区内一个工厂或企业产生的副产品用做另一个工厂的投入或原材料，通过废物交换、循环利用、清洁生产等手段，最终实现园区的污染“零排放”。完善生态工业园区建设是四川工业生态化建设的重要步骤。目前在我国开展生态工业有以下三种类型：一是典型企业和大型企业进行单个企业的生态工业试点，主要通过产品生态设计、污染零排放、清洁生产等措施进行；二是选择一批工业企业，根据工业生态学原理进行生态结构改造，建立废物交换系统、企业间的闭路循环和生态链，如武汉钢铁集团公司的综合利用；三是选择一批准备或正在建设的工业园

区，按照工业生态学的原理进行规划和设计，起到生态工业示范区的作用[①]。四川建设生态工业园，可以选取其中一种类型或几种类型相结合。不过，根据四川省的实际情况，应选择第一种类型，便于操作。

五、建立和完善生态工业企业，推进企业生态化建设

四川正处于工业化中期，在传统的发展模式中，企业普遍存在着重视利润，轻视生态甚至是以牺牲生态环境利益来换取“利润最大化”的短期行为。传统企业以追求经济效益最大化为目标，其经济模式是“资源→产品→污染排放物”单向流动的线形经济形式，其生产仍采用以大量消耗资源为特征、以不可更新资源为主要原料的粗放型发展模式。这种模式虽然刺激了经济的快速增长，但由于是以浪费资源和牺牲环境为代价的，因而导致生态环境的质量不断下降，不具有可持续性。而企业生态化则是把以物质生产过程为主要内容的企业活动纳入大生态系统中，运用现代生态化技术改造和重组经济结构，把企业活动对自然资源的消耗和环境的影响置于大生态系统物质能源的总交换过程之中，不仅要达到大生态系统中自然总供给能力和人类总需求水平的平衡，还要实现大生态系统的良性循环和可持续发展。其经济模式是以“资源→产品→再生资源”的反馈式流程。其主要内容包括经营理念生态化、资源利用生态化、产品生态化（包括产品设计生态化、产品生产生态化、产品销售生态化等）和管理方式生态化等。这些方面并不是孤立存在的，而是相互联系、相互作用，并形成了一个有机整体[②]。企业行为的生态化程度决定了工业生态化水平，推进企业生态化是解决工业生态化问题的关键。同时，企业生态化是社会可持续发展对企业的必然要求，也是企业自身持续发展的迫切需要。为适应这种形势，诸多企业采取种种措施来提高企业的环境保护水平，如推出绿色产品，加入ISO14000的环境认证等。为此，应该从管理组织、管理制度和管理机制三方面着手建立相应的管理体系。

（一）建立和完善企业生态化的管理组织

目前四川大多数企业尚未建立健全生态环境管理组织，即使建立了生态环境管理组织的企业，也往往由于企业生态环境管理机构队伍素质不高，再加上环境监督力量薄弱，使得企业生态化建设进展缓慢。因此，加强企业生态环境管理机构队伍建设是企业生态化建设适应现代市场经济发展的前提，必须认真建立健全企业生态环境管理组织。一是成立企业环境保护委员会或环保领导小组，这是一种实行集体决策的组织机构，决定和解决企业的重大生态环境保护、建设与管理的决策和问题。二是实行企业内部分级管理，建立各级专职环保机构，车间设立环保小组，班组设有环保员，形成企业生态环境管理工作体系。三是建立一支专业生态环境管理队伍或管理人员，并使他们能够依法进行企业生态环境的监督管

① 张艳．我国发展生态工业的策略与措施探讨［J］．工业安全与环保，2005（4）．

② 杨文选，李杰论．企业生态化及其实现机制［J］．技术与管理创新，2009（9）．

理。四是在充分发挥环保职能科室和专业队伍作用的同时，要尽量利用企业各个职能管理科室的力量，齐抓共管企业生态环境管理①。

（二）实行以生态环境保护目标责任制为核心的生态经济管理制度

总结国内外的经验，主要有以下几种做法：一是实行企业生态化目标责任制，作为考核企业生产经营管理状况的重要内容，并作为厂长经理考核业绩的一项内容。二是建立健全生态化管理经济责任制，设立生态化奖励基金。在企业经营机制的转换过程中，把企业生态化目标达到的水平作为企业上等级、评选先进单位的主要内容和重要条件。三是建立完善企业生态化考核制度。在改革企业制度过程中，把企业的生态化责任和生产经营责任有机结合起来，将生态化指标同生产经营指标一同纳入目标责任制和经济承包合同，实行统一考核。四是建立企业生态化监督机制，保证企业生产经营管理和生态化管理的有机统一。五是建立企业生态经理负责制，促使企业经理带领企业职员走出一条低耗、高产、优质、无污、高效的企业发展的生态化道路②。四川企业可以根据自身的情况灵活地选取一种或几种作为生态环境保护目标责任制的措施。

（三）建立企业生态化的管理机制

通过产品全生命周期管理，建立追求生态效率最大的企业管理机制，具有调节企业的经营活动使之为社会创造价值并与生态环境相适应的功能，同时具有调节企业内部各子系统使之保持物料能源高效运转和动态平衡的功能，并为企业减少生产成本和环境成本，创造更多价值的功能。在环保需要占主导的未来市场中争得优势，企业必须将自身视为整个自然环境和社会环境的一部分，在满足消费需求的同时保护资源质量。为达到这一目的，实施生态化战略，从产品设计与生产，市场销售，企业文化到组织结构与管理的方方面面改善企业，是一条可行之路。③

六、扩大低碳经济试点规模，促进工业生态化建设

发展低碳经济是实现循环经济的有力途径。循环经济最重要的组成部分——循环型工业，以可持续发展战略为指导，以工业生态化为目标，是消解长期以来环境与发展尖锐冲突的核心。因此，发展低碳经济有利于工业生态化的推进。中国改革和发展的经验之一是先行先试。对于一些重大的政策，先进行试验，待积累了一定的经验后，再由点带面地推广开来。作为经济发展方式的一次深刻转型，低碳经济要取得成功，也应该先行先试。四川省可以建设起若干低碳社区、低碳商业区和低碳产业园区等低碳发展综合实践区，以促进低碳技术的应用，探索有四川特色的低碳发展模式。低碳产业可以在电力、交通、建筑、冶金、化工、石化等能耗高、污染重行业先行试点，选择作为探索低碳经济发展的

---

① 何劲. 构建中小企业生态经济管理运行机制的若干思考［J］. 生态经济，2004（S1）：110-112.

② 陈浩. 生态企业与企业生态化机制的建立［J］. 管理世界，2003（2）：99-104.

③ 杨文选，李杰论. 企业生态化及其实现机制的探讨［J］. 北京理工大学学报，2009（6）.

重点领域。选择一批基础较好的省级以上开发区作为低碳经济试点示范，并适时向国家申报示范区开展低碳经济试点示范。在发展低碳经济上，四川省在部分地区进行了试点。成都市的青白江区确定为成都唯一的低碳经济发展试验区，并出台了《成都市青白江区低碳经济示范区建设实施方案》。以新能源产业促进低碳发展的“双流行动”则成为成都探索的鲜明案例。除成都市外，广元市也在积极探索低碳经济发展之路。为了更好地发展低碳经济，广元市成立了低碳经济发展领导小组，先后印发了《清洁能源开发利用工作方案》，《关于推广清洁能源和建设循环经济产业园区实现低碳发展的意见》等。尽管如此，四川还应该扩大低碳经济试点规模。首先，低碳经济试点不一定要局限于成都和广元。除成都和广元之外，四川还有很多低碳资源丰富的地区，可以考虑把资源优势转化成经济优势。比如，四川甘孜、阿坝、凉山三州地区太阳能资源丰富，生态环境优美，应试点发展相关太阳能产业，给予资金和技术支持，做好相关配套政策措施。其次，扩大成都、广元低碳经济试点产业规模。发展低碳经济，当然离不开新能源的开发和新能源产业的发展。但是，目前这个阶段，四川不可能一哄而上，全部发展像风能、太阳能等新型低碳产业，这些产业需要足够的资金和高技术支持，只能逐步发展。而像先前的一些高碳产业、非高碳产业要对它们给予调整和优化，从而提高技术含量、减少环境污染、延伸产业链条、提高产业质量。这也是发展低碳经济的重要组成部分。因此，在成都、广元低碳经济试点区，要试点像电力、交通、建筑和冶金等高碳产业或非高碳产业向低碳产业转化。最后，到条件逐步成熟的时候，总结经验逐步推广，带动周边乃至全国低碳经济的快速发展。

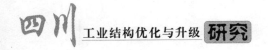

第九章 工业技术创新与四川工业结构优化升级

优化四川工业结构，提升企业的竞争力，关键还在于推进四川企业的技术创新。为此，企业只有站在更高的视角，以世界的眼光制定发展战略，不断推动自身产品结构的优化升级，才能使企业在激烈的竞争中立于不败之地，并保持或获得竞争优势，实现企业的持续、不断发展。政府要切实转变职能，做好服务企业技术创新的各项工作，才有可能实现四川企业更为健康的发展；要加大企业科技与金融的融合，充分发挥金融对科技的资本支持，为企业的技术创新，实现跨越发展奠定资本基础；要结合国家新出台的七大战略性新兴产业振兴规划，相关职能部门做好符合四川实际的配套产业政策及四川战略性新兴产业发展规划，以实现四川战略性新兴产业的跨越式发展。

随着四川工业化进程的不断推进，以技术创新为核心的产业技术进步在经济增长中的作用越来越大。随着全国及世界经济形势的变化和由于减排压力而带来的对经济发展的要求，四川工业未来的发展必须依靠技术创新，而技术创新总体战略的实施必将推动四川的产业技术进步，成为四川未来经济发展的主旋律。

第一节 四川工业技术创新的演变及现状

四川拥有的科技资源在全国的排名一直在前 10 名之内，但国家科技部发布的 2008 年科技统计指标表明：四川科技进步综合指数排在全国第 15 位，科技促进经济社会发展指数排在全国第 25 位。丰富的四川科技资源优势还没有完全能转变为科技创新能力优势，也没有转变为推动经济社会发展优势。

一、四川工业技术创新的演变及现状

四川省的技术结构中，高技术、传统技术和手工艺技术并存，并且传统技术所占比例大，这严重影响了劳动生产率和产品质量的提高，降低了四川省产品在国内外市场上的竞争力。此外，四川大部分大中型企业建于 20 世纪五六十年代，工艺落后、设备老化、后劲不足，技术改造任务重；大中型企业绝大多数是国有独资企业，所有制单一，技术创新能力薄弱，缺乏高新技术支撑。在产业结构上，以传统的、初级的产品发展为主，深加工、高附加值产品发展缓慢，工艺装备总体水平落后，在新产品开发、规模经营、市场开拓等方面很难适应市场经济

发展的需要。

自20世纪80年代末以来，四川在实施“科教兴川”的同时，先后建设了成都、绵阳和自贡等高新技术开发区，在灵活的政策支持下，一大批高新技术企业纷纷落户高新区及其工业园区，2005年实现技工贸总收入1 425.3亿元，工业总产值1 375亿元，利税142.4亿元。高新技术工业总产值年平均增长速度比同期四川全部工业总产值增速高18.2个百分点，高新技术企业技工贸总收入年平均增长率超过同期四川生产总值增速16.6个百分点，高新技术产业已成为四川国民经济中增长最快的产业部门。

和全国一样，自1998年以来，R&D活动得到了四川企业更多的注意并且其支出已经渐渐超出了技术引进的支出，但技术引进方面的支出仍然十分巨大；与此同时，技术市场已经成为四川企业获取技术的一个非常重要的途径。其中，市场导向的技术改进，技术外部采购与本土化创新相结合的技术追赶模式使四川的一些企业获得了一定的竞争优势，这在四川的消费电子领域表现得尤为明显。从市场份额来看，四川的家电产业通过采取技术外部采购和市场导向技术改进的追赶模式，已经凭借低成本优势成功地实现了市场追赶。

近年来，遵照“创新”和“产业化”的指导方针，坚持以市场为导向，技术跨越、自主创新以及各领域协调发展的原则，以规模化为目标，以高新区和开发区为载体，着力培育和扶持具有四川特色和优势的高新技术企业，四川基本形成了包括电子信息、生物、新材料、装备制造、环境保护等在内的高新技术企业群。截至2005年，高新技术企业已达1 009家。一大批高新技术企业在发展中不断成长和壮大，其规模和企业核心竞争力不断得到提升。

目前，四川省的高新技术产业已经具备一定规模，并且近年来发展速度明显加快，初步形成以电子信息、生物技术、新材料、核技术和新能源、先进制造、民用航空为优势特色的高新技术产业体系，这也是战略性新兴产业培育的重要基础。

二、四川省企业创新能力及成果转化落后的原因

（一）四川省科技资源长期处于中央与地方、科研院所与企业、军工与民用“三个分割”的状态

具有较强创新能力的中央在川科研院所的资源没有充分转化为创新能力，其科技活动对四川经济和社会发展的贡献还远远不够。据报道，四川省大型科学仪器利用率不足25%，而发达国家的设备利用率则达170%~200%。

（二）以企业为主体的技术创新能力不强

发达国家和沿海地区的经验告诉我们，企业的技术创新能力越来越明显地成为地方经济发展的核心竞争力。四川以企业为主体的技术创新体系还没有真正建立起来，2009年，全省申请专利数仅占全国的3.9%，获得专利授权仅占全国的3.2%。

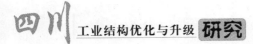

（三）科技成果转化的水平还比较低

四川每年有1 000多项科技成果登记，每年表彰200多项获奖产品和技术，获得国家各类科技进步奖数十项，已经形成了较好的科技研发投入产出机制。但四川还缺乏大规模促进科技成果转化和高新技术产业化、培育战略性新兴产业的有效支持手段和公共服务平台，科技创新价值链还没有充分体现出来。

三、四川工业技术创新存在的问题

（一）高新技术企业发展较为落后

虽然“十五”时期以来四川高新技术企业增强了技术创新能力，企业的核心竞争力得到了较大的提高，但是在当前激烈竞争的环境中，由于四川高新技术企业起步晚、基础差、技术积累少，与先进地区比较，企业核心竞争力水平还有一定的差距。主要表现在：①高新技术产品结构不尽合理。在高新技术产品中拥有自主知识产权的高附加值产品的比例过小，其产品结构有待进一步调整和优化。②企业规模和素质亟待扩张和提高。其平均规模和大型企业比例远低于沿海发达地区。四川高新技术企业在规模、技术、管理等方面无法与国内大企业和跨国公司抗衡。③产业配套不齐全，严重影响了企业效益。尽管四川已形成了电子信息、生物制药、新材料、光机电一体化、环境保护、生物等支柱产业，但除生物制药外，其他产业的集群度都很低。④资金缺乏，融资渠道单一，严重制约企业核心竞争力的提升。除上市公司外，四川大多数高新技术企业都缺乏资金；同时，由于四川高新技术发展的资金市场不健全，真正意义上的风险投资又尚未起步，使得处于创业初期或阶段的高新技术企业融资普遍困难，也难取得规模效益，从而影响核心竞争力的提升。⑤科研院所的高新技术产业化往往只处在游离状态。目前大多数高新技术成果的产业化要靠科研院所自己来完成的，其最大困难是缺乏资金，只能滚雪球式发展，致使高新技术产业呈现出科研机构投入的多，企业兴办的少；小规模的多，大规模的少；有强劲发展后劲的少。

（二）产业技术创新落后，缺乏特色优势产业

目前，四川不少产业的技术创新都较为落后。例如，四川产业技术创新的基础条件较差，科技人才缺乏，科技创新的资金缺乏保障，特别是与四川经济结合不紧的科技创新导致产业升级换代缓慢。尽管四川自西部大开发以来一直重视发展优势产业，而且也形成了一些特色优势产业，如丝麻纺织业、以白酒为主的食品加工业等，但目前不少产业仍与其他省区市高度趋同，如汽车制造业、机械加工业、食品加工业等优势产业集群在多数地区尚未形成。四川过去传统的电子信息业如长虹彩电的生产已无多少特色和优势。正是因为缺乏特色优势产业，所以四川的经济发展与其他省、区、市的差距才较大。这说明通过工业技术创新，形成特色优势产业，以实现四川工业结构的优化升级还有巨大的空间。

（三）风险融资基础薄弱，科技与金融的结合不够

由于现代科技创新具有高投入、高风险和高收益的特点，而且存在着诸多不

确定因素，不仅成功的概率远小于失败的概率，还存在技术开发和市场开发双重风险，但是由于技术创新带来的科技成果具有巨大的投资价值和增值空间，这使得金融支持科技进步提供了可行性的空间和依据。但由于四川金融基础较为薄弱，金融科技产品开发落后，导致与四川工业技术创新所要求的金融服务不相匹配。

（1）银行业机构对科技型企业信贷支持总体规模仍较小。这一方面与四川省科技型企业整体发展状况紧密相关，不少科技型企业在发展中普遍存在整体规模小、知识产权意识薄弱、产品市场认知度低、风险较大等特点；另一方面商业银行自身性质也决定了其以赢利为目的的运行模式，在风险分担和补偿机制不够健全的情况下，科技企业高投入、高回报、高风险的特点使得商业银行在介入时较为谨慎。

（2）科技型企业区别于其他行业企业的特殊性，往往难以提供符合银行信贷要求的抵质押物，这与银行机构现行信贷审批管理模式和风险控制要求之间存在矛盾，导致科技型企业特别是科技型中小企业融资难的现象较突出。

（3）部分银行尚未完全建立适合科技型企业金融需求特点的一整套机制，制度创新、产品创新和服务创新力度还不够，银行对科技型企业的金融服务还有待进一步提高。

（4）部分银行尚未完全建立起服务于科技产业、高新技术产业的专业金融服务团队，高素质的人才储备还较薄弱。要提高银行机构对科技型企业的金融服务水平，必须建立一支高素质的复合型的人才队伍。

（5）支持科技型企业发展的有关配套政策和环境还需进一步完善。从目前来看，四川支持科技产业发展的创业投资基金、风险投资公司等市场主体培育和发展很不成熟；同时，政府有关部门支持科技型企业、高新技术产业的专项研发资金、风险补充分担机制等相关配套措施建设较为滞后，一定程度上直接导致了科技型企业的融资难的问题。

第二节　加强技术创新，促进四川工业结构优化升级的对策分析

促进四川工业技术创新，要在突出四川特色、培育高端领军型人才、促进企业知识产权创造、整合科研力量、创新产学研利益共享机制等方面努力。另外，四川是西部科技大省，在经济发展、技术创新、区域体系、社会环境等方面具有诸多优势，要积极争取开展国家技术创新工程试点，大力培育创新型企业，构建产业技术创新联盟，建设创新服务平台和创新人才队伍，促进军民融合产业发展，切实发挥科技支撑引领经济社会发展的作用，促进产业结构调整优化和经济发展方式转变。

“十二五”期间，四川基础研究要坚持“整合科技资源、提升创新能力、加

速成果转化”的工作取向，着力于支撑，瞄准国家战略目标，统筹部署，加强顶层设计；要围绕国家和地方经济社会发展中的需求，部署一批重点战略性研究课题，集中力量攻关；四川的基础研究应根据四川的地方特色和条件，大力培育和支持富有地方特色的基础研究团队和基地建设；多渠道强化投入力度，加强科技资源整合，全面提升四川原始创新能力，为建设创新型四川做出更多的安排。

一、工业技术创新对四川工业结构优化升级的作用

技术创新是一个相当广泛的概念。最早的创新概念是美籍奥地利经济学家熊彼特[①]提出的，他把技术创新概括为发明的首次应用。而后，技术创新的概念出现了各种各样的表现形式。较为一致的定义为：技术创新是把一种或多种新设想发展到实际和成功的应用阶段的活动。[②]

技术创新包括产品创新、工艺创新和过程创新（包括市场化过程）。技术创新的概念虽然只是近年才传入我国，但已经引起政府、企业界和学术界的广泛关注。技术创新概念与以往技术革新、技术发明、技术改造等相关概念的最大区别在于，它更加关注技术在现实经济活动中的应用，特别是在市场中取得的成功。这就为建立市场经济体制，解决长期困扰我们的科技成果转化难的问题找到了突破口。

自主创新是在新的历史时期提出的国家发展战略，也是四川今后工业技术创新的核心思想。自主创新强调主要依靠自己的力量从事以获取知识产权为核心的技术创新活动。自主创新的关键是形成自主知识产权。只有通过自主创新获得自主知识产权，才能摆脱关键技术受制于人的局面，使四川的产业链条从低端向高端转移，从而获得更多的产业利益。若自主创新仅仅停留在模仿、消化吸收或进口替代的阶段，形成不了自主知识产权，自主创新能力就得不到显著提高。

只有转变经济发展方式，才能实现四川经济的可持续发展。要转变经济发展方式，提高经济增长质量，就要实现四川工业结构的优化升级，也就是要实现四川工业结构的高级化和合理化。而优化升级四川工业结构，关键是要技术创新，提高自主创新能力，使四川经济增长走出“高消耗、高污染、低产出”的发展模式。如果不转变经济增长方式，资源环境的压力将难以承受，经济增长也难以持续下去。转变经济增长方式，就是要从粗放的经济增长转向集约的经济增长，从外延的经济增长转向内涵的经济增长。要实现这种转变，必须通过自主创新，加快科技进步，实现技术对资本和劳动的替代。只有通过自主创新，获取关键技术的知识产权，才能实现四川工业结构的优化升级，才能使四川的产业从价值链的低端向高端转移，从而实现更大的经济利益和国民财富的快速增长。

---

① ［美］约瑟夫·熊彼特. 经济发展理论［M］. 柯畏，易家祥，译. 北京：商务印书馆，1990：4-5.

② 汤世国. 技术创新——经济活力之源［M］. 北京：科技文献出版社，1994：9.

二、工业技术创新，要求政府加强服务职能建设，打造责任型政府

（一）转变政府职能，强化服务职能

（1）采取人才及其他激励政策，促进工业技术创新。①制定发挥企业、科研院校和人才优势相结合的具体政策。鼓励有条件的企业与高等院校建立定向、订单式的人才培养机制；建立健全培训、考核、使用与待遇相结合的机制，对做出突出贡献的技术创新人才，可以采取科技成果或知识产权入股等多种形式予以奖励或激励。②建立《政府采购自主创新产品目录》数据库。建立财政性资金采购自主创新产品制度，给予自主创新产品优先待遇，建立激励自主创新产品的政府采购制度、本国货物认定制度和购买外国产品审核制度，发挥国防采购扶持自主创新的作用等。各级政府机关、事业单位、社团组织在政府采购活动中，同等条件下，对列入《政府采购自主创新产品目录》的企业产品，应当优先采购。③鼓励发明创造和标准制定。各级知识产权部门可以按照有关规定对个人或小企业的国内外发明专利申请等费用予以减免或资助，鼓励具有专利技术的企业参与行业标准制定，对中小企业参与行业技术标准制定发生的费用，给予一定比例的资助等。

（2）建立健全技术创新服务体系，促进工业技术创新。①加大创业服务力度。要做好为初创小企业提供低成本的经营场地、创业辅导和融资服务，支持科技企业孵化器等科技中介机构为科技型中小企业发展提供孵化和公共技术服务。②培育技术中介服务机构。鼓励技术中介服务机构、行业协会等为科技型企业提供信息、设计、研发、共性技术转移、技术人才培养等服务，促进科研成果商品化、产业化。③建立适合中小企业特点的信息和共性技术服务平台。逐步建立网上技术信息、技术咨询与网下专业化技术服务有机结合的服务系统，提高技术服务的即时有效性。④引导和促进本省企业转变发展方式。根据各地企业的产业特点，打破“小而全”，提倡分工协作，重点支持在相对集中的产业集群或具有产业优势的地区，建立为企业服务的公共技术支持平台。⑤坚持信息化带动工业化，特别是利用现代信息技术提升传统产业。借鉴东部沿海地区的经验，四川省应该积极而有效地在特色产业中建成并应用 ASP 应用系统。“企业通过租用政府建立的 ASP 公共服务系统就可以对自己的进货、销售、库存、财务等各方面的业务进行管理，同时又无须承担过多的建设和维护成本，因此作为中小企业信息化应用的公共平台，它被认为是运用信息技术提升传统产业的最佳方式。”①

（3）营造鼓励创新的环境，用“不平等”政策形成发展上的位差势能，并转化为促进技术创新的动能。①四川省科技管理部门要进一步支持高校的科研发展。在应用基础的研究上，努力加大投入，争取创造出更多的科研成果；在人才平台建设上，要加强四川省青年科技基金的支持力度，培养一批优秀青年科技人

---

① 颜怀海．自主创新与区域新型工业化——以四川为例［J］．现代管理科学，2010（4）．

才，争取把这些优秀青年吸引到四川社会经济发展中来。②进一步支持校地合作，支撑四川经济发展。要用科技支撑促进企业发展，促进地方经济的发展。探索产、学、研结合机制，由龙头企业牵头，与大型的科研院所、高校形成创新联盟，努力在这方面有所突破。③进一步支持高校的科技成果转化和产业化，发挥科技的引领作用。目前，四川省的科研成果很多在省外进行了转化，应努力改变这种现状，营造良好环境，让科研成果能在本省进行有效转化，促进四川经济的发展。

（二）制定相应措施，促进工业技术创新

（1）政府通过整合资源，提供有利于企业创新的宏观环境，承担企业不能承担的创新风险。①加强部门协调，搭建公共服务平台。各级政府和企业之间应加强沟通和协调，加快创新基础设施的建设，建立科技基础平台和公共信息、公共数据的有效共享机制，提高基础设施利用效率。②积极推进产、学、研合作。政府要牵线搭桥，引导企业与高校、科研院所之间建立产、学、研合作的长效机制。产、学、研合作是国家创新体系的重要组成部分，政府要通过提供完善的法律环境来严格保障合作双方合同的利益和科研人员的研究开发权利，为企业积极创新提供制度和智力支持。

（2）政府要加大支持力度。①资金投入支持。各级政府要充分利用市场机制，大幅度增加对科技创新的支持力度，可以采取贴息、项目资助等方式重点支持优势高新技术产业的重点产品发展。②鼓励自主创新的政策支持。四川各级地方政府应该在实施中长期科技规划、税收激励、知识产权保护、政府采购等方面制定相关配套政策，为企业科技创新提供政策支持。③加强知识产权的保护，支持制定行业标准。特别是对被别的企业挖走的技术人员对企业造成的知识产权的流失应做出明确的规定。对于科技创新中自己的首创技术，结合行业要求，制定行业规范、标准。④建立四川地方政府—科研机构科技成果孵化资金。以孵化资金为桥梁和纽带，加强高新技术成果孵化与产业化，“以孵化资金为引导，以项目合作为切入点，以企业为主体，以成果转化及产业化为目标”的合作模式，调动双方的积极性，孵化资金成为政府吸引科研院所技术资源进入，引导企业和科研院所合作最直接、最有效的手段。⑤大力推进创业服务中心和各类专业孵化器建设，尽快建成一批具有较高水平的国家级高新技术创业服务中心和各类专业孵化器。在充分发挥人才作用的基础上引进急需的关键人才，创建有利于人才成长和发挥才干的用人制度、分配制度、激励制度、评价制度和合作竞争制度等，建设高素质的科技创新和经营管理人才队伍。

（3）积极扶持科技型中小企业成长。①以“三促进”即促进提高中小企业自主创新能力、促进传统产业转型升级、促进建设现代产业体系，作为中小企业提高产品技术含量、发展自主品牌、提升产品附加值和盈利能力的重要路径。②加大中小企业的人力资本投资，重视和提升人力资本对中小企业发展的贡献率，提高中小企业中的技术人员、研发人员、熟练技工的比重。可由政府出面帮助和支持中小企业与各高校、科研院所合作，设立中小企业学院，为中小企业经营者和员工提供应用培训、技能知识。③扶持处于生命周期早期阶段、具有良好发展前景的高新技术小型和微型企业应成为四川省中小企业政策的重点，努力挖掘这类企业的发展潜力。政府要建立面向早期高新技术小型和微型企业的资本市场，形成面向小型和微型企业的中介服务网络。

（三）积极组织企业与科研院所的对接，搭建科技合作的平台

（1）搭建产、学、研对接的科技合作平台。①采取多种方式，包括建立企业与科研院所合作的行业沙龙、协会等形式，增进企业与科研院所的交流，促进沟通和理解，实现优势互补。②通过搭建校内与校外资本、技术、项目、人才的需求主体和供给主体之间良好的信息互通平台，构建以项目为纽带的全方位综合服务体系，通过内联外引，实现具有市场潜力的科技成果的培育、孵化和转化。③转变机制体制，使科研院校确立以市场为导向、产品为主线的研究开发模式。要转变思维方式，从“先科研，出了成果，再找主顾”转变为以“产品为主线”的模式，把科研院校的知识、人才、成果和地方的工业资本、金融资本、先进生产要素真正有机结合起来。④企业要加大投入，主动吸纳科研院校的科技成果。企业应提高创新动力和风险意识，以科研院所为依托，建立企业技术研发中心。企业只有在成果的研发阶段就介入，才能实现有效的、源头性的产学研结合。

（2）实施产、学、研有机结合，以促进产、学、研的结合与科技成果转化。作为产、学、研合作的高级模式，产、学、研与政、资的结合，不仅成为实现产学研合作的源泉、动力、导向和资金的有机结合点，也成了加快推动科技成果向现实生产力转化的加速器。①依靠政府加大对技术创新的宣传力度，利用相关媒体对典型事例和成功经验进行报道，正确引导舆论导向，引导企业创新行为和社会投资方向。②依靠政府营造良好的政策环境，完善有利于技术创新的地方政策法规，实施激励产、学、研合作的各项有用的公平的政策。③依靠政府加大知识产权保护的执法力度，改善外部环境，维护专利人的合法权益，支持企业进行自主创新。④依靠政府加大财政支持力度，充分发挥政府的引导作用。⑤依靠政府在产、学、研合作机制中的统筹规划、资源配置、环境优化、公共服务的调控作用，优化科技孵化器、专业园区、公共服务体系建设的环境，完善知识产权制度和技术标准体系，推动和支撑科技中介组织发展。

（四）实施知识产权战略，激励自主创新

（1）提升知识产权创造、运用、保护和管理能力，大力推进自主创新成果产权化、商品化、产业化。其内容包括：①加快自主知识产权运用。设立专项资金，在计划项目安排、资金筹措等方面，重点向具有自主知识产权的优势产业倾斜；探索开展专利权质押融资。积极开展企业知识产权试点示范和优势培育工作等。②加强知识产权保护。加强专利市场监管，切实维护企业及专利权人权益。③鼓励科技成果转化应用。对企业从事技术转让、技术开发业务和与之相关的技术咨询、技术服务所取得的收入，按规定减免营业税、企业所得税。鼓励企业、科研机构、高等院校以股权投入、技术交易等方式转化科技成果。④大力调整优化工业产业结构。改造传统产业，研究制订战略性新兴产业发展规划。⑤加大科

技投入，提高资金使用效益。深化科技投入体制改革，逐步形成以财政投入为引导、企业投入为主体、风险投资等为补充，多元化、多渠道、高效益的科技投入格局。既要加大财政科技投入，又要引导企业加大科技投入。切实发挥财政资金“四两拨千斤”的作用。另外，要鼓励金融、风险资本投入科技产业。精心组织高新技术企业与金融机构、风险资本对接活动，切实解决科技型中小企业融资的难题。还要注意提高科技资金使用效益。按照“重点突破、以点带面”的思路，调整优化科技资金投入结构。⑥加强区域科技合作。建立区域共享的科技应用创新服务平台，实现大型仪器设备、科技信息情报、知识产权综合服务、科技成果转化、科技决策咨询、科技金融等科技资源的合作共享。

（2）强化人才保障，打造科技人才优势，树立“人才是科学发展的第一资源、人才优势是提升区域创新力的第一要素”理念，建立健全人才开发新机制，通过提升人才竞争力来提高科技竞争力。①优化人才开发政策环境。根据全省经济和社会发展规划，制定实施人才开发中长期规划纲要。②搭建人才作用发挥平台。依托国家农业科技园区、省级高新技术产业开发区及产学研技术创新联盟企业技术中心、博士工作站、专家大院等集聚科研人才，在重点企业实施省、市人才开发项目，培育创新型人才团队。③强化人才激励服务措施。建立市级以上高层次专家人才信息库，对重点优势产业高层次人才，由政府给予奖励。开展科技杰出贡献奖、拔尖人才、优秀人才示范岗等评比表彰活动，发挥各类优秀人才的引领带动作用。

“十二五”期间，全省科技发展要把握“整合科技资源，提升创新能力，加速成果转化”的工作取向，着力构建科技创新体系，打造公共创新平台，组织重大技术攻关，抓好科技试点示范，充分发挥科技在经济社会发展中的支撑、引领作用。到2015年，以企业为主体、产学研结合的技术创新体系逐步建立，自主创新能力显著提高，培育形成一批创新型企业。

（五）加强信用制度建设，发挥风险投资对科技创新的强大推动作用

（1）建立适合科技型中小企业特点的信用征集体系、评级发布制度及失信惩戒机制，推进企业信用档案试点工作，完善中小企业信用档案数据库，实现中小企业信用信息查询、交流和共享的社会化。

（2）政府机构要积极探索技术创新成果产业化发展道路，可以按照“技术创新研发→产业化→市场化→资本化”的总体思路，通过不断探索与实践，逐步形成政府资金引导、创业投资推动、金融资本支持、上市融资扩张的技术创新投资机制，推动企业自主创新成果转化，以及重点技术创新企业上市融资。

（六）更大程度推进开放，创造有利于技术创新的竞争环境

推进工业技术创新，要有世界眼光，站在全球化的视角，从而为企业营造一个更为充分的完全竞争环境。为此，要做到：①加强政府间的合作。积极地与外国政府签订投资保护协定以及避免双重征税协定，解决签证问题，提供进出口的便利等多种方式，努力为四川省企业创造良好的走出去的环境，保护企业在境外投资的合法权益。②鼓励中外企业加强合作。四川省企业可以充分发挥与外国合

作伙伴在资源、资金、技术、市场信息等方面的互补性，采取更加灵活多样的方式努力寻求投资合作。四川企业可以开展多种形式的合作交流，共同探讨一起到第三国投资，创新走出去的新模式等，实现互利共赢。③实施国际化发展战略，开展跨国并购。通过并购引进和提升自己的管理经验与技术，从而推动工业技术升级。

三、四川企业要加强自身管理，争取在竞争中取得优势

（一）加强内部管理制度建设，为优秀人才提供更好的成长环境

（1）创新机制建设。通过建立省级企业技术中心和创建国家级企业技术中心、设置技术中心机构、完善各项管理制度、加强产学研合作、增强国际技术合作，同时注意引进和培养一大批产品开发、研究的技术人才、形成由创新动力机制、激励机制、约束机制、运行机制和支撑机制有机构成的完善的技术创新体系。

（2）软硬件建设。硬件方面，要注重研发大楼等的建设，为研究人员提供一个良好的工作环境；软件方面，要注重对关键人才、技术的引进、采购，并进行二次开发，实现成果的转化和应用，通过网络化管理和数据资源共享，提高产品开发设计能力，缩短产品开发周期，尽快实现技术创新成果的转化等。

（3）加大科技投入，增强发展后劲。①尽量采用一流设备，确保实现产量达产、质量达标；②加强技改，增强了企业发展后劲；③加大品牌推介力度，以品牌促技术创新。

（4）加大投入，建立各类激励自主创新的专项基金。企业可以充分利用多层次资本市场体系和商业银行贷款，以及积极吸引保险资金、设立各类激励企业自主创新的专项基金，来解决重大科研项目融资困难的问题。

（二）加强企业内部管理，促进企业技术创新

为促进企业技术创新，可以在以下几个方面加强企业内部管理：①实现企业管理创新，最重要的是在实现企业制度创新的基础上加强企业发展战略的研究。企业的发展战略是否科学与正确，是企业能否取得成功的关键。企业要面向市场、适应市场，制定和实施科学的发展战略、技术创新战略和市场营销战略等，并根据市场变化适时加以调整。②要形成有效的技术创新机制。要深化企业内部的人事制度和分配制度改革，真正使资本、技术等生产要素参与权益分配，以吸引人才，留住人才等。③提高企业适应市场的能力。企业的市场能力，综合体现为企业战略决策能力、研发能力、生产能力、营销能力和服务能力。四川高新技术企业要围绕适应市场能力的提高，要及时掌握外部技术、客户反映、竞争对手信息以及企业内部管理信息，将外部技术快速转化为内部技术，通过完善产品的结构，对研发、生产、营销、服务战略进行快速科学决策，扩大生产规模和提高产品质量。④提高企业的技术创新能力。一是要建立和完善企业技术创新体系，不断加强技术开发力量，加快开发具有自主知识产权的技术和主导产品。二是要

积极探索新的技术创新模式。包括：开展多种形式的产、学、研结合，吸引科研机构和高校的科研力量进入企业，组织力量对一些重要领域的关键技术难题进行联合攻关等。

（三）要加强从研发、生产到销售的体系建设，既要提高自身产品竞争力，又要努力扩大市场份额

世界经济活动的实体形态正在从“原子型企业”越来越演变为“网络型企业（或企业群）”，而且，网络化的产品和服务形态越来越普遍。① 因此，企业应坚持走产、学、研及国际化合作道路，通过走开放式的自主创新道路，提高企业产品的技术含量和竞争力，实现企业的健康、可持续发展。

（1）建立稳定高效的合作机制。要根据市场需求，作为创新投入的主体、风险承担的主体、经济收益获得的主体，与高校等科研单位建立多层次、全方位的合作，以技术入股、利润分成、销售额提成等为主要合作形式，形成良性互动、利益共享、风险共担的稳定高效的合作机制。

（2）要主动加强与其他企业及科研院所的合作，从而加快推进企业的技术创新。产、学、研、政一体化，是指将生产企业、科研机构、高校及政府结合成一个整体，集“科学研究与科技开发、人才培养、技术推广以及开发应用、生产与销售”为一体，充分发挥各方的优势，推动“研发与生产，科技与经济，科技进步与社会发展”相结合和统一的协同合作与创新实践过程。产、学、研、政结合创新问题，现已经成为理论界与实业界关注的焦点问题之一，并有不少学者从不同的角度对这一问题进行了研究。②

（3）重视科技创新与成果转化，走可持续发展道路。科技创新和成果转化是政资产学研合作的关键点。重视科技创新，明确企业科技创新的主体地位，充分发挥企业自主创新能动作用，吸收高校、科研机构和其他技术要素的机制与形式，通过技术投资、入股、联合协作等形式，按照风险共担、利益共享的要求，才能使政、资、产、学、研合作机制持久健康地运行；而重视成果转化，则是以科研成果转化为目的，扶持前瞻性和战略性的政资产学研合作项目，提高产业的技术水平和核心竞争力，推进传统产业的技术改造和技术升级，提高企业的技术创新能力，引导发展高新技术新兴产业等。

（4）建立合理完善的分配机制。分配机制的建立要充分发挥市场导向的作用，遵循市场发展规律。政、资、产、学、研合作体系是建立在政府、企业、高校、科研院所和投资方共同的利益基础之上的，整个合作要得到健康的发展，需要平衡合作体系中各方所贡献的资源与从中得到的利益。在实践中，政府关心的是宏观环境、目标导向和立法建设，企业、高校、科研院所和投资方参与合作的首要目的则是要能够从中获得利益，这既包括合作所带来的收益，也包括合作所产生的无形资产，如专利权、品牌、商标等。因此，分配应尽量使各成员最后的

① 金碚. 国际金融危机后中国产业竞争力的演变趋势［J］. 科学发展，2009（12）.

② 周启海，郑树明，李燕. 论产学研政联盟对区域经济发展的推动作用——以四川双流县为案例分析［J］. 经济研究导刊，2010（6）.

实际分配结果与其预期利益相一致，保证公平合理。

（5）构建产业技术联盟，推动企业发展。这种方式的结盟可以破解企业经过长期发展出现的生产体系僵化、技术空心化和技术供给不足的问题，引发开拓性的产业技术创新。通过技术转让与弱小企业结盟，可以使技术创新得到最有效利用，而且不会动摇新技术所有者的优势地位；与竞争对手结盟，不但可以分担技术创新的风险，而且可以进一步促进技术创新；与科研机构结盟，不但能够最大可能地缩短研究与开发周期，增加技术创新成果，而且研究的成果又将施加于企业自身的技术创新活动，从而提高企业产品的技术含量和竞争力。

（四）要加强自身企业文化建设，从而促进工业技术创新

著名经济学家于光远曾指出：国家繁荣靠经济，经济繁荣靠企业，企业兴旺靠管理，管理关键在文化。企业文化作为现代企业管理方式和新经济发展战略，将对企业的持续快速发展，实现竞争力与凝聚力的统一起到决定作用。因此，企业良好文化的生成与企业的健康发展是同一个过程。一般情况下，有自己良好独特文化的企业，都具有很强的竞争力，如食品企业中的麦当劳，就是良好的企业文化支撑和促进着企业的持续健康发展。

企业文化渗透于企业的各个方面，为提升企业的竞争力提供精神支持。只有当企业文化顺应社会发展，融入人们的社会生活，体现时代精神，同时又具有鲜明的企业特点的时候，它才能促进企业竞争力的提升；否则，它不仅不能为提升企业的竞争力发挥积极作用，而且会削弱企业的竞争力，阻碍企业的发展。因此，企业文化必须不断创新，实现内容与形式的统一、表象与实质的统一，并且与本企业的生产技术特点和经营管理相结合，具有鲜明的个性和独特的风格，才能真正促进企业竞争力的不断提升。

在企业里，无论是管理创新还是制度创新，其主要意义或者说目标都是要创造一种机制和文化，使得企业充满企业家精神，研发人员充满创造活力，具有浓厚的创新氛围和流畅的创新过程，确保创新源源不断，从而实现企业的持续发展。持续创新是企业核心竞争力的根本，而管理创新和制度创新就是要在企业中开创持续创新的局面。

企业文化决定了其成员的创新自由度。公司必须建立一种文化，鼓励员工超出常规期望。很多例子都诠释着车库精神。它主要体现在下列五种核心价值观中：尊重人才、为企业使命而奋斗、营造自主氛围、接纳错误和失败以及让创新团队各尽其才。① 并不是每个公司都能找到最好的人才，用企业使命鼓舞他们，给予他们自主权和犯错误的自由，以及为独立的项目小组提供便利。这也是为什么车库精神在公司净资产和自我价值方面得到如此丰厚回报的原因。

另外，要营造有利于创新的企业文化。要通过推进体制机制改革，使得国有企业唤醒自主创新的意识，牢固树立创新观念，尤其是领导层要有危机意识和创新的紧迫感。在企业内部，不仅要提高专业人才的创新意识，而且要让企业的每

---

① 陶博. 用价值观激发创新［J］. 中国质量技术监督，2010（3）.

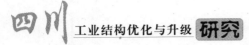

一位员工都可以参加创新的全过程，使创新成为企业文化和价值观的核心，促使员工产生自觉的创新行动。

四、加强相关制度建设，更好地促进金融与科技的融合

科技金融创新推进战略性新兴产业发展。科技金融是现代经济和社会发展的必然趋势，本质是实现科技资源与金融资源的有效结合和同步增值，其决定于科技与金融的相互依存关系。在现代经济中，技术创新更加依赖于良好的金融支持，金融一直都在持续推动科技进步，同时现代金融业越来越依靠科技进步创新来创造发展空间。

（一）由政府牵头成立相应风险分担平台，以分担银行对企业科技投资的风险

一方面，风险融资中的担保机构能够积极、主动地和中小企业站在一起，寻求融资途径；另一方面坚定地与银行形成联盟，承担贷款风险，为银企合作发挥桥梁纽带作用。各担保机构根据中小企业可抵押资产少等特点，在风险可控的前提下，针对中小企业多样化融资需求，不断开发和创新担保品种，实现了由企业针对担保品种提供抵押物到担保机构根据抵押物设计担保品种的转变。

四川可以借鉴北京等先进地区的做法，设立试验区。在试验区，允许银行、保险机构、证券公司等设立投融资基金和基金管理公司；引导和鼓励银行、信托、资产管理、金融租赁等银行机构、保险机构、证券公司，在试验区以参股、直接或间接设立创业投资企业、委托投资等方式，开展支持自主创新业务试点。设立科技创业金融服务集团公司担当金融业务创新的领头羊。企业、担保公司与小额贷款公司合作，实现投、保、贷联动。通过小额贷款公司逐步建立的借贷企业信用评价系统，可以为投资基金进行项目积累和储备。

（二）加强银行业自身建设，提高其服务水平

在四川间接融资方式占主导地位、科技型中小企业数量众多的背景下，依然有大量急需资金的科技型中小企业无法获得生存所需的资金，这严重限制了科技型中小企业进行产业转型、科技创新以及建立自主品牌的发展，不利于形成健全的内生性经济增长机制。这很大程度是因为四川的银行自身建设落后。为此，要努力做到：

（1）鼓励金融机构积极支持科技型中小企业技术创新，重点解决科技型中小企业融资难的问题。①按照科技型中小企业的特点，加大金融产品的创新力度。②对资信好、创新能力强的科技型中小企业，核定相应的授信额度予以重点扶持。③按照信贷原则，对有效益、有还贷能力的科技型中小企业自主创新产品出口所需流动资金贷款积极提供信贷支持。对科技型中小企业用于研究与开发所需的、符合国家相关政策和信贷原则的核心技术软件的进口及运用新技术所生产设备的出口，提供必要的资金支持。④对纳入技术创新计划和高新技术产业化示范工程计划的科技型中小企业技术创新项目，按照国家产业政策和信贷原则，积

极提供信贷支持。

（2）各银行业金融机构要尽快建立适合科技型企业金融需求特点的信贷管理体制和流程，不断加快产品和服务创新力度，提升银行对科技型企业的金融服务水平。①银行业机构要提高认识，充分认识到科技型企业发展对国民经济产业升级换代、综合国力提升的重要作用，在风险可控的前提下不断加大信贷投入，支持科技型企业的发展。②要积极加强与专业担保机构的合作，不断探索和创新与专业担保公司的合作方式，缓解科技型企业融资难的问题。③要加快创新力度，不断创新产品和服务方式，积极开发适应科技型企业融资需求特点的产品和业务品种。④不断优化信贷审批管理体制和流程，针对不同行业、不同发展阶段和不同规模的高新技术企业金融服务需求，确定不同的授信评级体系、不同的审批权限和不同的还款期限与方式等，切实做好金融服务。⑤要加强对从事科技型企业从业人员的专业化培训，提高从业人员素质，为提高科技型企业金融服务水平提供智力支持。

（三）加强扶持，为一些成长性好、带动性强的科技型企业直接融资提供便利

为落实自主创新国家战略和多渠道提高直接融资比重，建立支持自主创新、加速科技产业化的多层次资本市场体系。一是支持有条件的高新技术企业在国内主板和中小企业板上市，努力为高科技中小企业在海外上市创造便利条件。二是加快发展创业风险投资事业，鼓励设立创业风险投资引导基金，支持保险公司投资创业风险投资企业，允许证券公司开展创业风险投资业务。三是推进高新技术企业股份转让工作，健全三板市场的功能，逐步允许具备条件的未上市的高新技术企业进入三板市场进行股份转让。四是逐步建立技术产权交易市场，扶持发展区域性产权交易市场，拓宽创业风险投资退出渠道。五是稳步推进创业板市场建设，完善风险投资机制，加快多层次资本市场建设，积极拓展科技型中小企业融资渠道。创业板是创新企业融资的主渠道，是支持企业创新的平台，加快创业板市场建设是缓解科技型企业融资难的重要途径。另外，要加快发展私募股权基金，探索发行非上市企业私募可转换债券，搭建多种形式的科技金融合作平台，促进更多资本进入创业投资市场，支持创业孵化服务机构发展，支持科技型企业发展。

（四）制定更加有利于促进金融与科技融合的政策或制度

（1）税收政策。企业是市场活动的主体，为了分摊企业投资风险和弥补由于市场失灵而使企业无法独占研发收益的损失，激励企业加大研发投入，四川政府应制定相关政策。其中，要把税收激励政策作为目前激励企业加大研发投入的主要政策工具。税收优惠政策除了可以降低企业创新活动成本，从而提高企业投资创新活动的资金能力外，还可以引导社会资金投资于中小型高新技术企业，缓解中小企业融资难、创新难的问题，从而更为有效地激励企业进行技术创新活动。

（2）建立多元化的投融资体系。建立多元化的投融资体系不但可以满足不

同市场主体的投融资偏好，增加资金的融通量，降低资源配置的成本，提高资源配置的效率，而且可以分散累积在银行系统的金融风险，提高经济发展的稳定性，从而解决在我国政、资、产、学、研合作中普遍存在的问题——资金缺口较大。可见，多元化投融资体系的建立将左右一个地区产业发展的快慢。结合四川的具体情况，应建立以政府资金为引导、企业投入为主体、金融机构为辅助、社会资本和风险投资为方向的多元化投融资体系。

另外，积极创建多元化的风险投融资机制，为企业提升核心竞争力做支撑。建设充满活力的风险投融资体系和运行良好的风险投融资机制，资金的募集、投入、管理和退出要坚持市场化运作，与国际接轨。积极筹建高新技术发展投资公司，并推动高新技术企业联合组建民营风险投资公司；建立高新技术投资担保基金，鼓励省、市两级高新区成立高新技术产业担保机构，增加对高新技术项目、企业、孵化器建设的资金投入；成立科学基金及中小科技企业、技术研究与开发等专项资金，对拥有自主知识产权的核心技术进行支持等。

（3）建立科技金融服务工作定期联席会议制度，加强信息沟通，强化政策协调与配合。建议由政府金融办牵头，定期组织召开由科技部门、经贸委、银监部门、银行机构参加的联席会议，讨论研究有关问题，促进科技项目与银行业机构的及时对接，促进有利于自主创新和科技型企业发展的相关金融、财税、服务体系建设等支持政策的出台，及时解决科技型企业发展中的政策障碍问题。

第三节　积极谋划四川战略性新兴产业

战略性新兴产业是指相对于传统产业而言，在国民经济中具有战略地位，对经济社会发展和国家安全具有重大和长远影响的新兴产业。它具有掌握关键核心技术、市场前景好、资源消耗低、带动系数大、就业机会多、综合效益好、可能成为国家或区域未来经济发展支柱产业和主导产业等特征。选择战略性新兴产业的科学依据有三条：一是产品要有稳定的市场需求，并有良好的发展前景；二是要有良好的经济技术效益；三是要能带动一批产业的兴起。[①]

目前，发达国家已把加快培育和发展战略性新兴产业作为提振经济、提升国家竞争力的战略选择。例如，美国提出，将研发的投入提高到 GDP 的 3%，力争在新能源、基础科学、干细胞研究和航天等领域取得突破。可以说，面对新的国际经济形势，全球将进入空前的创新密集和产业振兴时代。

一、当前四川发展战略性新兴产业面临的形势分析

对四川来说，依靠科技创新培育战略性新兴产业，是四川推进跨越发展、促

① 张雄，蒋雪莲. 发挥资源优势，加强集成创新，催生四川现代中药战略性新兴产业的研究［J］. 软科学，2010（3）.

进产业再上新台阶、实现经济振兴的根本途径。作为一个经济大省，要建设西部经济发展高地，实现由弱到强的转变，必须在一些产业领域中占据高端，通过高端产业的带动形成产业高地，提升经济的综合实力。

（1）四川发展战略性新兴产业，具有以下四个方面的优势：①科研单位多，人才多，具备雄厚的科技创新能力；②在大型装备制造、新能源、电子信息、生物制药、新材料、核工业等领域的技术水平和制造能力国内领先，科研成果积累多，战略性新产品开发能力强；③产业门类齐全，各类工业园区初具规模，能够为新兴产业发展提供良好配套；④政府认识到位，决心大，能够获得比较有力的政策支持。

（2）创新观念相对薄弱。主要表现在：①由于一些国有大中型企业长期居于垄断地位，不用技术创新也有很好的经济效益，企业家创新紧迫感较低；②国有企业才刚刚开始建立有利于自主创新的企业文化，员工整体缺乏积极的创新意识；③国有企业知识产权保护重视程度不够。

（3）创新资源相对缺乏。主要表现在：①资金投入不足。四川省企业科技研发经费支出占主营业务收入的比重仅为1%。[①] 另外，投资渠道单一，如果仅仅是根据企业自身积累滚动发展，速度、规模等都会受到限制，错失很多市场机会。②高素质技术人才流失较多。近年来尽管很多国有企业提高了科技人员的待遇，但还是存在用人制度保守等制约，使得很多优秀科技人才大量流失。

当前，调整产业结构、转变发展方式为四川科技发展提供了难得的机遇。国际金融危机对我国经济的冲击，表面上是对经济增长速度的冲击，实质上是对产业结构和经济发展方式的冲击。每一次经济危机，都包含着一次重大的转机，都会带来一次“再生性”的进步。西方发达国家应对这场国际金融危机，殊途同归地选择了在经济转型和科技创新上寻找出路。四川必须紧紧抓住难得的历史机遇，努力提高自主创新能力，加快发展高新技术产业，加快运用先进技术改造提升传统产业，加快培育新兴战略产业，支撑四川省产业结构调整和经济发展方式转变，推动走创新驱动、内生增长的道路。

四川省委把打造科技创新产业化基地作为发展路径之一。这些任务为四川科技事业发展提供了广阔的空间，也对广大科技工作者提出了新的更高的要求。要充分发掘和利用四川的科技资源优势，加强关键技术、瓶颈技术攻关，努力转化为经济社会发展优势，为四川经济发展不断注入新的动力与活力。

四川省已经提出重点在电子信息、生物医药、新能源、新材料、节能环保、航空航天六大领域中培育。从中筛选一批能够充分发挥科技、资源和产业优势，市场潜力大、资源能源消耗低、对现有产业带动性强、综合效益好、能够加快本省结构优化升级的产业，从中确定一批战略性新产品，予以重点突破。

---

① 陈睿，井润田. 国有企业自主创新能力评价分析——以四川省为例［J］. 软科学，2009（3）.

二、以大型骨干企业为纽带，加强技术创新

四川省工程技术人员绝对数高于全国和西部地区平均值，在西部地区有较大优势，比全国均值高 27.82%，增长率也高于全国和西部平均水平，显示出有较多的人力资源储备量和增量。工程技术人员占从业人员比重、有科技活动企业数占企业总数比重均高于全国和西部平均水平。[①] 而专业工程技术人才主要集中于国有企业部门。因此，四川国有企业具有较高的科技人力资源存量，要以国有企业为纽带，强化技术创新。

（1）四川国有企业应以市场为导向，加大改革力度，完善科技创新的工作机制。①成果评价机制。进一步完善包括成果先进性、实用性、市场价值、应用效益等多元综合评价机制。②人才激励政策。国有企业必须以战略的眼光来重新审视人力资源管理的角色和价值增值问题，进一步完善和落实技术入股等政策。③成果共享机制。对于高端的重大科技项目由集团牵头，谁投入、谁拥有科技成果，同时建立科技成果有偿共享机制。④科技信息管理。建立开放式的、具有国际国内科技信息的信息库，并形成系统的信息管理制度，实现科技创新的信息化、跨越式发展。⑤进一步深化国有企业改革，明确自主创新的主体地位。实践证明，企业制度创新能够为技术创新提供有效的制度基础和激励机制。从创新的客观规律来看，企业只有真正成为市场的主体，才能基于内外部环境变化，自主选择发展道路，激发创新热情。⑥挂靠国有龙头企业，带动产业集群发展。目前，四川产业集群发展整体而言尚处于起步阶段，只有充分依托大型企业集团进行要素整合，才能带动相关中小型企业的发展。所以，构建政、资、产、学、研的合作体系，就要挂靠龙头企业，加强典型示范，促进了集群良性互动和竞争力的提高。

（2）要在科技部的支持下，从以下几个方面开展四川试点工作：①支持四川开展创新型企业建设，依托有条件的企业建设国家重点实验室、国家工程技术研究中心等创新基地，支持创新型企业积极承担国家重大科技项目；②支持四川产业技术创新战略联盟的构建和发展，围绕产业技术创新链提升产业核心竞争力；③支持四川加快推进区域创新体系建设，发挥国家、省级高新区集聚、辐射、带动作用，建设产业技术创新服务平台，在支撑优势产业发展、培育战略性新兴产品和产业等方面取得新成效；④支持四川在体制机制创新方面先行先试，在政策环境建设上取得新的突破。

三、四川发展战略性新兴产业的步骤及应注意的问题

（1）四川发展战略性新兴产业的步骤分析。培育和发展战略性新兴产业，

---

① 陈睿，井润田．国有企业自主创新能力评价分析——以四川省为例［J］．软科学，2009（3）．

方向选择难度大、投资回收期长、风险相对较高，一般企业不愿意或不敢投入，必须采取强有力措施推进。①要有充分的思想准备，要对发展的难度和可能遇到的各种矛盾有足够的估计，坚定推进的信心；②对如何培育和发展战略性新兴产业的研究才处于起步阶段，很多情况还不清楚，因此必须在深入研究的基础上，选准方向和重点，编制中长期发展规划，制定和出台有力度的政策，有计划、有步骤地推进；③战略性新兴产业前期投入大，技术和产业化风险大，政府除了要通过政策引导社会资金投入外，还要在财政支持、融资环境、资本市场、管理体制、政府采购等方面建立相对完善的支撑体系；④四川企业总体发展水平不高，承担投资回收期长的项目的能力不强，动力也不足，因此，对一些事关本省产业长远发展的重大项目，国有投资公司或国有大型企业可以考虑先期投入，经过孵化并具备产业化条件后，再吸引民间资金投入或转让给民间企业。

（2）四川发展战略性新兴产业应注意的问题。由于四川产业发展还处于较低的水平，因此需要注意这样几个方面的问题：①处理好发展战略性新兴产业、高新技术产业和传统产业之间的关系，防止重视一方而偏废另一方；②要从本省产业发展水平还不高的实际出发，确定战略性新兴产业的范围和层次，不能简单照搬东部沿海或发达国家标准；③省内各地区要从自身实际出发，有针对性地选择发展方向，防止不切实际地一哄而上、赶时髦、炒作概念等；④要注意借鉴和吸取国内外发展战略性新兴产业的经验教训，少走弯路；⑤根据四川国防科技企业和科研院所数量多，并且已经有相当数量的新成果需要产业化，可以通过改革实现体制机制创新，加快现有成果的产业化步伐；⑥借助先进生产要素全球流动的有利条件，大力引进新兴产业项目；⑦四川要把高新区作为打造战略性新兴产业的重要平台，把高新技术产业化基地建设成发展战略性新兴产业、培育经济发展持续动力的重要载体，成为支持参与国际竞争、抢占世界高新技术产业制高点的支撑平台。

（3）发展战略性新兴产业，应做到以下几点：①要突出自主创新，大力发展高新技术产业和战略性新兴产业。要以产品为核心加强科技攻关，尽快形成产品装备的生产能力和规模，带动一批产业兴起，形成支撑四川持续快速发展的新增长点。②要强化人才保障，着力造就一支结构合理、素质优良的科技队伍。要牢固树立人才资源是第一资源的观念，切实抓好科技人才的培养、引进、使用三个关键环节，在创新实践中发现人才，在创新活动中培育人才，在创新事业中凝聚人才。③要深化科技体制改革，切实增强科技创新的内在动力。要注重发挥高校、科研院所在科技创新中的骨干作用，完善科技资源开放共享制度，深化科技管理体制改革，探索军民融合新体制，进一步形成科技创新的整体合力，为自主创新提供制度保障。④要优化科技发展环境，努力营造支持创新、鼓励创造的良好氛围。各级党委、政府要加大财政的科技投入，积极引导企业增大科技投入，鼓励风险资本、民间资本和金融资本投入科技产业，逐步形成多元化、多渠道、高效益的科技投入格局。

（4）四川应借鉴国外的经验教训，通过建立完善的机制来发挥政府的重要作用。①引导机制。由于技术方向选择难度大、投资回收期长、风险相对较高，一般企业都不敢贸然对新兴产业进行投入。在此情况下，政府必须扮演先行者的角色，拿出一定的财政资金进行前期培育，进而推动社会资本特别是风险资本进入，形成多渠道的投融资体系。②协调机制。由于涉及多技术、多业务、多部门和多地区的分工协作，价值链分布交错而伸长，战略性新兴产业内部的利益之争正悄然升温。因此，要发挥好政府的利益协调作用。③激励机制。发展战略性新兴产业最关键的是要掌握关键技术，并将之成功地进行商业化应用，这就需要政府为创新提供各种有利条件，发挥激励的作用。如实施科研人员技术入股、研发人员持股、知识产权归属等激励措施。④约束机制。由于受诸多因素的影响，不少新兴产业在相当长时间内的市场容量是有限的，不是任何一个企业随便就能够进入的，如果不加约束，任由企业一哄而上，不仅资金被分散利用，不利于产业整体水平的提升，而且有可能在新兴产业领域里出现新一轮产能过剩。例如，关于新能源汽车，国内已有 40 多家整车公司宣布成功研制纯电动轿车，数量远超过日本和美国，这必然会产生不良后果。

除此之外，政府还需要在两方面发挥作用。一是战略性新兴产业发展需要各类技术支撑，尽管政府不是技术研发的主体，不需要关心过多的技术细节，但基础研究、关键技术研究和共性研究等，还是需要由政府投入一定的资金来组织有关机构进行攻关；二是由于战略性新兴产业在我国兴起的时间较短，国内还没有形成一个全面的认识，也需要政府组织有关机构进行软科学研究，对战略性新兴产业的概念、内涵、原则、产业布局、关键技术、制度设计、综合评价等进行深入的探讨，并及时将相关研究成果公之于众，以帮助企业进行决策。

四、四川发展战略性新兴产业的措施分析

（1）政府部门应加大财政支持和投融资环境建设。财政支持主要在加大政府投资和税收政策两方面体现。一是通过设立战略性新兴产业发展专项资金，建立稳定的财政投入增长机制；二是制定完善促进战略性新兴产业发展的税收支持政策。融资支持主要有四个方面：鼓励银行加大信贷支持；发挥多层次资本市场的融资功能；大力发展创业投资和股权投资基金；引导和鼓励社会资金投入。

（2）整合科技资源，重点是整合中央在川科技资源，构建服务于四川经济社会发展的公共创新平台。加快四川科技优势转化，关键在于加快中央在川科技资源的利用和转化。要在实践中逐步探索和完善全省科技资源共享的新机制、新方法、新模式，建立适应科学和技术发展新趋势、适应四川跨越发展新需求的跨体制科技创新公共平台，依托中央在川高校和科研院所在科技人才、基础条件和行业背景等方面的优势，整合成为四川自主创新科技力量的重要组成部分，服务于四川经济社会发展。

（3）提升创新能力，加快企业技术创新能力建设，提升四川企业的核心竞争力。提升四川产品、产业市场竞争力，关键在于提升企业技术创新能力。要努

力践行“技术就是经济”的理念，按照产业发展需要，增强企业核心竞争力，依靠技术创新支撑四川经济又好又快发展。①要突出四川科技支撑计划等科技项目支持重点，强化科技项目对优化结构、提升质量的支撑作用；②要深入实施技术创新工程，大力推进企业技术创新体系建设，形成以企业为主体的技术创新体系；③对于已具备良好基础的电子信息、生物制药、新材料、航空航天、核技术、重大装备等优势产业建立以龙头企业为牵引的产业创新联盟，在科技项目的安排上向创新联盟重点支持；④政府部门要为企业加大研发投入和形成核心竞争能力提供宽松环境和优良服务；⑤加大对省属科研单位的支持力度；⑥要积极创造条件争取进入全国技术创新工程试点省，探索推进区域性技术创新工程的新思路、新机制、新方法。

（4）加速科技成果转化。要在逐步增加科技投入的同时，将新增资源重点投向科技成果转化这一环节，加速高新技术产业化，积极培育战略性新兴产业并引领未来发展。①要设立用于支持科技成果转化的专项资金，重点支持产业化前景明朗的重大科技成果转化，并带动风险投资和社会资本对科技成果转化的全方位投入；②推动建立若干平台型技术转移中心，面向省内外开放；③继续做好高新技术企业认定工作并落实相关优惠政策，支持高新技术产业快速发展；④积极推进各类高新区、特色科技园区和高新技术产业化基地建设，形成具有特色的高新技术产业增长高地；⑤以西博会等大型展会为载体，建立有规模和影响的高新技术成果交易服务平台；⑥积极承接国家重大专项，加强产业化配套支持，培育战略性新兴产业，引领未来发展。目前，国家重大专项主要集中在新能源、信息网络、生物医药、先进制造四大战略性新兴产业的关键科技领域，具有很明确的产业化前景。四川必须抓住这难得的机遇，依托重大专项成果的产业化培育战略性新兴产业，依靠科技创新前瞻性地布局四川战略性新兴产业并引领未来发展。

（5）深化国际合作，多层次、多渠道、多方式推进国际科技合作与交流。作为四川和新加坡合作历史上具有里程碑意义的重大项目——新川创新科技园项目，将依托成都高新区现有产业基础和开发条件，整合提升现有资源、产业优势，吸纳聚集跨国公司、创新研发机构、科技企业孵化器，建成中国西部高科技产业创新发展的集聚区，这也是四川省发展高新技术产业及战略性新兴产业，打造科技创新高地的重大平台和载体。为深入落实有关科技合作的后续工作，省科技厅等部门要重点抓好以下三个方面的工作：

（1）充分发挥科技引领作用，从平台、项目、政策、服务四个方面采取具体措施大力推动新川创新科技园建设。主要包括：建设“四平台一基地”，即支持园区建设研究开发平台、技术转移服务平台、科技企业孵化平台、风险投资平台和国家级特色高新技术产业化基地；帮助园区企业争取国家重大科技项目支持；指导园区内企业开展高新技术企业认定和建设创新型企业工作；实施自主创新产品政府采购政策；为园区建设提供技术、人才和交流服务。

（2）大力推进一批双边政府间科技合作项目，为园区建设提供技术支撑服务。重点推动四川大学与新加坡国立大学、新加坡南洋理工大学、新加坡科技研究局数据储存研究院在高级应用功能材料、制造技术等领域的合作；电子科技大学与新加坡南洋理工大学在微电子和纳米电子、信息与通信技术、高级应用功能材料方面的合作以及中国科学院光电技术研究所与新加坡国立大学在纳米材料项目上的合作等。

（3）深入落实后续工作。例如，省科技厅将于近期邀请新加坡国立大学化学和生物分子工程系（膜分离研究实验室）钟台生教授来川访问，与省内大学、科研机构和企业商谈具体合作项目等。

今后，还要经常开展类似的政府与非政府间的交流与合作，引导外资投向战略性新兴产业，支持有条件的企业开展境外投资，提高国际投融资合作的质量和水平，积极支持战略性新兴产业领域的重点产品、技术和服务开拓国际市场等，以推动四川工业技术创新，提高四川工业的技术含量和国际竞争力，促进四川工业结构的优化升级。

第十章　工业外向化与四川工业结构优化升级

“它山之石，可以攻玉”，外向化经济的发展作为后进地区赶超先进地区的重要途径显得尤为重要。改革开放以来中国外向型经济的崛起使得工业结构逐步外向化，而四川省随着西部大开发工业发展外向化程度不断加深，工业水平在西部处于领先地位。进入21世纪，四川省面临着工业结构优化升级的任务，工业外向化起着重要促进作用，通过国内外产业向四川省的转移能够大力促进四川省的工业结构优化，从而提高四川省工业发展水平。

第一节　四川省工业外向化发展现状

一、四川省工业产品进出口贸易的发展

（一）对外贸易增速明显

四川省的对外贸易发展非常迅速，尤其是在进入21世纪中国入世后，四川省对外贸易额增速逐年递增，2006年四川省进出口总额突破百亿美元大关，之后几年对外贸易发展如破竹之势，2009年全年四川累计实现对外贸易进出口总额242.3亿美元，同比增长9.6%，增速居全国第一，也是同期全国外贸进出口实现正增长的4个省（区）之一，而相对应的同期全国整体进出口下降13.9%。如图10-1所示，2000—2008年四川省无论是进出口总额还是出口与进口都是呈不断加快增长的态势。

（二）进出口商品以工业制成品为主

如表10-1和表10-2示，就出口而言，四川省从2005年至2009年，出口商品以机电产品和高新技术产品为主，并且比重逐年上升。2005年机电产品占总出口的比重为33.5%，而2009年机电产品占总出口的比重高达53.7%，相应地2005年高新技术产品占总出口的比重为12.6%，而2009年高新技术产品占总出口的比重高达26.8%，这说明随着改革开放，四川省工业产品出口结构逐步优化。再看进口，其进口商品仍是以机电产品和高新技术产品为主，其占总进口的比重逐年上升，并且比重远远高于其在出口中的比重。2005年机电产品占总进口的比重为62.0%，而2009年机电产品占总进口的比重高达77.2%，相应地2005年高新技术产品占总出口的比重为30.6%，而2009年高新技术产品占总出

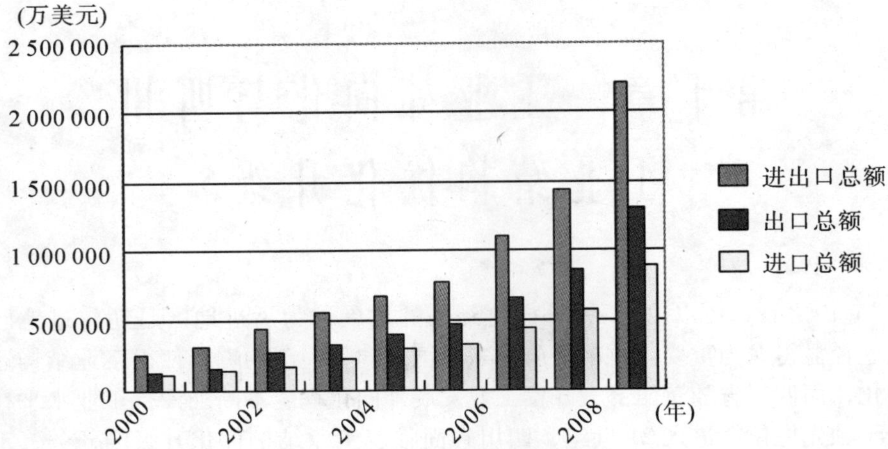

图 10-1　2000—2008 年四川省对外贸易图

资料来源：2009 年四川省统计年鉴。

口比重高达 57.3%。可见，进口工业产品结构的改善是与出口密切联系的，进口产品结构优化带动了出口产品结构的优化升级。

（三）加工贸易在工业外向化过程中越来越重要

四川省加工贸易及对外承包工程货物出口增长、出口贸易方式结构转变主要表现在四川省出口加工区的迅速发展。2001 年西部第一家出口加工区在四川成都封关运作，经过数年的建设和高技术产业的引进，英特尔、中芯国际等国际 IT 产业领头羊相继落户，带动了四川省加工贸易的发展。2009 年上半年，成都出口加工区实现外贸出口 15 亿美元，跃居全国出口加工区第 6 位，增长 1.6 倍，占全省加工贸易出口的比重高达 71%，拉动全省整体外贸出口增长 17 个百分点，是四川省出口保持增长的一大因素。

如表 10-1 和表 10-2 所示，2005 年出口加工贸易额为 55 503 万美元，2008 年达到 403 033 万美元，5 年之内加工贸易增长了近 8 倍，而一般贸易出口额从 2005 年的 381 396 万美元增长到 2008 年的 773 276 万美元，虽然有所增长但增速明显远远低于加工贸易。再看一般贸易和加工贸易所占比重，一般贸易占总贸易比重从 2005 年的 81.1%降低到 54.6%，而加工贸易所占比重则从 2005 年的 11.8%上升到 28.5%。这说明四川省参与世界分工的程度不断加深，四川省开放程度不断加深，同时世界产业有向四川省转移的趋势。相对应的进口的贸易方式变化的特点和出口的贸易方式变化类似，也是一般贸易虽然额度上不断上升，但所占进口总额的比重逐年下降，加工贸易额度呈现倍数增长，所占进口总额比重不断上升，进口贸易方式发生变化是与出口贸易方式变化相适应的。由于加工贸易包括来料加工、来件加工等形式，所以在出口的同时必然伴随着大量的进口，因此进口的贸易方式出现和出口一致的变化趋势。

表 10-1　　四川省出口、进口分类金额情况表　　单位：万美元

年份	2005 年	2006 年	2007 年	2008 年	2009 年
全省出口总额	470 089	662 406	860 826	1 310 789	1 415 167
1. 按商品划分					
机电产品	157 420	245 215	365 972	654 474	759 995
高新技术产品	59 013	96 780	165 640	276 496	379 334
农产品	44 256	48 260	56 152	65 234	55 986
2. 按贸易方式划分					
一般贸易	381 396	523 581	644 003	872 105	773 276
加工贸易	55 503	117 595	182 934	312 647	403 033
其他贸易	33 190	21 230	33 889	126 037	238 858
3. 按企业性质划分					
国有企业	231 846	260 886	272 872	434 106	390 505
外商投资企业	68 302	117 025	216 080	354 926	418 924
其他企业	169 941	284 495	371 874	521 757	605 738
全省进口总额	320 387	439 691	577 635	893 039	1 007 561
1. 按商品划分					
机电产品	198 774	316 225	427 448	656 348	777 544
高新技术产品	97 944	170 835	264 049	444 628	577 207
农产品	9 880	10 145	15 652	22 874	20 137
2. 按贸易方式划分					
一般贸易	243 470	283 558	333 683	490 458	543 706
加工贸易	44 771	107 976	181 944	341 278	384 754
其他贸易	32 146	48 157	62 008	61 303	79 101
3. 按企业性质划分					
国有企业	195 209	216 364	237 287	343 667	352 795
外商投资企业	80 754	172 897	280 819	466 407	522 033
其他企业	44 352	50 411	59 529	82 965	132 733

数据来源：四川省商务厅网站。

表 10-2　　四川省出口、进口分类比例情况表　　单位:%

年份	2005 年	2006 年	2007 年	2008 年	2009 年
全省出口总额	100	100	100	100	100
1. 按商品划分					

表10-2(续)

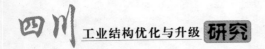

年份	2005年	2006年	2007年	2008年	2009年
机电产品	33.5	37.0	42.5	49.9	53.7
高新技术产品	12.6	14.6	19.2	21.1	26.8
农产品	9.4	7.3	6.5	5.0	4.0
2. 按贸易方式划分					
一般贸易	81.1	79.0	74.8	66.5	54.6
加工贸易	11.8	17.8	21.3	23.9	28.5
其他贸易	7.1	3.2	3.9	9.6	16.9
3. 按企业性质划分					
国有企业	49.3	39.4	31.7	33.1	27.6
外商投资企业	14.5	17.7	25.1	27.1	29.6
集体、私营企业	36.2	42.9	43.2	39.8	42.8
全省进口总额	100	100	100	100	100
1. 按商品划分					
机电产品	62.0	71.9	74.0	73.5	77.2
高新技术产品	30.6	38.9	45.7	49.8	57.3
农产品	3.1	2.3	2.7	2.6	2.0
2. 按贸易方式划分					
一般贸易	76.0	64.5	57.8	54.9	54.0
加工贸易	14.0	24.6	31.5	38.2	38.2
其他贸易	10.0	11.0	10.7	6.9	7.9
3. 按企业性质划分					
国有企业	60.9	49.2	41.1	38.5	35.0
外商投资企业	25.2	39.3	48.6	52.2	51.8
集体、私营企业	13.8	11.5	10.3	9.3	13.2

数据来源：四川省商务厅网站。

（四）进出口贸易中外商投资企业所占比重增加

如表10-1和表10-2所示，外商投资企业的出口规模2005年不到国有企业的1/3、进口规模不到国有企业的1/2，2009年出口增加到与国有企业并驾齐驱且超过了国有企业出口规模，进口规模增加到国有企业进口的1.5倍。2005年外商投资企业出口占总出口的比重为14.5%，进口占总进口的比重为25.2%，而2009年外商投资企业出口占总出口的比重为29.6%，进口占总进口的比重为51.8%，相对应的国有企业占进出口额的比重纷纷下降。但是外资企业的进出口主要集中在若干企业上，如图 10-2 所示。2009 年 1～6 月份四川前 10 大出口企业中，英特尔产品（成都）有限公司净增长 8.7 亿美元，四川石油管理局净增长 2.4 亿美元，四川东方电力设备联合公司净增长 1.8 亿美元，上述 3 家企业以占四川整体外贸出口的 36.3%的份额，占据四川整体出口净增长总额的 195.5%，拉动四川整体外贸出口增长 23.6 个百分点，是推动 2009 半年四川外贸出口增长的绝对主力。而英特尔产品（成都）有限公司作为外商投资企业是四川省进出口贸易的举足轻重的主体。进出口主体相对集中不利于外向型产业的形成，同时在进出口规模的增加潜力上受到制约，从而影响四川省的外向型经济的发展。

外商企业的异军突起，说明四川省进出口贸易不再只集中在若干国有大中型企业的进出口上，进出口贸易主体的多元化代表四川省对外开放程度不断加深，同时外商投资企业参与进出口贸易的比重增加是四川省不断参与世界分工、逐渐成为跨国公司产业链中一部分的结果。

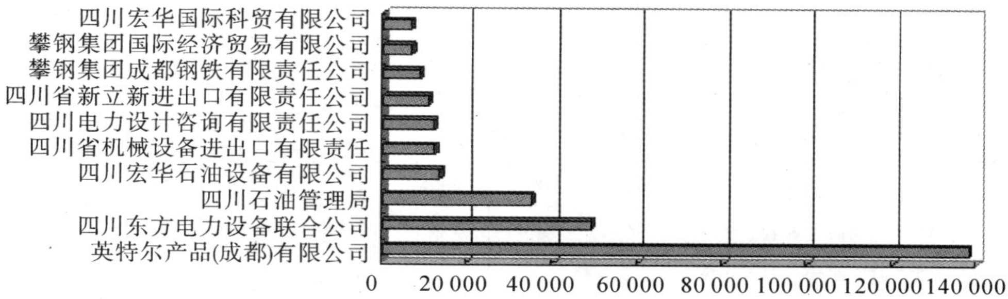

图 10-2　2009 年上半年四川十个主要出口企业出口额对比图（万美元）

资料来源：成都海关。

四川省进出口的工业产品集中于四类产品：①核反应堆、电机、声视频设备；②纺织原料及纺织制品；③化学工业及相关产品；④贱金属及其制品。如表 10-3、表 10-4、表 10-5 所示，2009 年四川省核反应堆、电机、声视频设备类产品出口额为 567 287 万美元、占总出口的比重为 43%，进口额为 505 272 万美元、占总进口的比重为 58.8%。2002—2008 年，虽然国内外经济周期发生变化，包括四川省对外贸易形势也有所改变，但是总的来看核反应堆、电机、声视频设备始终是四川省进出口贸易的主要产品。核反应堆、电机、声视频设备类产品包括集成电路及微电子组件、电视机及零件、发电机等产品，这些产品长期是四川省进出口贸易的拳头产品，进出口贸易的地区和企业都相对比较集中。和核反应堆、电机、声视频设备类产品不同，其他产品如纺织原料及纺织制品、化学工业及相关产品、贱金属及其制品是劳动密集型产品或者是资源消耗型产品，体现了四川省工业化初级阶段的特点，它们奠定了四川省工业产品的进出口贸易的基础，但是其增长是不可持续的，需要进行产业升级或淘汰以优化四川省工业结构。

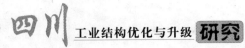

表 10-3　　四川省主要工业品进出口额　　单位：万美元

进口额							
年度	2002	2003	2004	2005	2006	2007	2008
核反应堆、电机、声视频设备	105 031	128 506	131 135	127 440	224 868	300 600	525 072
车辆、航空器、船舶及有关运输设备	19 696	30 686	34 632	43 419	46 134	70 203	66 408
光学、医疗等仪器、钟表、乐器	11 166	20 712	20 725	21 706	34 876	44 831	45 427
化学工业及相关产品	9 358	12 488	20 137	30 974	32 643	36 527	40 404
塑料、橡胶及其制品	2 847	2 705	4 011	4 814	5 326	7 283	9 714
珍珠、宝石、贵金属制品	335		501	289	2 426	2 091	6 562
木浆、纸浆及纸制品	2 101	2 785	3 081	2 171	3 497	5 801	6 417
纺织原料及纺织制品	2 060	2 204	3 267	3 435	3 556	3 891	4 698
矿物材料制品、陶瓷品、玻璃制品	2 714	2 594	2 749	2 869	2 314	2 686	2 821
家具、玩具等杂项制品	176	191	204	214	493	354	2 261
鞋、帽、伞、杖及羽毛制品	36	370	526	803	932	1 010	932
出口额							
年度	2002	2003	2004	2005	2006	2007	2008
光学、医疗等仪器、钟表、乐器	1 702	2 183	2 672	3 406	4 242	9 679	11 719
车辆、航空器、船舶及有关运输设备	4 189	6 423	5 996	7 998	11 270	17 389	17 299
矿物材料制品、陶瓷品、玻璃制品	3 182	4 173	8 810	9 500	10 859	13 946	22 649
塑料、橡胶及其制品	3 112	5 823	6 557	9 667	12 750	17 149	23 630
生皮、皮革、毛皮及制品	9 889	9 589	12 263	14 021	12 188	13 130	26 091
家具、玩具等杂项制品	4 832	5 588	10 214	8 904	6 822	14 735	31 576
鞋、帽、伞、杖及羽毛制品	5 099	4 156	9 309	12 789	17 823	28 237	41 551
化学工业及相关产品	26 155	36 992	44 986	63 410	72 713	97 469	126 003
贱金属及其制品	27 933	42 830	66 514	73 039	92 540	105 798	156 714
纺织原料及纺织制品	47 046	53 441	73 253	89 808	158 974	183 297	210 895
核反应堆、电机、声视频设备	112 976	117 904	111 368	125 024	203 520	298 854	567 287

数据来源：四川省统计年鉴 2009。

表 10-4　　主要工业进口产品占四川省总出口的比重

年度	2002	2003	2004	2005	2006	2007	2008
光学、医疗等仪器、钟表、乐器	0. 006 3	0. 006 8	0. 006 7	0. 007 2	0. 006 4	0. 011 2	0. 008 9
车辆、航空器、船舶及有关运输设备	0. 015 4	0. 020 0	0. 015 1	0. 017 0	0. 017 0	0. 020 2	0. 013 2
矿物材料制品、陶瓷品、玻璃制品	0. 011 7	0. 013 0	0. 022 1	0. 020 2	0. 016 4	0. 016 2	0. 017 3

表10-4(续)

年度	2002	2003	2004	2005	2006	2007	2008
塑料、橡胶及其制品	0.011 5	0.018 1	0.016 5	0.020 6	0.019 2	0.019 9	0.018 0
生皮、皮革、毛皮及制品	0.036 5	0.029 8	0.030 8	0.029 8	0.018 4	0.015 3	0.019 9
家具、玩具等杂项制品	0.017 8	0.017 4	0.025 6	0.018 9	0.010 3	0.017 1	0.024 1
鞋、帽、伞、杖及羽毛制品	0.018 8	0.012 9	0.023 4	0.027 2	0.026 9	0.032 8	0.031 7
化学工业及相关产品	0.096 5	0.115 1	0.112 9	0.134 9	0.109 8	0.113 2	0.096 1
贱金属及其制品	0.103 0	0.133 3	0.167 0	0.155 4	0.139 7	0.122 9	0.119 6
纺织原料及纺织制品	0.173 5	0.166 3	0.183 9	0.191 0	0.240 0	0.212 9	0.160 9
核反应堆、电机、声视频设备	0.416 7	0.367 0	0.279 6	0.266 0	0.307 2	0.347 2	0.432 8
木、软木及制品；编结制品	0.013 8	0.012 4	0.013 1	0.015 8	0.011 9	0.009 1	0.006 6

数据来源：四川省统计年鉴2009。

表10-5　　主要工业进口产品占四川省总进口的比重

年度	2002	2003	2004	2005	2006	2007	2008
核反应堆、电机、声视频设备	0.597 5	0.529 8	0.454 1	0.397 8	0.511 4	0.520 4	0.588 0
车辆、航空器、船舶及有关运输设备	0.112 1	0.126 5	0.119 9	0.135 5	0.104 9	0.121 5	0.074 4
光学、医疗等仪器、钟表、乐器	0.063 5	0.085 4	0.071 8	0.067 7	0.079 3	0.077 6	0.050 9
化学工业及相关产品	0.053 2	0.051 5	0.069 7	0.096 7	0.074 2	0.063 2	0.045 2
塑料、橡胶及其制品	0.016 2	0.011 2	0.013 9	0.015 0	0.012 1	0.012 6	0.010 9
珍珠、宝石、贵金属制品	0.001 9		0.001 7	0.000 9	0.005 5	0.003 6	0.007 3
木浆、纸浆及纸制品	0.012 0	0.011 5	0.010 7	0.006 8	0.008 0	0.010 0	0.007 2
纺织原料及纺织制品	0.011 7	0.009 1	0.011 3	0.010 7	0.008 1	0.006 7	0.005 3
矿物材料制品、陶瓷品、玻璃制品	0.015 4	0.010 7	0.009 5	0.009 0	0.005 3	0.004 6	0.003 2
家具、玩具等杂项制品	0.001 0	0.000 8	0.000 7	0.000 7	0.001 1	0.000 6	0.002 5
鞋、帽、伞、杖及羽毛制品	0.000 2	0.001 5	0.001 8	0.002 5	0.002 1	0.001 7	0.001 0

数据来源：四川省统计年鉴2009。

（五）高新技术产业出口增长明显，带动工业结构优化

2009年，四川省高新技术产业出口明显回暖，实现出口交货值357.2亿元，增长11.3%，大大高于规模以上工业0.6%的增速，高新技术产业出口交货值占规模以上工业的64.7%。其中，电子信息产业发展迅速，2009年电子信息产业营业收入达到1 224.4亿元，比上年增长31.8%。其中，信息产品制造业实现产品销售收入679.4亿元，比上年增长22%；软件及信息服务业实现销售收入545亿元，比上年同期增长46.3%。与此同时带动了电子信息产业出口的高速增长。2008年，四川电器及电子产品出口额30.4亿美元，占四川省外贸出口总额的23.2%，较上年同期增长64.3%，对全省外贸出口增长的贡献率达到26.4%。高新技术产业产品的出口促进了四川省工业产品的结构的优化，成为四川省工业结

构升级的动力之一。

（六）对外贸易国家和地区相对比较集中

如表 10-6 所示，四川省对外进出口主要集中在中国香港、美国、德国、中国台湾、韩国，并且不仅从绝对数量上看，对外进出口贸易主要来源于这些国家和地区，而且从增长额上看，四川省对外进出口的增长额也主要来源于这些国家和地区。

表 10-6　　四川省主要进出口国家和地区　　单位：万美元

主要出口国家和地区						
年度	2004	2005	2006	2007	2008	2009
中国香港	60 149	57 371	86 191	153 224	214 852	284 772
美国	48 701	60 047	109 849	103 602	128 875	125 265
印度	18 408	23 174	49 043	58 750	112 605	112 472
印度尼西亚	12 504	27 534	12 510	13 925	77 657	64 597
马来西亚	5 179	5 886	7 908	11 770	41 527	38 446
日本	33 499	34 905	31 680	33 211	44 579	34 300
越南	10 015	9 795	13 192	27 987	33 094	33 996
泰国	5 921	6 482	11 725	13 141	24 670	33 996
俄罗斯	9 527	11 230	8 831	35 137	61 128	32 604
主要进口国家和地区						
年度	2004	2005	2006	2007	2008	2009
美国	37 314	44 480	98 402	98 402	228 092	211 202
日本	56 537	62 628	92 738	89 322	139 066	161 734
德国	40 481	41 831	55 649	55 731	56 032	103 137
中国香港	2 923	2 118	2 963	12 005	65 547	67 455
韩国	16 014	18 725	34 573	43 983	60 327	54 271
中国台湾	18 777	16 172	21 602	37 252	32 007	38 511
意大利	7 287	13 509	10 578	13 678	26 329	36 107
澳大利亚	6 046	11 415	14 448	21 382	25 543	28 147
比利时	1 226	723	1 047	4 865	28 997	25 062
新加坡	3 145	2 999	4 099	11 062	23 498	24 100

数据来源：四川省统计年鉴 2009。

但是就 2009 年而言，四川省的对外贸易市场结构出现了优化。首先，从出口上看，对亚洲和欧盟地区的出口迅速增长，尤其是对中亚五国出口激增，对其他主要市场出口下降。2009 年四川对上海合作组织中亚五国出口 14.8 亿美元，增长 3.9 倍。其中，对吉尔吉斯斯坦出口 6 亿美元，激增 20.1 倍；对土库曼斯坦出口 4.4 亿美元，激增 1.2 倍；对哈萨克斯坦出口 3.3 亿美元，激增 6.2 倍。对中国香港出口 28.5 亿美元，增长 32.5%；对欧盟出口 14.8 亿美元，增长 8.3%。对其他主要市场出口下降，其中对东盟出口 18.9 亿美元，下降 16.8%；对美国出口 12.5 亿美元，下降 2.8%；对印度出口 11.2 亿美元，下降 0.2%；对日本出口 3.4 亿美元，下降 23.1%；对俄罗斯出口 3.3 亿美元，下降 46.7%。这是由于对美国等主要国家出口的产品受到次贷危机的影响，主要从中国进口国家的需求严重下降，导致四川省出口下降。其次，从进口上看，对亚洲和欧盟地区的进口迅速增长，尤其是自欧盟进口快速增长，自日本、中国香港、东盟、中国台湾省和澳大利亚进口增长，自其他主要贸易伙伴进口下降。2009 年四川自欧盟进口 30.4 亿美元，增长 54.4%；自日本进口 16.2 亿美元，增长 15.9%；自中国香港进口 6.7 亿美元，增长 2%；自东盟进口 5.5 亿美元，增长 5%；自中国台湾省进口 3.9 亿美元，增长 19.4%；自澳大利亚进口 2.8 亿美元，增长 8.7%。从其他主要市场进口则均有不同程度下降，见表 10-7。

表 10-7　　2009 年 1~12 月四川主要进出口贸易伙伴一览表　　单位：亿美元

出口排名	经济体	出口			进口排名	经济体	进口		
		本期	同比（%）	全国同比（%）			本期	同比（%）	全国同比（%）
1	中国香港	28.48	32.5	-12.8	1	欧盟	30.39	54.4	-3.6
2	东盟	18.91	-16.8	-7.0	2	美国	21.12	-7.9	-4.8
3	欧盟	14.77	8.3	-19.4	3	日本	16.17	15.9	-13.1
4	美国	12.53	-2.8	-12.5	4	中国香港	6.75	2	-32.6
5	印度	11.25	-0.2	-6.1	5	东盟	5.48	5	-8.8
6	吉尔吉斯斯坦	5.99	2 011.5	-43.3	6	韩国	5.43	-11.0	-8.5
7	土库曼斯坦	4.36	124.1	14.2	7	中国台湾	3.85	19.4	-17
8	日本	3.43	-23.1	-15.7	8	澳大利亚	2.81	8.7	5.4
9	哈萨克斯坦	3.34	624.1	-21.1	9	南非	1.14	-19.5	-5.9
10	俄罗斯	3.26	-46.7	-47.1	10	印度	0.98	-39.3	-32.3

数据来源：四川省商务厅 2009 年对外贸易统计公报。

（七）出口商品结构逐步改善

（1）四川省出口产品结构逐渐优化。初级产品和工业半制成品出口下降，制成品出口增长。2009 年四川初级产品出口 6 亿美元，下降 17.4%；工业半制成品出口 25 亿美元，下降 2.3%；工业制成品出口 110.5 亿美元，增长 12.2%。四川初级产品、工业半制成品和工业制成品出口的比例关系为 4.3∶17.6∶78.1，相较于 2008 年同期 5.6∶19.5∶74.9 的该比例关系，整体上已接近同期全国 5.3∶15.4∶79.3的水平，出口产品在结构上和全国其他地区水平差距逐渐缩小。

（2）从出口规模来看，四川省出口增长的产品和区域比较集中。机电产品是推动出口增长的主要因素，2009 年四川出口机电产品 76 亿美元，增长

16.2%，拉动全省整体出口增长 8.1 个百分点，同期全国机电产品出口下降 13.4%，其占全省整体出口的比重由 2008 年同期的 49.8%提升到 53.7%。其中，电器及电子产品出口 40.8 亿美元，增长 34.1%，其主力产品是集成电路、晶体管、电视机等；机械设备出口 22.4 亿美元，下降 14.8%，其主力产品是锅炉、石油钻机和汽轮机等成套设备及其零件等。这些机电产品的生产主要集中在成德绵经济圈，在成德绵经济圈内产品的进出口又集中在全国性的规模比较大的企业，如长虹、东汽等企业。

（3）从出口的增长速度来看，增速比较大的是纺织业和制鞋业，而作为四川省主要出口产品的农产品和钢铁的出口却在下降。2009 年四川出口服装及衣着附件 15.3 亿美元，增长 4.3%；出口纺织纱线、织物及制品 8.1 亿美元，增长 21.6%；出口鞋靴 6.6 亿美元，增长 72.6%；出口有机化学品 2.3 亿美元，增长 8.7%。2009 年四川出口农产品 5.6 亿美元，下降 14.2%；钢铁 5.1 亿美元，下降 52.2%；无机化学品 4.2 亿美元，下降 45.9%，见表 10-8。造成这种状况的原因一方面由于自然灾害使农产品减产，另一方面次贷危机促使西方国家对价廉物美的中国纺织品和皮鞋的需求，因此出口产品结构出现了调整。

表 10-8　　2009 年 1~12 月四川主要出口商品表　　单位：亿美元

商品名称	出口金额	同比（%）	全国同比（%）
机电产品	76.00	16.2	-13.4
*机械设备	22.35	-14.8	-12.2
其中：锅炉及其零件	5.12	-11.6	-
钻探凿井机械及其零件	3.92	-36.4	-
汽轮机及其零件	2.25	-6.2	-
*电器及电子产品	40.80	34.1	-12
其中：集成电路	25.50	51.3	-4.2
二极管及类似品	2.83	38.2	-8.8
电视机	2.09	-27.3	-1.7
*金属制品	6.89	50.7	-22.5
高技术产品	37.93	36.2	-9.3
服装及衣着附件	15.27	4.3	-11
纺织纱线、织物及制品	8.13	21.6	-8.4
鞋靴	6.63	72.6	-5.7
农产品	5.60	-14.2	-2.5
钢铁	5.09	-52.2	-66.7
无机化学品	4.20	-45.9	-41.5
旅行用品及箱包	2.59	34.9	-9.4
有机化学品	2.31	8.7	-20.1

数据来源：四川省统计公报 2009 年。

二、四川吸引外资现状

（一）外商投资规模

从投资规模来看，近年来四川省引进外资步伐不断加快。如图 10-3 所示，2005—2009 年吸引外资规模不断增加，2009 年吸引外资额度为 32 543 万元，是 2005 年额度的 3 倍多。但是总体上讲，四川省吸引外资规模比较小，而外商投资规模增长速度比较高的主要原因是四川省外资规模基数小，所以虽然近年来增速较快，但是规模相对于沿海发达地区仍然很小。另外，外商投资的地域相对比较集中，主要集中在成都和周边区县。如 2009 年四川省全省新签约国内省外合作项目 6 742 个，签约国内省外资金 6 506.65 亿元，正在履约的项目 9 450 个（含往年结转），实际到位国内省外资金 4 063.73 亿元，同比增长 35.54%；五大经济区中，成都经济区到位 1 939.96 亿元，占总额的 52%；其中，成都市外资到位 6.44 亿美元，占全省招商系统引进外资到位总额的 38.1%。

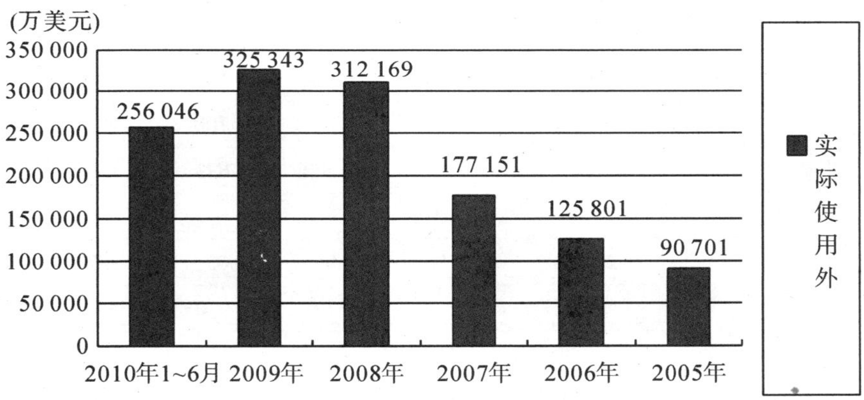

图 10-3　四川省实际使用外资额

数据来源：四川省商务厅外管处。

（二）外商投资来源

从资金来源来看，四川省吸引外资主要来源于中国香港、英属维尔京群岛、新加坡、美国、德国、巴巴多斯、荷兰、日本、开曼群岛、中国台湾这些国家和地区。如表 10-9 所示，四川省实际利用外资主要来源于中国香港地区，2009 年达到 204 066 万美元，占实际利用外资的 62.7%。可见，四川省对世界各国的出口主要是采用转口贸易的形式，通过出口到中国香港再转口到其他国家和地区。香港地区对四川省的投资不仅逐年增加，而且占四川省总的吸引外资规模的比例也逐年增加，如 2005—2008 年香港投资四川省的实际资金占总吸引外资额度的 49.4%、32.1%、37.62%、59.6%。大量的转口贸易大大促进了四川省加工贸易的发展，促进了区域经济合作和承接产业转移，为四川省工业结构升级奠定了基础。英属维尔京群岛、巴巴多斯、开曼群岛等地区虽然对四川省的投资规模相对较大，但是由于中国外商投资优惠政策，其投资有部分是中国境内资金的回流，这部分资金虽然促进了四川省工业化进程，但对四川省引进国外先进管理经验和技术的贡献非常有限。

表 10-9　　　　　　　　　　实际使用外资　　　　　　　　　　单位：万美元

国别或地区	2010 年 1~6 月	2009 年	2008 年	2007 年	2006 年	2005 年
中国香港	156 137	204 066	185 970	66 642	40 385	44 769
英属维尔京群岛	33 558	47 787	41 592	54 684	42 659	14 522
新加坡	21 094	22 717	28 712	17 703	5 317	6 640
美国	10 070	11 324	4 223	1 593	4 837	3 298
德国	–	7 410	683	437	602	617
巴巴多斯	6 535	5 766	13 793	1 782	2 143	–
荷兰	1 386	5 012	500	–	1 690	254
日本	2 396	3 670	1 066	1 627	1 106	5 148
开曼群岛	3 136	3 200	4 000	4 643	3 652	3 223
中国台湾	3 142	2 227	1 724	1 604	5 441	2 171
百慕大群岛	2 890	2 000	–	2 700	470	–
萨摩亚	488	1 058	12 356	1 633	3 720	2 634
土耳其	–	1 015	–	–	–	–
马来西亚	2 455	1 002	605	505	2 997	1 329
英国	507	974	579	3 070	554	180
西班牙	–	602	–	563	–	–
意大利	–	538	195	479	174	227
法国	2 319	522	–	1 116	1 966	1 526
毛里求斯	947	515	7 555	6 680	1 355	669
印度尼西亚	282	499	1 086	2 578	–	–
加拿大	1 103	459			236	438
韩国	734	215	120	185	282	146
瑞士	232	160	–	–	94	210
泰国	–	140	180	–	–	–
智利	1 000	–	–	–	–	–
澳大利亚	444	–	612	505	409	123
印度	250	–	365	–	–	–
瑞典	223	–	–	–	–	250

表10-9(续)

国别或地区	2010 年 1~6 月	2009 年	2008 年	2007 年	2006 年	2005 年
西班牙	210	-	-	-	-	-
特克斯和凯科斯群岛	-	-	130	-	-	-
新西兰	-	-	670	630	-	-
文莱	-	-	333	169	128	-
阿联酋	-	-	-	550	-	-
挪威	-	-	-	606	-	-
其他太平洋岛屿	-	-	-	720	-	-
缅甸	-	-	-	-	242	-
巴哈马	-	-	-	-	241	-
澳门	-	-	-	-	15	-

数据来源：四川省商务厅外管处。

（三）投资产业

从产业投向来看，四川省外资资金主要向第二、三产业集中，并且以工业制造业为主。如在2009年省外资金引入中，四川省第二产业新签约项目3 549个，金额3 693.83亿元（占比56.77%）；履约项目5 189个，到位金额2 499.6亿元（占比61.51%）。其中，制造业合同引资2 420.47亿元（占比37.2%），到位1 523.9亿元（占比37.5%），同比增长27.37%。2009年四川省重点发展的“7+3”产业全年到位资金总额1 453.44亿元，同比增长29.88%。资源型产业增长迅速，钒钛钢铁产业全年到位291.71亿元，同比增长59%；能源电力产业全年到位536.19亿元，同比增长52.1%。电子信息产业全年到位23.83亿元，同比增长44.15%。航空航天和汽车制造业全年到位93.54亿元，同比增长37.12%。装备制造业全年到位362.1亿元，同比增长11.09%。国（境）外资金引入中，2009年四川省第一产业项目13个，合同金额1.92亿美元，实际到位0.65亿美元，占外资到位总额的3.39%；第二产业项目72个，合同金额42.95亿美元，实际到位13.62亿美元，占外资到位总额的70.94%；第三产业项目33个，合同金额14.81亿美元，实际到位4.93亿美元，占外资到位总额的25.68%。总的来看，四川省资金引入主要是发展第二产业，尤其是工业制造业。

四川省的资金引入是以项目投资为载体的。从国内省外项目来看，2009年四川省引进项目平均规模有较大增加，正在履约的国内省外引资项目全年平均到位资金规模为4 433.5万元，亿元以上项目2 501个（含往年结转），到位总额3 101.24亿元，项目数占比为26.2%，比2008年提高4.7个百分点；到位金额占比为76.3%，平均到位1.24亿元。10亿元以上重大项目280个（含往年结转），到位总额1 344亿元，项目数占比为2.96%，到位金额占比为33.1%，平均到位4.8亿元。如阿坝州引进的国家电力公司投资86亿元在金川县建设的马奈电站项目；内江市引进中国再生资源开发有限公司投资32亿元建设的再生资源产业基地项目；雅安市引进的鸿丰投资股份有限公司投资25亿元在洪雅建设的钾矿肥生产项目等。从国（境）外项目来看，2009年四川省2 000万美元以上的项目49个（含往年结转），合同额56.23亿美元，到位16.29亿美元，占到位总额的84.84%。1亿美元以上大项目23个，合同额46.37亿美元，到位额13.18亿美元，占到位总额的68.65%。1.5亿美元以上重大项目10个，合同额32.16亿美元，到位额10.08亿美元，占到位总额的52.5%。项目投资的投向直接影响了四川省产业的布局，对四川省工业结构优化升级起到促进作用。

（四）利用外资方式

利用外资方式主要有：外国政府的贷款、国际组织提供的贷款、外国商业银行的贷款、外商直接投资、出口信贷等。其中，四川省利用外资的方式主要以外商直接投资为主。从新批企业数来看，2006—2009年外商投资新批企业数逐年减少，外商直接投资企业以外资企业为主，在数量上是绝对主力，这反映进入四川省的跨国公司越来越多，新批企业数量增长潜力有限。从合同外资金额来看，每年外商投资金额变化幅度较大，2007年和2008年合同外资金额迅速增加。次贷危机爆发后，中国逐渐成为资金的避风港，国内资金逐渐回流和国外资金纷纷投向中国；而西部发展潜力巨大，又是国际产业转移的主要承接地，四川省在这种国内外背景下外资投入迅速增长。从实际利用外资看，2005年到2010年6月，四川省外资额度逐年增加，尤其是2008年增幅巨大，是2007年的近两倍。总的来说，四川省利用的外商直接投资与国内外经济环境密切相关，并且由于规模不大使得外商直接投资大起大落现象明显。

另外，四川省利用外资方式在外商直接投资的基础上近年来也趋向多元化，在成都自来水六厂引入外商投资特许权方式后，四川省公路领域积极开展了BOT投资方式的有益探索。继成渝高速、东方电机发行H股之后，国嘉制药等一些企业相继在对外发行可转换债券、股票等方面进行了尝试。国际金融公司（IFC）等国际金融机构以参股、贷款和设立投资基金等形式逐渐增加了对四川的投资力度。同时，增资也成为外商投资的重要方式，2009年1~11月，四川省共审批外商投资增减资项目163个，实现合同净增资5.79亿美元，同比下降78.5%，占全省外商直接投资合同外资的30.7%。其中：增资项目115个（含中方向外方转股项目），增资金额为8.86亿美元，同比下降68.5%；减资项目48个（含外方向中方转股项目），减资金额为3.07亿美元。增资成为外商投资的重要方式是四川省外商投资在新批企业数下降的情况下实际利用外资额度不断增加的重要原因。

第二节 工业外向化对四川省工业结构优化升级的作用

一、进出口贸易对工业发展的作用

在开放经济条件下，一国经济增长不仅与国内资本、劳动等要素投入，科学技术水平及劳动生产率有关，而且在很大程度上取决于外部经济发展水平，尤其是进出口贸易。自改革开放以来，四川省对外贸易增长速度大大高于经济增长的速度，成为拉动四川省国民经济增长的重要因素之一，也是四川省工业发展的重要动力之一。自2001年中国加入世界贸易组织后，特别是西部大开发的不断深入，四川省对外贸易在促进经济增长中的作用日益突出。随着四川省对外贸易规模的持续扩大，对外贸易依存度不断升高。四川省对外贸易依存度2002年为6.42%，2008年为11.97%（按2010年8月16日汇率计算），虽然对外贸易总量还很小，但是这几年所占GDP份额已经增加了近一倍。与全国的50%以上的对外贸易依存度相比，四川省对外贸易依存度还很小，在经济中所起的作用还不大，同时也远远低于世界外贸依存度的平均水平。但是，工业产品的进出口为四川省工业发展提供了方向，对四川省工业结构优化具有指导意义。

（1）世界经济一体化和对外贸易加速发展所带来的好处对于四川省的工业发展影响有限。四川省外贸依存度的提高与我国今年来发展趋势基本保持一致，但对外贸易依存度数值远低于其他省份。从整个中国范围来看，各省的贸易依存度呈不断提高的趋势。据统计，1985—2009年全国贸易依存度从22.8%上升到60%，而同期四川省的贸易依存度均在20%以下。四川省对外贸易依存度的整体数值不大说明，对外经济发展还没有对四川省的工业发展起到核心发展作用，工业发展依然很大程度上依赖于自身的消费和政府投资。

（2）目前，四川省工业的增长仍然是投资拉动型而不是消费和出口拉动型，这就造成省内外需求严重不足。由于四川省地处西南腹地，交通运输都没有东部沿海地区便捷，其中用于对外贸易的重要基础设施之一的港口就严重缺乏。进出口贸易都依靠周边省份的大型港口进行贸易。在全球产业转移浪潮中，并没有率先得到相关的产业转移，虽然有丰富的劳动力资源，但大量的人力资源外流到东部等发达省区，导致四川省的自身优势得到了极大削弱，因此要依赖对外贸易推动经济增长非常困难。而且，同全国一样四川省对外贸易依存度逐年增长的原因也有市场需求不足的问题。通过对2000—2008年的四川省全省人均储蓄率的计算，我们发现虽然四川省近年来的人均储蓄率远低于全国的水平，但是与世界上的发达国家相比依然很高，这就说明四川省的消费需求在全国来讲还是领先的，但是从世界范围内来看需求依然不足。由此可见，省内和国外的需求都不能推动四川省的工业经济发展，从而工业发展形成长期的内外失衡的扭曲状态。

（3）对外贸易促进四川省的劳动就业，提高劳动力素质。四川省是人力资源大省，劳动力资源丰富，非常适合发展劳动密集型产业，这也是四川省能够成为西部承接东部制造业产业转移的首选地的原因之一。随着四川省对外贸易的不断增长，特别是近年来加工贸易方式出口的增长大大促进了四川省加工制造业的发展，创造了众多的就业机会。例如，成都市的中国女鞋之都已全面覆盖武侯区周边 1 700 家制鞋企业，辐射至四川乃至整个西部地区 3 000 多家鞋业配套企业，主要从事女鞋的对外贸易出口，就业人数逐年成倍增长。其中大多数是劳动技能不高的农民，大大地促进了四川省剩余劳动力的就业和劳动力水平的提高，为四川省工业进一步发展提供了人才升级平台。

二、外资引入对四川省工业发展的作用

为了客观地说明外资流入对四川省经济增长的促进作用，对四川省历年实际外资利用规模与当年 GDP 数值作散点图，见图 10-4，每年实际利用外资额对国内生产总值的贡献非常明显，特别是在 2002 年后，利用外资与当年 GDP 年底余额还有非常明显的线性关系。据郭砚灵测算，近 17 年的外资对于四川省生产总值的贡献率为 0. 137 4。也就是说每当外资增加一个单位，四川省的国内生产总值就要增加 0. 137 4 个单位，促进作用十分显著。由此可见，随着西部大开发的不断推进和西部承接东部产业转移的不断深入，将会有越来越多的外资企业开始关注四川，外资利用对于四川省经济飞速发展的促进作用将会越来越强。具体体现在以下几个方面：

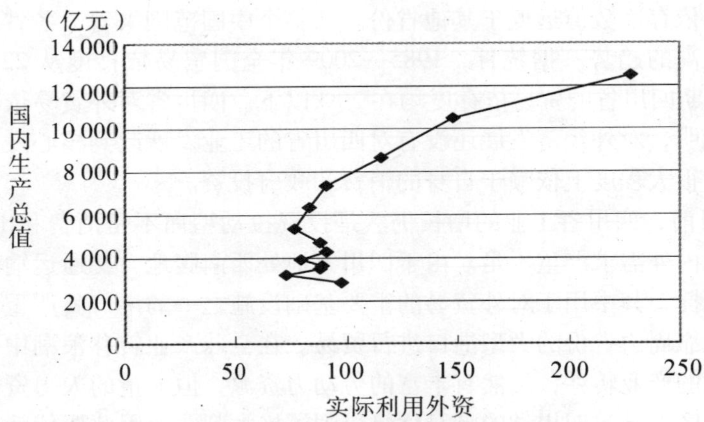

图 10-4　历年 GDP 与当年实际利用外资额的关系（1996—2008）

资料来源：历年统计年鉴和国家统计局网站。

（1）外商投资可以缓解四川省工业发展资金不足的现状。2000—2008 年，四川省实际利用外资总额从 106 620 万美元增加到 334 159 万美元，8 年增加了近 3 倍。实际利用外资额占四川省固定资产投资的比例都在 2%~3%，其中 2002 年甚至达到了 4%的比例。外商直接投资从 2005 年的 88 686 万美元增长到 2008 年

的 308 842 万美元，4 年增长了近 2.5 倍。外商投资尤其是跨国公司直接投资有效地弥补了四川省建设资金的缺口，特别是在城市建设、道路运输、资源开发方面，四川省大部分地区地处山区，道路建设规模巨大，水电、矿产、煤炭等资源开发更需要大量资金，跨国公司的进入可以弥补资金缺口，促进投资。

（2）外商投资加速了四川省的技术进步。技术进步是区域工业经济发展的最重要推动力，因此提高技术水平、增强创造能力成为各地区发展经济的关键。四川省现阶段的技术创新恰处于技术适应出口的阶段。此时，跨国公司的进入就显得特别重要，跨国公司技术外溢效应的存在可以提高四川省当地技术发展水平，提高劳动生产率。

（3）外资投入生产后可以增加财政收入，从而增加四川省资金积累，促进工业发展。外商投资企业缴纳的税收对四川省税收总额做出了贡献。四川省以外商投资企业为主的涉外税收总额不断提高，占全省税收总额的比重也逐步上升。比如 2005 年四川省地税方面企业所得税为 54 亿元，国税方面企业所得税（内资）32 亿元，涉外企业所得税（外资）15.62 亿元，外资企业的所得税约为内资企业的 20%。省内的一些城市外资企业税收收入更高，比如资阳仅在 2007 年 1~9 月的 24 户外商投资企业和外国企业就实现地方各种税收 1 184 万元，远高于全省平均水平。

（4）外商投资企业为四川省提供了大量的就业机会，为四川省工业升级培育人才。如图 10-5 所示，外商投资企业（含我国港澳台）吸纳了四川省相当数量的剩余劳动力。外资企业吸收的劳动力数量逐年增加，由 1993 年的 1.87 万人增加到 2008 年的 13.4 万人，年均递增 0.77 万人，对同时期全省城镇就业新增数的贡献率达到 1.65%。随着外商投资企业的不断增加，利用外资规模还会持续递增，外资吸纳的劳动力也会随之增加，这将有助于解决四川就业难的问题，并大大提高四川省劳动力水平和优化就业结构。

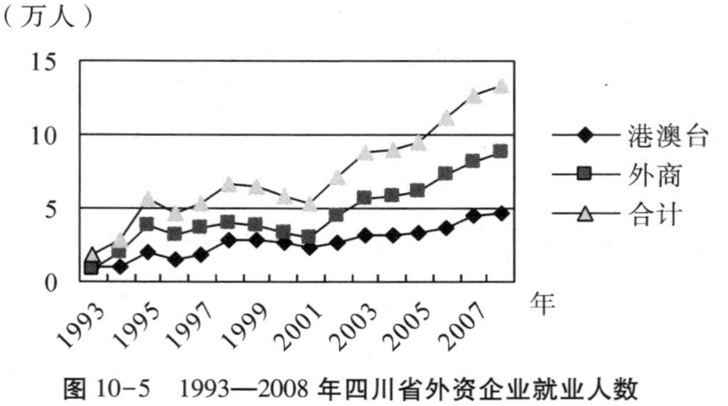

图 10-5　1993—2008 年四川省外资企业就业人数

资料来源：2009 四川省统计年鉴。

第三节　通过工业外向化优化四川省工业结构

2007年以来国内和省内有关政策大大推动工业外向化的发展，这为四川省通过工业外向化优化工业结构提供了机遇。2007年7月，国家对出口贸易政策做出重大调整，商务部和海关总署联合发布公告，公布了新一批加工贸易类限制目录，促进东部加工贸易产业加速向中西部转移。2007年11月13日，国家商务部出台了《关于支持中西部地区承接加工贸易梯度转移工作的意见》，为产业梯度转移提供了政策依据和强大的动力。2008年4月，四川省委、省政府相继出台《关于加快推进承接产业转移工作的意见》。同时，还制定出台了《2008—2012年四川省承接产业转移工作方案》和配套的《四川省承接产业转移工作手册》、《四川省加工贸易投资服务手册》。因此，通过产业承接推动四川省工业结构升级成为促进四川省工业发展的重要举措。

（1）通过高新技术产业承接推进四川省工业产业结构的调整。在对外贸易和引用外资方面鼓励用高新技术、先进实用技术改造提升传统产业，促进信息化和工业化的融合，夯实工业发展的基础，发展高新技术产业群，支持新能源、新材料、信息、生物、医疗、节能环保等新兴产业的发展，培育新的经济增长点。通过加强技术创新，改进生产工艺，提高产品的技术含量和附加值，顺应国内外市场和客户的需求，开发生产适销对路的产品，高度重视产品的质量和安全，建立健全社会服务体系，提升产品品牌价值，提高经济效益。大力倡导节约生产、清洁生产、安全生产和可持续发展。推广应用节能降耗技术，推动重大工业节能项目，推动重大的工业污染源治理，加强产品回收利用和可再生资源的开发，修订完善技术标准，淘汰落后的技术和装备。

（2）在工业外向化的过程中不断培育新兴产业集群。新兴产业集群是以高新技术产业为主体的产业，其特点是产品附加值高，并且具有区域品牌。四川省在承接国外和国内东部产业转移过程中，要重视调整工业区域结构，注意培育新兴产业集群的土壤，包括高效率的政府公共管理水平、相关配套服务业的发展等。按照生产力、区域布局、工业化的要求，引导沿海地区企业投资国际市场上具有竞争力产业，加大力度对新兴行业进行专项招商，按照工业园区促进工业结构升级的思路，鼓励和推进新兴产业集群以工业园区的模式建立，同时把新兴产业与四川省的特色优势产业结合起来，立足四川省特殊的经济和自然条件发展特色工业经济，并且，从全球产业分工和国内区域布局全局出发加强工业园区的建设，引导企业集聚发展。

（3）加强区域经济发展与合作。针对四川省的国家区域发展战略就是川渝经济区，而川渝经济区发展的重要任务就是建设全国统筹城乡综合配套改革试验区，通过农业产业化推动加工产业的发展，从而加速四川省工业化进程。通过川渝经济区的发展可以带动四川省川渝经济区的发展从而带动成都经济圈、川南经济圈、川东经济圈、川北经济圈的建设，推动城乡工业化。而辐射四川省的国际区域合作距离最近的就是中国—东盟自由贸易区。近年四川省的对外贸易实践也证明东盟是四川省非常巨大的工业产品出口市场，四川省与东盟自由贸易区在工业产品上具有良好的互补性。例如，机械零部件、机电产品、发电机等产品在东盟的销售市场潜力巨大，中国—东盟自由贸易区建立之后四川省工业产品部分由内销变为外销，促进了四川省工业的发展。因此，加快与东盟自由贸易区的合作机制的建设，对四川省工业结构优化升级具有重要意义。

（4）培育龙头企业和骨干企业，促使企业走出去。产业结构的调整需要龙头企业的带领，通过企业兼并重组、优势企业强强联合，培育一批行业的龙头骨干企业，可以不断加强产业的集中度，使得中小企业向专、精、特、新的方向发展，增强工业发展的活力。在工业外向化发展的过程中，推动省外优势企业并购省内落后企业和困难企业，促进四川省工业迅速融入国内外产业链中，加快形成省内企业和省外企业协作配套的工业体系，同时引导外商投资符合四川省工业结构优化升级要求的产业，加速四川省工业外向化发展。

（5）加强对产业承接转移的金融支持。金融成为现代工业发展必不可少的要素，随着东部产业转移的深入推进，适应东部产业转移的多元化的金融体系需求，建立健全的金融机构组织体系显得日益迫切，因此要发展四川省的工业发展就必须健全四川省多元化的金融组织体系。一是要通过金融机制创新，提高筹融资能力和效率，以适应东部产业转移需要。如金融机构制定支持承接产业转移的发展战略，使更多的转移企业能够获得银行信贷资金的支持。二是创新金融产品，扩大金融服务覆盖面。各金融机构要大力开展金融产品创新，积极探索实行各种融资形式，以多种方式满足项目企业合理的信贷需求。三是加强对承接产业转移信息的公布，制定承接产业转移优先发展目录并在融资上给予优惠或支持，引导金融机构按照产业规划调整信贷对象，从而影响工业结构。

（6）促进产业承接转移的平台建设。一是区域间政府平台的建设。要加强地区政府间的协调与合作，成立产业转移促进的相关部门，统筹国内外产业转移工作。设立省区间产业对接及转移协调机构，定期或不定期就产业合作发展、产业转移对接、共同投资开发、重大项目推进等加强协调与沟通。进一步推动建立东西部省区政府间的高层会晤和工作协调机制。建立产业转移与承接的信息交流平台，引导东西互动健康发展。二是民间中介平台的建设。加强社会网络和中间组织建设。积极培育各种社会化中间组织，特别是投资咨询、市场研究、技术信息服务、专利代理、法律服务等中介组织。促进行业协会、商会的建设和发展。积极发挥行业协会的产业自律和组织管理功能，推动在信息收集、共性技术研发、国外市场开拓等方面建立企业联盟，增强集群在市场竞争中的“集体行动”能力。加强行业协会的协调作用，协助企业打通国内集群间的联系通道，为集群加强开放合作、减少创新障碍及不稳定因素提供条件。三是促进产业承接和转移的融资以及财税平台的建设。加大政策创新和政策支持力度，加大财税政策支持力度，进一步完善促进产业集群转移与承接的相关财税政策。整合设立产业转移与承接专项资金，重点对承接产业集群转移的基础设施和重大产业基础建设给予支持。努力推动政策创新。如建立地区投资补贴政策，鼓励私人企业对落后地区投资，鼓励其他地区企业到西部地区投资。建立和完善激励机制，每年安排一定资金，专项用于奖励在产业转移与承接中取得显著成绩的地区、部门、园区、企业和社会引资人。加快建立和完善衡量地方经济发展与考核地方政府绩效的合理标准，制定跨区域投资的产值考核和税收分享制度。

参考文献

［1］王岳平. 开放条件下的工业结构升级［M］. 北京：经济管理出版社，2004.

［2］方辉振. 三产业结构演进的基本趋势及动力机制［J］. 青岛行政学院学报，2006（1）.

［3］陈明国，袁冰. 全球化背景下四川工业结构调整的方向和途径［J］. 中共四川省委省级机关党校学报，2004（1）.

［4］中国社会科学院工业经济研究所课题组. “十二五”时期工业结构调整和优化升级研究［EB/OL］. http：//gjs. cass. cn/pdf/new% 20research/125gyjjtzyhsjyj.pdf.

［5］王光彩，陈哲人. 四川工业的现状及存在问题［J］. 四川省情，2006（4）.

［6］刘梦龙. 四川企业集团改革与发展现状分析［J］. 四川省情，2007（9）.

［7］龚雯莉. 湖南湘西州工业企业的现状分析及发展对策［J］. 边疆经济与文化，2006（11）.

［8］张培刚，张建华，罗勇，等. 新型工业化道路的工业结构优化升级研究［J］. 华中科技大学学报：社科版，2007（5）.

［9］顾根全. 嘉兴工业结构优化升级战略研究［EB/OL］. http：//www.jx-stats.gov.cn/doc/88/2003-4-23/593/page.asp.

［10］王楠，陈百平. 四川省大中型工业企业科技活动情况［EB/OL］. http：//www.sts.org.cn/fxyj/dqyjbg/documents/2008/09020604. htm.

［11］顾新，李久平，石娟. 四川省产业结构演变特征分析［J］. 软科学，2001（1）.

［12］四川省统计局. 四川省统计年鉴（2010）［Z］. 北京：中国统计出版社，2010.

［13］中华人民共和国国家统计局. 中国统计年鉴（2007）［Z］. 北京：中国统计出版社，2007.

［14］刘毅，周治滨. 四川省“十二五”经济社会发展战略丛书·总论卷［M］. 北京：中共中央党校出版社，2011.

［15］刘志彪，郑江淮，等. 冲突与和谐：长三角经济发展经验［M］. 北京：中国人民大学出版社，2010.

［16］杨万钟. 经济地理学导论［M］. 武汉：华中师范大学出版社，2008.

［17］中国人民大学区域经济研究所. 产业布局学原理［M］. 北京：中国人民大学出版社，1997.

［18］四川省经济委员会. 四川工业强省战略问题研究——产业竞争力及可

持续发展［M］. 成都：西南财经大学出版社，2007.

［19］龙德灿，等. 四川产业集群发展战略研究［M］. 成都：西南财经大学出版社，2010.

［20］谯薇. 四川产业集群发展研究［M］. 成都：四川大学出版社，2010.

［21］［美］艾伯特·赫希曼. 经济发展战略［M］. 潘照东，等，译. 北京：经济科学出版社，1991.

［22］杨志远. 论四川产业集群政策体系及其优化［J］. 理论与改革，2010（1）.

［23］丁英. 创新四川产业集群外部环境政策的路径分析［J］. 理论月刊，2010（7）.

［24］杨明娜，文华. 基于西部产业集群和工业园区链接的研究［J］. 经济师，2008（10）.

［25］胡敏，李秋怡. 2009 年四川产业园区建设发展解读［N］. 四川日报，2010-07-29.

［26］刘世庆. 四川工业：从灾后重建走向产业复兴［J］. 西南金融，2008（7）.

［27］杨先国. 下行压力增大 调整势在必行——2008 年四川工业运行态势分析［J］. 四川省情，2009（1）.

［28］张永贵. 促进我国产业集群转移与承接的健康发展［J］. 中国投资，2010（2）：101-103.

［29］朱鸿霆. 金融危机条件下河南工业的现状分析及对策［J］. 中国商界，2010（2）：215-217.

［30］王东. 工业生态化与可持续发展［J］. 上海经济研究，2007（1）.

［31］何劲. 论可持续发展与我国工业生态化建设［J］. 湖南商学院学报，1998（5）.

［32］戴怡富. 工业生态化是我国新世纪工业发展的必然选择［J］. 生态经济，2001（8）.

［33］邓南圣，吴峰. 工业生态学理论与应用［M］. 北京：化学工业出版社，2001.

［34］陈永忠，梁灏，王磊. 四川工业园区的现状、问题及对策研究［J］. 经济体制改革，2008（2）.

［35］冯之浚. 循环经济导论［M］. 北京：人民出版社，2004.

［36］冯之浚. 中国循环经济高端论坛［M］. 北京：人民出版社，2005.

［37］国家环境保护总局科技标准司. 循环经济和生态工业规划汇编［G］. 北京：化学工业出版社，2004.

［38］何劲. 构建中小企业生态经济管理运行机制的若干思考［J］. 生态经济，2004（1）.

［39］陈浩. 生态企业与企业生态化机制的建立［J］. 管理世界，2003（2）.

［40］杨文选，李杰论. 企业生态化及其实现机制的探讨［J］. 北京理工大学学报，2009（6）.

[41] 陈一君，李静．提升四川高新技术企业核心竞争力的对策分析 [J]．四川理工学院学报：社会科学版，2008 (6)．

[42] 凌险峰，邹有良．我国现有中小企业创新扶持政策分析与探讨 [J]．知识经济，2010 (5)．

[43] 郭田勇．2010：优化信贷结构 创新信贷机制 [J]．中国中小企业，2010 (4)．

[44] 颜怀海．自主创新与区域新型工业化——以四川为例 [J]．现代管理科学，2010 (4)．

[45] 陈睿，井润田．国有企业自主创新能力评价分析——以四川省为例 [J]．软科学，2009 (3)．

[46] 周启海，郑树明，李燕．论产学研政联盟对区域经济发展的推动作用——以四川双流县为案例分析 [J]．经济研究导刊，2010 (6)．

[47] 杜志雄，肖卫东．经济危机背景下西部地区农村中小企业发展形势及政府政策支持——基于四川 N 县调查的思考 [J]．农村经济，2010 (6)．

[48] 袁淑兰，凌雪梅，敬静．四川医药领域政资产学研合作体系的构建与发展研究 [J]．科技管理研究，2010 (2)．

[49] 郭捷．技术创新　重点跨越　努力为乐山经济社会发展提供科技支撑 [J]．中共乐山市委党校学报，2010 (3)．

[50] 陆一，孔令龙，张芃，万钧．中国企业如何把握“走出去”战略关键点 [J]．中国质量技术监督，2010 (3)．

[51] 金碚．国际金融危机后中国产业竞争力的演变趋势 [J]．科学发展，2009 (12)．

[52] 曹超晖，张俊．从产业技术创新角度探究我国企业技术联盟的构建 [J]．中小企业管理与科技（上旬刊），2010 (3)．

[53] 王克俭．以两个创新促进六个转变 [J]．中国邮政，2010 (4)．

[54] 陶博．用价值观激发创新 [J]．中国质量技术监督，2010 (3)．

[55] 王洪博．社会责任 保障中小企业 [J]．中国中小企业，2010 (4)．

[56] 四川银监局课题组．银行对四川科技型企业信贷服务调研 [J]．西南金融，2009 (7)．

[57] 张雄，蒋雪莲．发挥资源优势，加强集成创新，催生四川现代中药战略性新兴产业的研究 [J]．软科学，2010 (3)．

[58] 江世银．四川承接产业转移，推动产业结构优化升级 [M]．北京：经济管理出版社，2010．

[59] 刘志彪，等．长三角区域经济一体化 [M]．北京：中国人民大学出版社，2010．

[60] [美] 约瑟夫·熊彼特．经济发展理论 [M]．何畏，易家祥，译．北京：商务印书馆，1990．

[61] 汤世国．技术创新——经济活力之源 [M]．北京：科技文献出版社，

1994.

［62］贾松青，林凌．四川区域综合竞争力报告 2007［M］．北京：社会科学文献出版社，2007.

［63］贾松青，侯水平．2008 年四川经济形势分析与预测［M］．北京：社会科学文献出版社，2008.

［64］李悦，等．产业经济学［M］．3 版．北京：中国人民大学出版社，2008.

［65］四川省经济委员会，四川大学联合课题组．四川工业在我国重化工业时期的地位分析［R］．研究报告，2006.

［66］赵曦．中国四川工业化发展研究［M］．成都：西南财经大学出版社，2007.

［67］贾松青，林凌．四川区域综合竞争力报告 2008［M］．北京：社会科学文献出版社，2009.

［68］祁晓玲．四川省产业组织与企业竞争力研究［M］．北京：中国经济出版社，2006.

［69］国家发展和改革委员会．“十二五”规划战略研究［M］．北京：人民出版社，2010.

［70］孙超英，等．各国（地区）区域开发模式比较研究［M］．成都：四川大学出版社，2010.

［71］陈秀山．中国区域经济问题研究［M］．北京：商务印书馆，2005.